Juan Miguel Zunzunegui. Nació en México en 1975. De ancestros mexicanos, españoles, austriacos y otomíes, es resultado de todos los encuentros de la humanidad a lo largo de la historia; por eso prefiere definirse como ciudadano del mundo y mestizo de todas las culturas. Ha publicado más de veinte libros. Es licenciado en Comunicación, especialista en filosofía y en religiones, maestro en Materialismo Histórico y doctor en Humanidades.

◼️ @jmzunzu

BESTSELLER

JUAN MIGUEL ZUNZUNEGUI

LA REVOLUCIÓN HUMANA
Una historia de la civilización

DEBOLS!LLO

El papel utilizado para la impresión de este libro ha sido fabricado a partir de madera procedente de bosques y plantaciones gestionadas con los más altos estándares ambientales, garantizando una explotación de los recursos sostenible con el medio ambiente y beneficiosa para las personas.

La revolución humana
Una historia de la civilización

Primera edición en Debolsillo: marzo, 2022

D. R. © 2021, Juan Miguel Zunzunegui

D. R. © 2022, derechos de edición mundiales en lengua castellana:
Penguin Random House Grupo Editorial, S. A. de C. V.
Blvd. Miguel de Cervantes Saavedra núm. 301, 1er piso,
colonia Granada, alcaldía Miguel Hidalgo, C. P. 11520,
Ciudad de México

penguinlibros.com

Diseño e ilustración de portada: Penguin Random House / Paola García Moreno

ISBN: 978-607-380-965-8

Impreso en México – *Printed in Mexico*

Índice

Introducción

Hace ciento cincuenta mil años un simio se puso de pie y abandonó África. Hoy se aventura en el interior del átomo y en los confines del universo. Evolución y revolución, todo está regido por esos dos movimientos. La humanidad camina lentamente, pero de pronto hay un salto sobre el abismo, una explosión transformadora y nada vuelve a ser lo mismo. Eso es REVOLUCIÓN, y ha marcado todo lo que somos.

La esencia de la humanidad es la revolución, no entendida como una guerra o un conflicto social. Es un salto, un antes y un después, un punto sin retorno. Es transformación, un giro drástico, radical, vertiginoso. Es un acontecimiento después del cual las cosas nunca vuelven a ser iguales.

Con una revolución comenzó el universo, con otra abrimos los ojos de la consciencia y comenzó nuestra historia. Aprendimos a pensar, a producir, a luchar por el poder, a venerar dioses, a surcar los mares, a descifrar el firmamento, a transformar el mundo, a viajar por el espacio. Ninguna revolución, sin embargo, ha logrado aún que comprendamos lo que somos.

La revolución humana. Una historia de la civilización es un recorrido histórico desde la Gran Explosión, sin la que no habría nada, pasando por la revolución cámbrica en la que detonó la vida, hasta la revolución cognitiva, la agrícola y la industrial. Un viaje por las revoluciones sociales, de la toma de la Bastilla a la caída del Muro de Berlín, del origen del capitalismo a la disolución de la Unión Soviética..., y un sendero místico que va desde nuestro desconocido y misterioso origen, hasta la única revolución que no hemos hecho, y que nos llevará a nuestro inevitable y glorioso destino.

1

La revolución del *sapiens*

¿Qué fue lo que nos hizo humanos?

Los seres humanos somos resultado de una serie de revoluciones, algunas planeadas por nosotros, otras derivadas de procesos simplemente incomprensibles hasta el día de hoy, algunas que nacen de forma consciente y otras que se dan por algo que parece azar, en algunas más hemos sido los principales protagonistas y otras han acontecido sin planeación alguna.

Somos resultado de las revoluciones, una evolución que se sale de su ritmo normal, un gran salto, una explosión, desde la incomprensible e inexplicable detonación que generó nuestro universo, la explosión cámbrica que de manera misteriosa llenó el planeta de vida, hasta el estallido de la artillería en un barco anclado en San Petersburgo para iniciar la Revolución soviética.

Los humanos somos curiosos, nos asombra la existencia y buscamos todas las respuestas. Eso nos ha hecho sobrevivir y prosperar más allá de la evolución biológica; una revolución incomprensible nos dio una mente con capacidad de abstraer y verbalizar, de crear pensamientos, engendrar ideas y liberarnos de la cadena evolutiva.

La curiosidad está detrás de nuestra salida de África, del desarrollo de la agricultura, de la exploración de nuestro planeta y de los viajes al espacio. El instinto de supervivencia, que compartimos con todo lo vivo, la curiosidad, que sólo compartimos con algunos animales, y la ambición, que es exclusivamente nuestra, son los motores de nuestra historia y nuestras revoluciones.

Somos tan grandes que hemos descifrado el interior de la materia y hemos lanzado nuestra mirada a larga distancia para conocer galaxias lejanas, pero somos tan pequeños que aún no sabemos qué es lo que somos. Cada vertiente filosófica, religiosa o científica tiene una idea distinta de nosotros mismos, y gran parte de nuestro devenir es la historia de cómo nos hemos matado unos a otros por defender dichas ideas. Cada asesinato humano es una muestra de que no sabemos lo que somos.

Nos sabemos en el mundo, pero no nos sentimos parte de él; lo vemos como algo ajeno y alejado, a pesar de que evidentemente dicho mundo nos supera y somos tan sólo una parte de él. Por otro lado, quizás el mundo existe precisamente porque lo percibimos con nuestra consciencia, algo que a su modo dejó claro la física cuántica (si es que algo en la física cuántica puede quedar inteligible): nuestra consciencia altera el mundo, o como siempre ha planteado la tradición védica, lo crea.

Nos hemos preguntado lo que somos desde el origen mismo de la civilización y tal vez desde antes, y no entendemos que en nuestro eterno preguntar está la respuesta: somos un ser que pregunta, el que se pregunta, el único con capacidad de cuestionarse sobre el mundo y sobre sí mismo. Nos interrogamos sobre el misterio de nuestro origen sin comprender que el verdadero misterio es nuestra capacidad de preguntarnos sobre él.

Durante millones de años fuimos poco más que un simio erguido, ubicado en algún punto a la mitad de la cadena alimentaria, incapaz, como el resto de los animales, de preguntarse sobre sí mismo. Pero en algún momento, el *Homo sapiens* experimentó una revolución que lo llevó a ser la especie dominante.

Hace pocos cientos de miles de años, aún deambulábamos temerosos por las sabanas africanas, pero en algún momento, llenos de incertidumbre, comenzamos la aventura de la humanidad al enfrentarnos a un planeta agreste y desconocido. Un día, hace unos ciento cincuenta mil años, algún humano fue el primero en poner un pie más allá de las estepas africanas; hoy la humanidad ha pisado simbólicamente otros planetas del sistema solar.

Hace decenas de miles de años golpeábamos una piedra contra otra para empezar a adaptar el mundo a nuestras necesidades, hoy hacemos colisionar los núcleos de los átomos para lo mismo. Hace unos cinco siglos apenas sabíamos de la existencia de otros continentes, hoy conocemos planetas y estrellas a millones de kilómetros de distancia en el espacio inconmensurable.

Pero no sabemos casi nada de nosotros, y eso es porque hemos concentrado nuestra búsqueda en el exterior y nunca en el interior; sabemos que el universo es infinito e inconmensurable "hacia fuera", y no se nos ocurre que es igual de infinito "hacia dentro". Menos aún se nos ocurre pensar que no hay un adentro y un afuera, ni una distinción real entre nosotros y eso a lo que llamamos el mundo.

Somos conscientes, y eso no nos impresiona. Somos la consciencia de la existencia, pero no somos conscientes de eso. Quizá la mayor revolución humana sea comprender esa realidad, y todas las demás revoluciones están al servicio de ese sublime propósito.

El misterio del origen

Todo comenzó con la más misteriosa e impresionante de las revoluciones: no había nada, y de pronto comenzó a existir todo. Un instante que no puede ser medido, una explosión inimaginable, pues nada puede explotar antes de que exista algo que explote, y comenzaron a existir la energía y la materia, el tiempo y el espacio. Todo lo que Es comenzó a Ser. Nada existiría sin el mayor misterio de la existencia: su origen mismo.

No existe mayor transformación, mayor revolución, que pasar de la nada al todo; y, sin embargo, resulta que esa Nada misteriosa y quizá divina es causa, fuente y origen de todo. Todo efecto está contenido en su causa y toda causa está indisolublemente ligada a su efecto; es la imagen y semejanza. Por eso, para conocer el misterio al que algunos llaman Dios, pero que no tiene nombre, sólo debes conocerte a ti mismo, tarea para toda una vida, para una multiplicidad de vidas, como nos dijo el Buda.

Toda mente es una con sus pensamientos y ningún pensamiento se separa jamás de la mente que lo pensó, pues no tiene a dónde más ir. Es el secreto de la Unicidad Absoluta que algún día descubrirás. Eres idéntico a tu fuente, a la causa incausada de todas las causas. Cada partícula del universo contiene al universo mismo como la gota de agua es idéntica al océano, por lo menos en su esencia. Tú eres el mundo.

Lo anterior significa que la Nada contenía al todo en cada detalle y cada aspecto. Que, si hay materia y energía, éstas estaban necesariamente latentes en esa Nada, al igual que el tiempo y el espacio. El universo, inconmensurable como es, existía de manera subyacente en esa Nada que los científicos llaman singularidad: una partícula que lo contenía todo, pero tan condensada, tan pequeña, que en realidad no ocupaba tiempo o espacio, ni materia o energía, no tenía forma, tamaño o dimensiones. Singularidad es el nombre que los astrofísicos dan a la Nada.

Y sin embargo, sólo es posible aceptar que esa Nada lo contenía todo. Todo es causa y efecto, potencia y acto. Dado que la singularidad inicial no ocupa ni espacio ni tiempo, que de hecho son lo mismo, sólo se puede entender que esa absoluta potencialidad de todo va más allá del tiempo, que es una ilusión de la mente humana. La Nada que contiene potencialmente todo es eterna.

Esa misteriosa singularidad se manifiesta en forma de universo, que a su vez es una sempiterna danza donde la energía, que como nos dijo Einstein, no se crea o se destruye, sino que se transforma; es decir que es eterna, se manifiesta permanentemente en forma de materia, para existir por un tiempo antes de volver a la energía que finalmente se manifestará otra vez en forma de materia. Átomos fluctuando en el vacío, como nos dijo Heráclito.

Todo lo que existe es acto, y todo lo que existe en acto evidentemente existió en potencia, como nos dijo Aristóteles. El acto está contenido en la potencia como el efecto en la causa. No puede ser de otra forma. Los sumerios se referían al caos como el océano primigenio de todas las posibilidades: todo existe en potencia, tu mente establece lo que ocurre en acto. Por eso el universo es probabilístico y está lleno de incertidumbre, lo que en realidad significa que todo es posible; puedes extraer cualquier carta de ese infinito mazo de naipes que es el caos.

Todo esto de actos contenidos en la potencia y efectos incluidos en sus causas, significa que la energía, la materia, el tiempo, el espacio, la vida y la consciencia no pueden ser resultado del azar en un universo que es entrópico y tiende al caos, como nos dijo Newton, sino que todo eso que conforma la existencia, estaba contenido en esa Nada, en esa singularidad.

La potencia absoluta de todo se transformó en todo. Ésa es la primera y más impactante revolución. La potencia pasó al acto. La abstracción pura, que es unidad total, se expresa constantemente en la multiplicidad de los seres. El Ser se manifiesta permanentemente en entes, como nos aclaró Heidegger.

Ahí, en el origen de todo, donde evidentemente estaba contenido el germen de la humanidad, está nuestra causa, nuestra fuente, nuestro origen…, y como ningún pensamiento se separa de su fuente, sólo ahí puede estar nuestro destino. De donde todo surge y a donde todo vuelve. Toda la existencia es una gran revolución, un maravilloso viaje de descubrimiento de regreso a casa; es el viaje del héroe del que nos hablan todas las mitologías, desde los sumerios o los griegos hasta *Star Wars*, y que nos explicó Joseph Campbell.

Los humanos somos conscientes, por eso un humano escribió esto y otro humano lo está leyendo; por eso nos hacemos preguntas y nos damos respuestas, por eso simbolizamos e interpretamos la realidad, por eso sabemos que existimos y que al parecer dejaremos de hacerlo. Por eso buscamos respuestas para la vida, creamos e imaginamos, soñamos y hacemos realidad los sueños.

Somos conscientes porque la consciencia existía ya en el origen de todo. La consciencia es nuestro origen y nuestro destino, y es un absoluto misterio. La otra opción, desde luego, es que todo sea casualidad, prueba y error dentro de un infinito sinsentido, pero si eso fuera así no buscaríamos, y la búsqueda parece ser algo que existe en lo más profundo de nuestra esencia.

Siguiendo la historia de esa ilusión a la que llamamos tiempo, todo comenzó hace unos trece mil ochocientos millones de años; aunque los años, igual que los miles y los millones, son una invención nuestra que nada significa en realidad. Aun así, la singularidad "explotó" hace miles de millones de años, si es que la Nada puede explotar, y si es que puede haber una explosión antes de que existan el tiempo y el espacio. La Nada explotó en el vacío, más o menos así plantea el Big Bang que comenzó nuestro universo.

Big Bang: la singularidad explota y genera radiación, es decir, vibraciones, la primera cosa existente y que aun en nuestros días se manifiesta por todo el espacio, en forma de lo que los científicos del siglo XX llamaron *radiación electromagnética de fondo*, y que los hindúes, desde miles de años antes, llaman simplemente *om*, el latido del universo.

La radiación y vibración generaron temperatura, todo esto en los primeros instantes infinitesimales del universo; y de toda esa radiación, vibración y temperatura a las que llamamos energía, y que no sabemos lo que son, comenzó a brotar la materia en forma de las primeras partículas subatómicas. Junto con la materia nacieron el tiempo y el espacio, una tríada indisoluble.

Esas primeras partículas chocaron incesantemente entre sí hasta conformar los primeros átomos de hidrógeno, con un protón, un neutrón y un electrón, el agua como origen de todo, según nos dijo Tales de Mileto. Dichos átomos continúan colisionando violentamente hasta fusionarse en sus núcleos y formar átomos de helio, y así continúa el choque atómico que va formando los primeros elementos. La famosa Tabla Periódica de los Elementos que nos ofreció Mendeléyev, no es otra cosa que la historia del universo.

Así como la energía, la materia, la vida y la consciencia estaban presentes de forma latente en la Nada inicial, en la singularidad, todo lo que somos los humanos, todo lo que nos forma y compone, todos los elementos que constituyen nuestro planeta y lo hacen apto para la vida y el desarrollo de la civilización, estaba presente de manera potencial en el origen del universo.

Los primeros elementos formaron las primeras estrellas, grandes calderas nucleares de hidrógeno y helio que consumieron su combustible en forma de impresionantes explosiones, a las que hemos llamado *supernovas*. Dichas explosiones lanzaron por el espacio todos los elementos existentes, además de que la colisión atómica resultante generó otros tantos.

El agua que nos permite vivir existe porque el oxígeno y el hidrógeno fueron dispersados por esas explosiones; ese oxígeno permite además la presencia de fuego, sin el cual jamás hubiese prosperado nuestra historia. Esas estrellas explosivas también dispersaron el hierro, sin el cual no tendríamos un núcleo fundido en el centro de nuestro planeta, no tendríamos polos ni clima, ni la magnetósfera que nos protege de los rayos solares dañinos al tiempo que deja pasar los favorables.

Dicho hierro está presente en nuestro corazón y sangre, nos da la vida, y fue también el elemento fundamental para construir la civilización. Ocho mil millones de años después del origen, ya existía nuestra galaxia, se conformaba nuestro sol, y su gravedad comenzó a atraer el polvo espacial que terminó por constituir nuestro planeta y los otros que nos acompañan.

Cuando uno de esos planetas estaba en formación, se impactó tremendamente contra el nuestro y generó la inclinación del eje de rotación. Esa inclinación es la causa de las estaciones y, por lo tanto, del clima y de la posibilidad de la agricultura. De dicha colisión surgió además nuestra Luna, que equilibra nuestro movimiento, genera mareas, ilumina la noche y hace posible la navegación. Una serie de azarosas casualidades preparan todo para la existencia de un ser donde se manifiesta la consciencia; eso, desde luego, si creemos en tal cosa como la casualidad.

Y así, hace unos cuatro mil millones de años, teníamos ya un hogar, aunque lejos estábamos aún de existir; de hecho, el planeta distaba mucho de ser habitable, pero los elementos que permitirían la vida estaban ya presentes en él. Y de pronto aconteció otra gran revolución; ahí donde había materia inerte surgió de pronto la materia viva.

Evidentemente, en el surgimiento de la vida subyacen millones de años de cambio, transformación y evolución, pero el acontecimiento como tal es una absoluta revolución, un cambio de la no vida a la vida. De pronto una célula respiró, absorbió un elemento y devolvió al ambiente uno diferente, como hacemos los humanos con el oxígeno y el dióxido de carbono. La vida respira, y la respiración no es otra cosa que intercambiar energía con la existencia.

Hay muchas teorías de la vida como las hay de la consciencia, pero en realidad ambos fenómenos son un total misterio. La materia que llamamos inerte está compuesta de los mismos elementos que la materia que llamamos viva…, todo son átomos, todo son combinaciones de electrones, protones y neutrones; más hacia dentro de la materia, en realidad, todo son combinaciones de quarks…, y más hacia "dentro" en realidad todo son campos de energía: quantum.

Sin embargo, la mayor parte de esta materia, que es una manifestación de la energía, no interactúa con el resto de la existencia. La vida respira, toma algo del ambiente, lo transforma, lo utiliza y devuelve al ambiente algo diferente; a esa interacción le llamamos *metabolizar*. Todo está hecho de lo mismo y, sin embargo, todo es diferente.

Carbono, hidrógeno, oxígeno y nitrógeno son los elementos fundamentales que en nuestro planeta permiten la existencia de la vida. Todo lo vivo los contiene, no obstante aquí acontece la máxima revolución; de toda la materia existente en el universo, nuestro planeta contiene vida, y de todas las especies vivas existente, el ser humano es el único consciente de sí mismo.

Los humanos estamos hechos de células, inconscientes de sí mismas hasta donde sabemos. Nuestras células, vivas, están formadas por átomos, no vivos hasta donde entendemos. Es decir que, al parecer, lo no vivo generó vida y lo no consciente generó consciencia…, es decir, que nuestro universo, según nosotros entrópico y tendente al caos, se ha dedicado a generar complejidad, lo cual sería imposible en un sistema entrópico y caótico. El ser humano es un gran creador de complejidad; ésa es la historia de la civilización, y quizás es así porque la tendencia a la complejidad en el universo es el origen del ser humano.

El lugar en el que estás sentado y la ropa que traes puesta están hechos de los mismos átomos que tú, sin embargo no están vivos. En ese sentido la vida es un total misterio. Los pájaros que escuchas mientras lees, los animales que te rodean, la planta que adorna tu espacio, los insectos que pululan a tu alrededor y las bacterias de tu organismo están vivos del mismo modo en que lo estás tú, y conformados por los mismos ladrillos de la materia, pero sólo tú eres capaz de pensar y reflexionar en eso. En ese sentido la consciencia es un absoluto enigma.

Somos un pedazo de materia que se piensa a sí mismo, que reflexiona sobre sí mismo y que es consciente de su propia existencia. El resto de la vida y de la materia inerte están conformados de lo mismo que nosotros y, sin embargo, no poseen esta maravillosa característica. Quizás significa que la consciencia no tiene nada que ver con la materia, o que es la consciencia la que crea la materia y no al revés; que el universo es mental, como descubrió y transmitió Hermes Trismegisto.

La vida se desarrolló de formas diversas en nuestro planeta, y tiene el imperativo de ser creativa, pues sólo así puede abrirse camino. La vida tiene el impulso indetenible de vivir, y cuanto más se diversifica más probabilidades tiene de hacerlo, pues en este planeta que alberga y sustenta vida, la extinción es también una amenaza constante.

Hace unos sesenta y cinco millones de años ocurrió la extinción masiva en la que perecieron los dinosaurios, a causa de un impacto meteórico que transformó el clima por completo, y del que sólo sobrevivieron las especies más pequeñas que podían subsistir con poco alimento…, subsistieron unos pequeños animales de menos de 30 kilos, los ancestros comunes de todos los mamíferos y, por lo tanto, de todos los humanos.

Es por aquel tiempo que en la clase de los mamíferos fue evolucionando el orden de los primates, de donde hace unos quince millones de años fue surgiendo la familia de los homínidos, nuestros ancestros más directos, donde hace unos dos millones de años evolucionó el género que hoy llamamos *Homo*, y hace ciento cincuenta mil años la especie a la que arrogante llamamos *sapiens*: nosotros.

La revolución que dio origen a la existencia, y la que engendró la vida, permitió la que nos concibió a nosotros. De pronto éramos humanos. Un de pronto que se llevó decenas o cientos de miles de años, y que aun así ha sido el mayor salto sobre el abismo que hemos dado en toda nuestra historia. Fue el origen de nuestra historia.

Éramos un simio más, una especie poco importante en algún lugar en medio de la cadena alimentaria. De pronto nos pusimos de pie y todo cambió para siempre. Caminamos erguidos, descubrimos el horizonte, comenzamos a ser conscientes de nuestros propios pensamientos, nos percatamos de que pensábamos..., se nos reveló nuestra propia existencia.

Comenzamos a ser conscientes de que existiríamos y dejaríamos de hacerlo, empezamos a hacernos preguntas e inventar respuestas, a contarnos historias; a interpretar el mundo y a percibirlo como nunca antes ninguna especie lo había hecho, con amor o con miedo. Descubrimos así el amor y el miedo, algo que el resto de lo que vive es incapaz de percibir, salvo esa maravillosa rama de la familia de la vida a la que pertenecemos, y que pareciera diseñada para crear vínculos y sentir emociones: los mamíferos

Un día golpeamos una piedra con otra y se partieron, comenzamos a fabricar herramientas y utensilios. Tuvimos frío y confeccionamos ropa, nos asombró el milagro del fuego y aprendimos a domarlo, nos sorprendieron las fuerzas de la naturaleza y las simbolizamos en forma de divinidades. Nos sentimos solos y comenzamos a buscar cobijo. Descubrimos nuestro exilio y emprendimos, sin saberlo, el viaje de regreso a casa.

Al contrario que las demás especies con las que compartimos el milagro de la vida, nosotros desarrollamos plena consciencia, el mayor misterio de nuestra historia. Nos reconocimos a nosotros mismos como parte de una existencia, eso nos dio miedo, pero a la vez significó el mayor regalo existencial: iniciamos una búsqueda de algo más; nos quedó claro que éramos una parte y comenzamos a buscar el todo, que éramos el efecto y era necesario encontrar la causa. Seguimos indagando, pero lo hicimos afuera y no encontramos nada, quizás porque no existe un afuera.

Nos encontramos perdidos vagando a la deriva por el mundo. La vida humana no es otra cosa más que el viaje de regreso, aunque no sepamos hacia dónde. Revolución. Una vuelta completa. Eso es el eterno viaje de la humanidad, una vuelta completa, un viaje de vuelta a casa, un regreso a lo que somos. El principal problema, el único real de ese viaje, es que no sabemos lo que somos.

La revolución de la consciencia

Hay un hueco enorme entre el primate que fuimos y el simio erguido que de pronto comenzamos a ser, entre el animal instintivo y el primate consciente. La historia de la revolución humana comienza precisamente con el enigmático salto que nos hizo ser lo que somos.

Para entender lo que fuimos hace millones de años, lo que hacen los estudiosos es armar un rompecabezas, seguir pistas, como restos fósiles, pinturas rupestres, sistemas de datación…, pistas con las que se construye un relato coherente y posible que nunca sabremos si ocurrió de una u otra manera.

Eso quiere decir que la historia que hoy nos contamos sobre nuestros más remotos orígenes es sólo una gran posibilidad, mas no una realidad. Es justo el mismo problema al que se enfrentan los astrofísicos al narrar la historia de nuestra versión del universo, desde hace unos trece mil ochocientos millones de años hasta la actualidad.

La inmensa explosión de una gran nada que lo contenía todo, pero no tenía tamaño, materia, forma o dimensiones. La transformación de esa nada en temperatura, radiación, energía, y de ahí a partículas subatómicas que millones de años después han explotado en supernovas para generar estrellas y galaxias. La más grande historia jamás contada y nadie puede saber a ciencia cierta si así ocurrió en realidad.

La historia de nuestro universo se llama astrofísica, y ha sido como armar un rompecabezas de mil piezas teniendo sólo veintisiete de ellas y sin contar con la fotografía original para comparar. No sabemos lo que pasó, sino que construimos una historia probable. En el caso de la historia humana, somos biológicamente la especie que denominamos *Homo sapiens*, y nuestra historia se llama teoría de la evolución, un aproximado de lo que hemos sido.

Hoy tenemos claro que el simio erguido y consciente que somos es pariente muy cercano del gorila y el chimpancé, un poco menos cercano del resto de los simios, más lejanamente, pero aún en familia. Somos parientes de todos los mamíferos, y lejanamente somos familia de anfibios, de peces y muy lejanamente de protozoarios. De hecho, todo lo vivo está emparentado.

La evolución es la historia de la humanidad. El principal problema al que se enfrenta Charles Darwin, hoy en día, es la cantidad inimaginable de personas que lo critican, lo cuestionan y lo refutan sin haberlo leído ni tener una cercana idea de lo que dijo. Darwin no postuló que el humano actual desciende del mono, lo que dijo fue que tanto los humanos como los grandes simios descendíamos de un ancestro común.

Todo mamífero tiene un ancestro común muchos más millones de años atrás, y cada ser viviente proviene del mismo organismo celular que un día, hace más de tres mil millones de años, respiró. La vida respira, la vida es respiración.

Compartimos alrededor de 98 por ciento del material genético con otros simios, poco más de 95 por ciento con todos los mamíferos y más de 92 por ciento con todos los animales. Nos sorprendería de hecho la cantidad de información genética que compartimos con aves, insectos, árboles o plantas. Todo lo vivo es una gran familia. ¿Cuándo nos convertimos en esto que somos ahora? Ésa es la gran interrogante, y para responderla de la mejor manera posible es indispensable hacer una pregunta más: ¿qué es esto que somos ahora? ¿Qué es lo que somos?

¿Qué define al humano? ¿Qué es lo que nos hace humanos? Casi todo los psicólogos y antropólogos han tenido que enunciar una frase común en algún punto de sus carreras académicas: el ser humano es el único animal que…, la frase que viene después puede marcar el resto de su devenir académico.

El único que hace la guerra, el único que construye, el único que venera dioses. Cualquier respuesta que se dé a la interrogante sobre la esencia de nuestra humanidad es tan sólo una variable de la respuesta más amplia: el ser humano es el único animal con capacidad de abstracción; esto es, la posibilidad de pensar de manera simbólica, de crear consciente y voluntariamente todo tipo de lenguajes. En resumen: los humanos creamos con el pensamiento y expresamos lo creado en forma de lenguaje. Al principio fue la palabra.

Otros animales tienen lenguajes, pero sólo el humano es creado de manera consciente; además, tiene la increíble característica de ser infinito. La combinación de muy pocos elementos discretos (letras) nos permite concebir un número potencialmente infinito de conceptos (palabras), como nos ayudó a comprender Ferdinand de Saussure.

Esto nos lleva a otro tema. Los seres humanos somos capaces de pensar en cosas que no existen, dicho de otra forma, somos capaces de imaginar, esto es, de crear. Todo en la vida social es, de hecho, una creación humana. Cada sistema religioso, filosófico, ético, moral, social es una obra humana; cada uno de esos sistemas está compuesto por ideas, cada una de ellas producto del ingenio humano también, y que pueden ser humanamente compartidas gracias a la gran creación colectiva de la especie: el lenguaje.

Nada existe más que en nuestra mente. Somos los autores de nuestra realidad. Eso es lo que nos hace humanos. Pensamos e inventamos conceptos, y de esa forma creamos y transformamos nuestra realidad. Somos capaces de pensar, de tener pensamiento abstracto, de simbolizar la realidad.

Somos creadores. Ésa es la imagen y semejanza a la que se refiere el relato mitológico que fuimos capaces de concebir precisamente gracias al pensamiento abstracto, nuestra capacidad de imaginar, de simbolizar la realidad, de hacernos preguntas y darnos respuestas. Todo lo que somos es resultado de que tenemos la capacidad de pensamiento simbólico. Es decir, nos comunicamos a través de símbolos, interpretamos la realidad a través de ellos.

¿Qué es un símbolo? Cualquier cosa que significa otra cosa, un significado que no tiene nada que ver con la realidad, sino con el hecho de que una comunidad esté de acuerdo con el significado. Todo lenguaje es simbólico y todo símbolo es arbitrario, su significado depende por completo del contexto.

Un tornillo y una tuerca tienen un significado muy simple si encontramos esas imágenes en los cajones de una caja de herramientas, pero muy distinto y más complejo si los vemos en las puertas de los sanitarios. Por supuesto que esto requiere un simbolismo previo, y es que tuercas y tornillos representen a mujeres y hombres que en ese contexto pueden ser representados por un abanico y una pipa o el color azul y rosa…, y en el mundo hipersensible de hoy por cualquier cosa.

La más impresionante de las creaciones simbólicas del ser humano es precisamente el lenguaje hablado y escrito. Nacemos en un contexto lingüístico y crecemos rodeados de la lengua, a grado tal que nos parece tan normal, tan cotidiano, que nunca reparamos en la maravilla que es.

Una serie de sonidos sin significado (letras) forma una serie de sonidos con significado (palabras). Un sonido que representa una cosa, o más impresionante aún, un sonido que encarna un concepto abstracto. Cuando lo escribimos aumenta el nivel de simbolismo, pues unas pocas líneas representan las palabras. Rayas que aluden a sonidos, sonidos que juntos dan lugar a las palabras, que a su vez dan lugar a otra realidad.

El lenguaje es el símbolo por excelencia. Una palabra no es más que un sonido que la comunidad ha dotado de significado. No hay relación alguna entre la palabra y la cosa que esa palabra representa. Nosotros otorgamos significado a todo. Eso nos hace humanos, ésa es nuestra capacidad de abstracción.

Nuestro planeta se congeló y estuvo así por decenas de miles de años, y ese ser frágil y endeble que somos, pervivió. La única razón por la que la humanidad sobrevivió a un planeta que se presentaba y se presenta tan hostil a nuestra subsistencia es precisamente que somos capaces de comunicarnos, guardar información, almacenar pasado, compartir conocimientos…, y colaborar. Somos una especie que sobrevivió gracias a colaborar, y hoy sólo se nos educa para competir.

Hace unos ciento cincuenta mil años dejamos África y nos aventuramos al mundo, pocos miles de años después nuestro planeta comenzó a congelarse, entramos en la glaciación Würm, conocida popularmente como la Era de Hielo. Todo nuestro periplo por el mundo se hizo entre los hielos, y fue así hasta hace apenas unos quince mil años, cuando el hielo comenzó a retroceder. Muchas especies murieron, nosotros fuimos capaces de sobrevivir gracias al lenguaje, a la capacidad de abstracción que nos hace humanos.

Comparados con otras especies somos muy endebles. No volamos ni corremos, no trepamos o excavamos, no arrojamos veneno ni cambiamos de color. Nada nos protege de las agresiones del ambiente. Pero hablamos, pensamos y creamos. Fue así como nos salimos de la cadena evolutiva y hemos sido capaces de ir más allá de ella. Las demás especies sólo pueden sobrevivir si se adaptan al ambiente, nosotros desarrollamos la capacidad de adaptar el ambiente a nosotros.

Podemos prever el futuro de manera consciente gracias al lenguaje y la capacidad de comunicarnos. Con el lenguaje tenemos dos cosas más: el pasado y el futuro. Tenemos acceso voluntario a nuestra memoria, pues casi todo en ella está en forma de palabras. A esa memoria le llamamos pasado.

Y derivado del pensamiento abstracto, del lenguaje y de la capacidad de imaginar, podemos proyectar el pasado hacia delante. A esa proyección, siempre imaginada y nunca real, le llamamos futuro. Con nuestra mente y nuestro lenguaje desarrollamos el tiempo, una dimensión absolutamente humana. Los animales, por el contrario, viven un eterno presente.

El tiempo, tan humano, es un producto del pensamiento. El tema entonces es cuándo comenzamos a pensar, cuándo, dónde y cómo surgió esa impresionante capacidad en nosotros. La ciencia no deja de acercarse cada vez más a esas respuestas, aunque nunca podrá responder a la más importante de todas: por qué.

El periplo humano

Hace unos seis millones de años se dividió la línea evolutiva de nuestra familia de primates homínidos. La principalísima diferencia de especies es la bipedestación. El simio que hoy somos en algún momento del pasado se levantó tan sólo sobre dos piernas y dejó libres sus extremidades ahora superiores.

Ponernos de pie fue el primer paso para llegar a ser lo que somos. La bipedestación generó una serie de cambios evolutivos maravillosos e impresionantes; el primero de ellos es que dejamos de ver el suelo y comenzamos a mirar el horizonte, vimos más allá que nunca antes. Quizás ahí comenzó a gestarse lentamente la capacidad de prever, para poder estar tranquilos, pero dada la condición dual del mundo, nos permite también preocuparnos y sufrir por lo que no ha pasado.

Al ver a la distancia contemplamos mucho más mundo, tal vez ahí fue germinando la inquietud de recorrerlo. Comenzamos a ver lo que iba a pasar, y probablemente de esa certeza comenzó a gestarse nuestra visión del futuro. Estar de pie y poder mirar hacia delante, en todos los sentidos posibles, nos dio la capacidad de protegernos, y con manos libres ahora podíamos además fabricar y utilizar herramientas. En todo eso está la semilla de nuestro pensamiento.

Pero por encima de todo lo anterior está nuestro cráneo. Ponernos de pie fue generando una serie de adaptaciones evolutivas; la más importante fue que nuestro cráneo se reacomodó, nuestro cerebro quedó atrás de la cavidad craneal y eso permitió el desarrollo de un inmenso lóbulo frontal, donde se encuentra precisamente nuestra capacidad de abstracción, de pensar de manera simbólica y de desarrollar lenguaje, así como la corteza prefrontal donde se dan los procesos cognitivos más complejos, como la personalidad o la toma de decisiones.

En términos biológicos, es en esa parte del cerebro donde podemos encontrar lo que nos hace humanos, lo cual parece ser producto del azar evolutivo de abandonar los árboles y ponernos de pie, que se ha dicho ocurrió por necesidad de buscar alimentos, pues un gran cambio climático transformó por completo el rostro y recursos de nuestro hogar africano.

Un cambio climático sólo se puede dar porque existe clima, y eso al parecer se deriva de otra serie de azares. Hay clima, entre otras cosas, porque hay estaciones, y hay estaciones porque hace unos cuatro mil millones de años quiso el sino que un planeta en formación chocara con el nuestro, inclinara su eje y diera origen a la Luna.

Hay clima porque hay atmósfera, y tenemos esa gran capa de gases protectores gracias al inmenso campo magnético que protege nuestro mundo, que hace de nuestra roca un inmenso imán capaz de albergar vida y que es producto de que el núcleo planetario esté hecho de hierro fundido, el que está aquí por el azar de que hace casi doce mil millones de años estallaron las supernovas que esparcieron ese elemento por todo el universo. Mucho azar con sentido en un universo caótico.

Fue hace unos cuatro millones de años cuando al parecer caminó ese homínido al que hoy llamamos *Australopithecus*. Homínidos erguidos que caminaron por el África austral y que ya comenzaban a parecerse a nosotros. Hace unos dos millones de años, según acuerdos del mundo científico, es cuando podemos hablar de una especie a la que llamamos *Homo*, un ancestro directo de lo que somos. Un hombre de pie y que usa utensilios, herramientas fabricadas por él mismo. Eso, fabricación de herramientas, es evidentemente resultado de que ya existe un tipo muy primario de pensamiento y lenguaje.

Por aquella época comenzó la primera gran expansión de nuestra especie. *Homo*, que aún no es *sapiens*, comenzó a extenderse por la inmensa masa euroasiática, y comienza con ello una parte de nuestra historia que nos contamos poco; cuando la evolución siguió su andar y fueron surgiendo diversos tipos de especies humanas, es decir, primates erguidos y relativamente pensantes.

Hoy estamos muy acostumbrados a vernos como el animal que es amo y señor del mundo, a que sólo nosotros somos la especie consciente y dominante; pero hubo una época que se extendió por cientos de miles de años en que varias especies humanas caminaban por el mundo.

Fue hace apenas unos doce mil años cuando nosotros emergimos victoriosos de la última glaciación como la única especie humana, y todo parece indicar que fue el *Homo sapiens* el responsable de la extinción de sus hermanos. Ahí a donde llegó el *sapiens* se fueron extinguiendo las demás especies de grandes mamíferos, los otros humanos entre ellos.

Fue al parecer hace un millón de años cuando *Homo* se extendió por Eurasia y parte de África. Hablamos aquí de una especie que hemos llamado *Homo ergaster*, una de tantas que no sobrevivió. Hace unos quinientos mil años deambuló por el mundo un hermano al que llamamos *Homo heidelbergensis*, ya muy parecido a nosotros y de donde al parecer evolucionó el famosísimo *Homo neanderthalensis*, el último humano antes de nosotros, con quien protagonizamos la máxima batalla por ser la única especie consciente, dominante y pensante, y a quien evidentemente aniquilamos, además de mezclarnos un poquito con él.

Neandertal era nuestro hermano grande, de la forma más literal. Un humano hecho y derecho, más grande que nosotros, de unos dos metros quizás, más fornido y con mayor masa muscular, piernas y brazos más grandes, y un cerebro que pesaba aproximadamente dos kilos, contra el 1.4 kg que pesa el nuestro.

¿Cómo fuimos capaces de derrotar a semejante adversario? Neandertal ya dominaba Eurasia cuando *Homo sapiens*, especie derivada de la evolución de los *Homo* que no dejaron África, comenzó su expansión más allá de su continente de origen, hace ciento cincuenta mil años. ¿Cuál fue nuestra ventaja evolutiva?

Al parecer, todo se lo debemos precisamente al pensamiento abstracto, capacidad que aparentemente no desarrolló del todo nuestro hermano neandertal; la capacidad de un lenguaje simbólico y complejo que permitía formas más sofisticadas de comunicación. Por supuesto, esta historia es resultado de cómo hemos armado el rompecabezas. Todo lo anterior es lo que nos decimos que pasó, y preferimos no pensar en que tal vez todo sucedió de modo diferente.

Con un lenguaje más complejo y abstracto fuimos capaces de transmitir conocimiento a nuevas generaciones. El conocimiento del *sapiens* nunca más volvió a comenzar de cero, empezamos a acumular conocimiento. Todo lo que somos hoy es derivado de eso. No sólo consistió en fabricar herramientas o encender fuego, sino poder heredar ese conocimiento a nuevas generaciones.

La especie que somos, *Homo sapiens*, es decir, un hombre erguido, pensante, consciente y tan ególatra como para autodenominarse *sapiens*, con las características físicas que hoy tenemos, es de hace unos ciento cincuenta mil años, y resultó ser evidentemente más apto que el neandertal. Ya que físicamente nos superó del todo, tenemos la teoría de que nuestra superioridad sobre él se dio en el terreno intelectual. Eso, y que nuestro cerebro, pensante pero más pequeño, necesitó menos insumos para sobrevivir en un mundo donde éstos escaseaban.

Hace unos cuarenta mil años el *sapiens* ya estaba llegando a Australia y, gracias a la glaciación, desde hace unos dieciocho mil comenzó su migrar por América tras cruzar el entonces seco estrecho de Bering. Pero cuando eso pasó ya había acontecido el misterio que nos hizo humanos: la revolución cognitiva. Nada nunca volvería a ser igual.

La revolución cognitiva es el nombre rimbombante con el que denominamos al hecho de que comenzamos a pensar de forma abstracta. Es un suceso hipotético con fecha igualmente hipotética; es lo que nos ofrece la reconstrucción de este rompecabezas. Es un hecho que ocurrió, pues hoy somos un simio consciente, pensante y capaz de crear símbolos, y antes no lo éramos.

Quizás otras de las especies humanas también hayan desarrollado una consciencia compleja como la nuestra, así como la capacidad del pensamiento abstracto. No lo sabemos. La razón por la que hablamos de pensamiento abstracto y simbólico es por el análisis de las pinturas rupestres, así como por los hallazgos de utensilios y de restos mortuorios.

Existen murales en cuevas de hace unos treinta mil años o poco más, donde queda evidente que los autores representaban el mundo. Pinturas que muestran principalmente animales y lo que son algún tipo de deidades o divinidades; representan escenas de caza y de rituales sociales, y al parecer existía la consciencia de estar transmitiendo el conocimiento, lo cual nos habla necesariamente de visión de futuro.

Otras muestran manos de todos los colores en las rocas, en una actitud que al parecer es la primera manifestación conocida de un pensamiento como "yo estuve aquí". Existo y lo sé, existo y quiero dejar constancia de ello, quizás porque sé que dejaré de existir.

Relacionado con esa consciencia de saber que se existe y se dejará de existir, sabemos que los seres humanos comenzaron a enterrar a sus muertos hace unos setenta mil años. Es alrededor de esa fecha cuando definimos esa revolución cognitiva. Nada deja más claro la capacidad de pensamiento abstracto y simbólico que enterrar a los muertos y dejarles ofrendas.

Así pues, hay un *Homo erectus* desde hace unos seis millones de años, un humano parecido a nosotros desde hace unos dos millones, varios humanos distintos recorriendo el mundo desde hace setenta mil…, pero al parecer, es hace apenas unos setenta mil años cuando ese primate es ya totalmente consciente de su existencia y de su inminente muerte, del amor, la alegría y el sufrimiento, del pasado y el futuro.

De pronto los humanos son capaces de imaginar y transmitir lo que imaginan, de percibir las emociones ajenas y propias, de sentir apegos y llorar pérdidas. Todo eso es pensamiento abstracto, el germen de que podamos comenzar a inventar toda nuestra vida social, de que desarrollemos mitologías, filosofías, religiones y símbolos.

Alma, espíritu, dioses…, pueblo, nación, democracia…, orden, poder, jerarquía… arte, filosofía, ética…, todos ellos son productos del pensamiento abstracto y fundamento de todo lo que somos.

La evolución fue lentamente dándonos todo lo que somos, y súbitamente una revolución precipitó el cambio y la transformación, el salto final del simio al humano, el más complejo, y, sobre el abismo más profundo, lo dimos muy de pronto. En ese sentido, sólo hay que comprender que la revolución es, evidentemente, parte del ciclo de la evolución.

Pensar la sociedad

Es importante recordar que la evolución de la vida no se detiene nunca. La evolución no es un hecho del pasado que nos convirtió en esto y luego se detuvo. La vida no se interrumpe jamás, en este mismo instante estamos evolucionando, evidentemente a un ritmo que una generación no podría notar, pero la biología, la transformación, la adaptación no se frenan nunca.

Pero más allá de eso, cuando desarrollamos el pensamiento abstracto y el lenguaje simbólico nos separamos de la línea evolutiva. Ése es el verdadero gran salto. Gracias a nuestra capacidad de crear, podemos lograr cosas que a la evolución le tomaría millones de años, por ejemplo, nuestra cada vez más compleja estructura social.

Imaginemos a los humanos hace más de doce mil años, cuando se comenzó a desarrollar la agricultura; hace más de quince mil, cuando viajábamos por un planeta en plena glaciación donde los hielos abarcaban poco más de la mitad de la superficie. Éramos cazadores recolectores y vivíamos en grupos de no más de cincuenta o sesenta individuos, no existía lo que hoy llamamos civilización, ni la jerarquía o los niveles sociales. No era necesario que uno mandara y otros obedeciesen porque nos conocíamos todos, de eso nacía la colaboración.

Pero con la agricultura, las primeras estructuras sociales que nacieron en torno a ella comenzaron a tener capacidad de agrupar a seres humanos por miles. Ya no somos unas cuantas docenas, ahora hay miles, decenas y centenas de miles, millones con el paso del tiempo, y es necesario que colaboren y trabajen con fines comunes.

Cien mil personas no se conocen ni se conocerán nunca. ¿Cómo lograr que cien mil personas distintas y distantes se sientan parte de un mismo grupo, desarrollen identidad y pertenencia, trabajen de manera colaborativa por un mismo fin y se sometan a una autoridad?

A muchas especies animales la evolución las dotó de un mecanismo de colaboración y supervivencia llamado *mente colmena*; básicamente, significa que todos los integrantes de una comunidad "piensan" lo mismo al mismo tiempo. Hormigas, abejas, termitas, incluso los peces funcionan de esta manera. Una colmena puede tener cientos de miles de aparentes individuos, pero en realidad hay una sola mente. Trabajan para un bien común, no por decisión, sino por un mecanismo de la evolución. Pero ¿y los seres humanos?

No existe especie más individualista y con tanta capacidad de albergar egoísmo como el ser humano, y sin embargo logramos impresionantes esfuerzos colectivos, que son la base de la civilización, desde los primeros arados y canales de riego hasta la construcción de un colisionador de partículas, y desde luego, el funcionamiento de un país o de una empresa transnacional. ¿Cómo somos capaces de lograrlo?

Evidentemente la comunicación y el lenguaje, frutos del pensamiento abstracto, son la clave para realizar lo que no pueden otras especies; ponernos de acuerdo consciente y voluntariamente. Pero el humano hace todo motivado por el egoísmo; es decir, que sólo trabajará y colaborará si ve un beneficio para él mismo, lo cual es sencillo en una pequeña comunidad autosuficiente, pero muy difícil en un gran colectivo.

Aquí entra otro factor fundamental de nuestro pensamiento abstracto y simbólico. Tenemos ideas y nos identificamos con ellas, asumimos nuestros pensamientos, nuestras creaciones como realidad, les damos valor a los símbolos creados por nosotros mismos, y sentimos identidad con base en ellos, inventamos mitos y rituales y los repetimos…, y todo lo anterior nos hace sentirnos parte de algo.

Es decir, es imposible lograr que cientos de miles, o millones de individuos, trabajen en común con un interés colectivo…, a menos que se sientan parte de lo mismo, de un mismo todo, que sientan identidad, esto es, sentirse idénticos a otros, y eso se logra precisamente con los símbolos.

Cuando un grupo de personas, por distintas que sean y distantes que se encuentren, comparten las mismas creencias o ideas, siguen la misma ideología, veneran los mismos dioses o siguen los mismos rituales, entonces se sienten parte de una misma colectividad. Desde el inicio de la civilización el ser humano se ha sometido a sus propios símbolos.

A partir de antiguos tótems hasta banderas nacionales, desde una cruz a una esvástica, el logotipo de un corporativo o el del equipo deportivo predilecto, todo es lo mismo. Sentirnos parte de algo porque creemos en los mismos símbolos. Nada nos ha hecho más manipuladores y manipulables que los símbolos.

Peces y hormigas trabajan en conjunto porque eso determinó lentamente la evolución; nosotros trabajamos en conjunto gracias al lenguaje y el pensamiento abstracto, algo que finalmente también nos regaló la evolución. La capacidad de colaboración que tenemos es impresionante, y es prácticamente ilimitado el alcance creativo que podemos conseguir.

Si hubiésemos tenido que esperar a que la evolución nos diera esa capacidad, nos podríamos sentar a esperar la extinción, pero gracias al lenguaje, un producto de la evolución, somos capaces de salir de la cadena evolutiva y dar saltos cuánticos de desarrollo. Nuestra primera revolución nos dio la capacidad de hacer revoluciones.

Creamos mitologías y rituales, dioses y seres fantásticos, sistemas sociales, legales, económicos y filosóficos. Todo en la vida humana es una invención de nosotros mismos, todo orden social es una ficción humana, somos autores de cada detalle de nuestra vida gracias a la misteriosa capacidad de pensar.

Pensamos. Eso nos hace humanos. Es decir, creamos, en eso reside lo más profundo de nuestra humanidad. Pensamos gracias a que hablamos, es decir, que inventamos palabras y las dotamos de significado, y con eso elaboramos pensamientos. Todo pensamiento está ligado a una palabra o a un símbolo.

Pensamos porque hablamos, hablamos porque al ponernos de pie se modificaron nuestras cuerdas vocales, otorgamos significado porque al asumir la posición erguida creció nuestro cerebro, y ponernos de pie fue al parecer una respuesta evolutiva a un cambio climático, que es posible porque hay clima, lo cual es derivado de eventos climáticos de hace miles de millones de años, o de eventos cósmicos de incluso antes que naciera la Tierra. Somos el resultado de una cadena que comienza con el origen mismo del universo. Nada se libera de la cadena de intercausalidad.

Muchos simios aprenden lenguaje, pero lo que nos distingue de ellos es que no pueden referirse a conceptos abstractos. No pueden hablar de sus emociones ni explicárselas, no pueden imaginar y plasmar lo imaginado, no pueden aspirar a una elevación de su espíritu. Nosotros podemos, y es posible gracias al pensamiento abstracto, una capacidad aparentemente desarrollada por una cadena interminable de casualidades en un mundo azaroso.

Todo esto nos arroja la evidencia de nuestra libertad de pensamiento. Somos capaces de creer lo que queramos, de crear lo que creemos y creer en lo que creamos; somos capaces de completar nuestra existencia con algo más que lo que nos otorga la naturaleza a través de la evolución. Nada parece ser libre más que nosotros, aunque no hayamos terminado de comprender aún esa libertad.

Ahí radica nuestra más profunda esencia: no ser nada por naturaleza y tener la maravillosa capacidad de inventarnos a nosotros mismos. Somos el único animal con problemas existenciales, y eso es porque nuestra vida debe ser complementada por nosotros mismos.

El fin del pensamiento

Hoy en día vivimos la más terrible involución en la historia de nuestras revoluciones: el abandono del pensamiento y, algo mucho peor, la ignorancia total de nuestra capacidad creadora: no creemos que somos creadores. No le damos importancia a nuestro pensamiento y dejamos que las ideas y razonamientos sean determinados por la estructura social y no por nosotros mismos.

Desde que existe la civilización se halla también la obsesión humana por controlarla; la obsesión de poder. Somos un primate que conspira por el poder, y no hay mejor forma para ello que controlar el pensamiento. Ésa ha sido una gran constante de la historia, pero sólo en tiempos modernos se evidencia la impresionante capacidad de controlar las ideas de poblaciones, peor aún, la capacidad de despojar al individuo de su pensamiento abstracto.

Somos lo que somos por el pensamiento abstracto, el cual nos permitió concebir lenguajes, comunicarnos, organizarnos, inventar y crear. Todo nuestro pensamiento abstracto se refleja en las palabras, como nos expuso Giovanni Sartori, y esa gran herencia, la palabra, es algo que estamos perdiendo..., o que nos está siendo arrebatado.

Todo pensamiento está atado a una palabra, no se puede pensar en algo para lo que no exista una palabra, es imposible. Todo pensamiento se expresa en palabras y toda palabra es un pensamiento; los griegos, de hecho, tenían claro que eran una misma cosa y por eso usaban una sola palabra: *logos*. Toda nuestra capacidad de pensar reside en la palabra, nos señaló Edward Sapir; ése es el mayor acto simbólico que llevamos a cabo de manera cotidiana.

Así pues, todo pensamiento es una palabra, y toda palabra, cada palabra, es una invención humana. Eso quiere decir que todos los pensamientos que somos capaces de pensar existen porque nosotros los inventamos para poder pensarlos. Somos creadores de todo nuestro universo mental.

Lo anterior significa que una mayor cantidad de palabras nos lleva a una mayor capacidad de pensamiento e ideas. Para el siglo xxi, el español es una lengua que cuenta con unas cien mil palabras, que con sus variantes, modismos y significados ambiguos nos lleva a un universo mental de millones de conceptos, pero el latinoamericano universitario promedio no usa más de quinientas palabras en toda su vida..., y muy pocos hablantes son universitarios.

Un universo mental casi inconmensurable limitado a quinientos conceptos, de los cuales casi todos son concretos. Nos alejamos cada día más de la capacidad de abstracción, y no nos percatamos de ello, porque ni siquiera estamos conscientes de qué somos y en qué reside nuestra humanidad.

El lenguaje es algo maravilloso, es en él donde se evidencia nuestra infinita capacidad creadora, es el mayor grado de abstracción que puede lograr la mente; pero como hablamos desde que tenemos memoria (y tenemos memoria desde que hablamos), nos parece algo simple, cotidiano, normal, poco digno de ser valorado.

Los seres humanos hablamos, pensamos y nos comunicamos desde hace decenas de miles de años; es evidente que con el correr del tiempo y la evolución de la sociedad, hemos seguido inventado conceptos, pensamientos y palabras; es decir, creamos complejidad. Los humanos de hace miles de años comunicaban cosas simples, lo que necesitaban entonces; hoy nos contamos cosas cada vez más sofisticadas, pues no cesamos de crear y de inventar. Más y más palabras y pensamientos se suman cada día a nuestro potencial universo mental.

Pero nos hemos metido y atrapado a nosotros mismos en una vida tan cotidiana y monótona, tan desprovista de trascendencia, tan mecánica y repetitiva, con tan pocas aspiraciones más allá de distraernos para no sentir el tiempo, de evadirnos para no pensar, de relajarnos tras una intensa jornada laboral sin sentido para producir irracionalmente una serie de cosas innecesarias que luego consumimos con la misma irracionalidad.

Nos hemos hecho tan mecánicos y nos hemos despojado tanto de sentido, que no aspiramos más que a sobrevivir, pues nos han educado, programado y convencido de la idea de que no somos más que un amasijo de cuerdas y tendones, como nos dijo Silvio Rodríguez, un pedazo de materia que por un azar incomprensible se piensa a sí mismo y es capaz de sufrir. Hemos creído que la felicidad es una quimera inalcanzable, o un beneficio efímero que debe pagarse con el dolor.

Nos hemos dejado convencer de que somos poca cosa, una morusa cósmica flotando en un infinito espacio producto de la casualidad. Nos hemos creído la historia de la Ilustración, donde el individuo que somos es lo máximo que aspiramos a ser, y la de la Revolución Industrial, donde no pasamos de ser un engrane que se siente libre porque puede elegir entre una gama superflua de productos y servicios.

Nos hemos dejado convertir en las ruedas de una inmensa maquinaria de producción sin límite y sin sentido, nos hemos subido voluntariamente a la rueda del hámster de la que no sabemos cómo bajar…, de la que no sabemos que se puede bajar. La historia de la civilización ha sido la historia de la ambición de poder, y nada otorga más poder que la inconsciencia de las multitudes.

Lo que nos hace humanos es la consciencia, y todo el rumbo de la civilización se dirige a la inconsciencia. No pensar ni cuestionar, tener caminos trazados por la civilización y manuales existenciales diseñados por las religiones, que siempre han sido otro coto de poder. Esperar la muerte mientras matamos el tiempo, a eso hemos reducido nuestra humanidad en la civilización industrial.

Somos dueños del poder creador del pensamiento y la palabra…, y no lo sabemos. La lengua es algo que heredamos, transformamos y legamos a las siguientes generaciones; con la lengua heredamos cultura, conocimiento, evolución, filosofía, elevación de espíritu…, y hemos reducido nuestro universo mental a quinientas palabras y conceptos, que ahora destruimos para sentir que somos incluyentes. Cambiamos letras, palabras y significados, pero no nuestras más terribles actitudes, y alguien quiere convencernos de que en eso hay algún tipo de revolución.

Perdemos la palabra en aras de la imagen y el simbolismo en aras de la literalidad. Nuestros medios de comunicación reducen las palabras, las aminora también nuestro sistema educativo, la primacía de la imagen, los emoticones de nuestros teléfonos a los que dedicamos más tiempo que a los seres amados, las series y películas con más acción y menos diálogo con las que aspiramos a existir sin percatarnos de ello…, nos dejamos sumir en la inconsciencia, y nada nos hace más manipulables.

Hace unos seis millones de años comenzamos a ponernos de pie, hace dos millones a elaborar herramientas y hace unos ciento cincuenta mil a explorar el mundo. Hace unos setenta mil empezamos a pensar de manera abstracta, a crear, a concebir símbolos.

Gracias a todo lo anterior pudimos almacenar y compartir conocimientos, y con el paso del tiempo y la necesidad desarrollamos la agricultura; es decir, aprendimos a controlar el ambiente, a producir y almacenar. La revolución agrícola fue el inicio del proceso que hoy llamamos civilización, y fue la base del desarrollo social hasta la otra gran revolución productiva: la industrial.

En ambos casos, aunque haya doce mil años de distancia, la sociedad se basa en lo mismo: en que muchos produzcan cosas bajo la administración, coordinación y sometimiento de muy pocos. Agricultura e industria requieren de un gran esfuerzo de colaboración colectiva, que sólo se puede dar a través de mitos y símbolos…, los cuales han sido el eterno fundamento de la opresión humana.

Nuestra capacidad de crear mitos y símbolos nos permite elaborar órdenes ficticios, es decir, estructuras sociales, políticas, económicas que contribuyen a ordenar nuestra vida y nuestra colaboración. Pero, evidentemente, esos símbolos y mitos que nos organizan socialmente siempre han sido creados por una pequeña élite.

El pensamiento social siempre se ha producido, generado e impulsado desde las élites, sea a través de religiones como en casi toda la historia, de sistemas educativos como en el mundo moderno, o de los medios de comunicación y redes sociales con los que nos embrutecemos y matamos el tiempo.

Que haya reyes o emperadores, élites sacerdotales y de guerreros, nobles y plebeyos, soberanía divina o popular, propiedad privada o comunal…, nada de eso es natural, todo es creación humana. Cada etiqueta ideológica, religiosa o nacionalista es una ficción de nuestra mente, y un discurso más con el que somos eternamente sometidos.

Nadie nace con identidad nacional o con religión, con ideologías o con doctrinas. Todos somos una maravillosa mente en blanco consciente de sí misma, y en cada una de esas mentes se enseñan mitologías, rituales, símbolos. La consciencia nos hizo capaces de crear símbolos, y con símbolos se nos arrebata la consciencia.

La revolución cognitiva nos permitió organizarnos y desde entonces luchamos por el control y el poder. Todas las grandes revoluciones de la historia humana fueron un tema de poder. Cada revolución social ha fracasado porque sólo han sido diversos y hermosos discursos para justificar que un nuevo grupo o individuo detente el poder. Quizá la única revolución que hace falta superar sea la de la mente, esa terrible y destructiva obsesión.

El ser humano es el único animal que es totalmente consciente de sí mismo. Es el único animal creador, es el único que tiene el mundo en sus manos y el único con la capacidad de destruirlo. Somos lo que somos porque somos conscientes. El cómo llegamos a eso es lo que nunca sabremos del todo. Lo que nos hace humanos es un absoluto misterio.

2

Civilización e imperio

De la revolución agrícola a la Revolución Industrial

De la singularidad nació el universo, es decir, que de la nada surgió el todo. Dentro de la ilusión del tiempo, eso ocurrió hace unos trece mil millones de años, pero dado que el tiempo es una ilusión de la mente, dicha revolución ocurre en la eternidad. El todo no surgió de la nada en el pasado, brota de la nada eternamente, aquí y ahora. De la nada surgió la vibración, de ella la energía y de ésta la materia. La materia se aglutinó hasta pasar de quarks a partículas, de ahí a átomos y galaxias, todas formadas finalmente de quarks que no son más que condensación de la energía. La materia es así una gran ilusión.

En la gran ilusión de la materia, el tiempo y el espacio, aconteció la vida, entidades existentes que intercambian energía con la existencia misma, y dentro de esa vida, guiada aparentemente por un impulso o voluntad ciega, como señaló Schopenhauer, ocurrió el misterio de la consciencia: nosotros, una parte de la existencia que reflexiona sobre sí misma y sobre la existencia. Decía Carl Sagan que somos el cosmos reconociéndose. No lo pudo decir de mejor forma. Somos el único animal consciente de que existe la consciencia.

De la nada surgió el todo, y ésa fue la primera gran revolución. En ese todo brotó la vida, y ésa fue la segunda revolución. Y en el rincón del cosmos que habitamos y conocemos, en nosotros evolucionó o se manifestó la consciencia. Somos un animal consciente de sí mismo, que se hace preguntas y se da respuestas, un animal que inventa cosas, que piensa y crea con su pensamiento, un animal que inventa símbolos para tratar de comprender la existencia…, un animal creativo que, gracias al pensamiento abstracto, a la capacidad simbólica y al lenguaje, es prácticamente ilimitado. Entonces comenzamos a limitarnos a nosotros mismos.

Miedo y civilización

Para que exista el poder, es necesario lograr que dejemos de reflexionar acerca de nosotros mismos. Atemorizados por un mundo y una humanidad que somos incapaces de comprender, nos arrojamos a los brazos de los que pretenden guiarnos desde el poder. Ésa ha sido nuestra historia desde la agricultura hasta la industrialización, y hasta la actual era que muchos definen, pocos comprenden y casi nadie reflexiona.

Sólo nuestra capacidad de pensamiento abstracto hizo posible una emoción como el miedo y un fenómeno como el del poder. Desde entonces, se busca desde el poder que no comprendamos nuestra capacidad de pensamiento abstracto —pues en ella reside nuestra única y verdadera libertad— y que siempre tengamos miedo, porque eso es lo que más nos somete.

Comprendemos la realidad a través de símbolos, representaciones concretas de lo abstracto, y hemos sido fácilmente manipulados a través de ellos desde que existe la civilización. Dioses, cruces, escudos, estandartes y banderas nos han guiado en todas las guerras. La mayor revolución humana será despojar a nuestra mente de todo símbolo, de todo miedo y de todas sus batallas.

Desde el momento mismo en que desarrollamos la agricultura como forma de vida y base de la civilización, comenzamos a acostumbrarnos a las estructuras de poder. Dicho poder, desde entonces hasta hoy, siempre se ha ejercido a través de símbolos, sean religiosos, nacionalistas o ideológicos. Nunca seremos libres ni individuos si seguimos símbolos, que siempre nos identifican con unos y nos separan de otros; ése es el principal combustible del miedo.

Pero ¿cuál es la razón de ser del miedo? Uno podría pensar que la agricultura, y la capacidad de producir alimentos con excedentes, nos habría quitado el miedo y habría liberado al cazador recolector de la incertidumbre del mañana. Pero lo cierto es que el cazador recolector no tenía miedo, no acumulaba; como nada poseía no le inquietaba perder nada. No tenía miedo de sus líderes porque no los había, ni de los dioses porque los dioses castigadores aún no habían sido inventados. Casi no tenía un concepto del mañana, y precisamente la noción de futuro es la principal causa del miedo.

Ese humano seminómada vivía con asombro, con el instinto de supervivencia muy desarrollado, y muy atento y consciente de su entorno, pero no con miedo. Vivía aquí y ahora, un instante eterno que no dejaba espacio para el sobresalto; vivía consciente y atento, un estado de la mente en el que percibía, pero no juzgaba. Hoy en día, en nuestro mundo tan aterrador, vivir aquí y ahora sigue siendo el camino para vivir libre del temor, y estar consciente sigue siendo la senda para experimentar la inocencia de vivir sin juicios.

A nivel biológico la causa del miedo parece evidente. Somos conscientes del mundo y, por lo tanto, de lo hostil que es para la supervivencia, la vida de pronto pareciera una lucha eterna a la que estamos condenados por un impulso ciego y en la que al final nadie gana. Ser conscientes de eso sólo puede ser atemorizante.

Pero aquel cazador nómada, presente, atento y consciente, no pensaba en esa batalla, simplemente la luchaba. Sabía que todos sobrevivían hasta que murieran, y aún no había asociado conceptos terribles y negativos con la muerte. No tenía miedo del futuro porque no lo conceptualizaba, y no lo hacía porque vivía en el único momento en que cazaba, recolectaba y sobrevivía: ahora. No guardaba alimentos para el mañana. Su estilo de vida no se lo permitía, y además nunca había sido necesario. Cada día había buscado y cada día había tenido.

Sin embargo, a un nivel más profundo que el biológico y evolutivo se escondía el miedo, pues finalmente fue ese mismo hombre el que lentamente comenzó a experimentarlo, a representarlo, a contar historias sobre él, a elaborar mitologías con demonios y oscuridades. Comenzó a asociar la noche con el peligro, y con la noche viene lo oscuro, lo negro, lo tenebroso, la luna, los gatos, los lobos.

A causa de nuestra capacidad abstracta y simbólica comenzamos a simbolizar el peligro, entonces pudimos pensar en él y a sentir miedo. Desde entonces hasta hoy a lo que más tememos es a nuestros pensamientos, que son, como nos dijo el Buda, lo único que puede hacernos daño. Nada hace sufrir más a la mente que sus propios pensamientos. Tenemos miedo porque lo creamos en nuestra mente; y no, no sirve para nada, no es mecanismo de supervivencia, es de hecho el error en el sistema lo que podría matarte.

La agricultura nos permitió guardar, y guardar es símbolo evidente de miedo a perder, o de obsesión de poder, control y dominio, lo cual también es una representación del miedo. Desde entonces hasta hoy la civilización se basa en guardar, y sin importar cuánto acumulemos siempre tenemos miedo de que no sea suficiente, o de perderlo. Guardar granos en enormes trojes, valores en el banco, amigos imaginarios en redes sociales o los recuerdos de tiempos pasados…, todo es símbolo de miedo.

Desde que hay agricultura podemos perder la cosecha, lo cual nos causa miedo y nos conduce a la guerra para obtener las cosechas de otros. Podemos hablar de cebada o de petróleo, el pensamiento es el mismo. La civilización nunca ha dejado de estar sustentada en la conquista y la guerra, es decir, en el miedo. Qué gran revolución sería enseñar a nuestra mente a vivir sin miedo.

Estamos conscientes de que existimos en el mundo, pero vemos ese mundo como algo separado de nosotros. Nuestra mente percibe desde un cuerpo (o crea un cuerpo para poder hacerlo), y lo advierte limitada a su tiempo, su espacio y su experiencia sensible, percibe desde el dolor que es capaz de sentir, a nivel físico y emocional, e interpreta el mundo desde ese miedo. Nos percibimos y sentimos divididos, ése es el origen del miedo. Qué gran revolución sería enseñar a nuestra mente a percibir desde el amor, despertar y descubrir que nunca nos hemos separado, que somos unidad absoluta.

Con la revolución agrícola aprendimos a producir, y dado que siempre hemos tenido miedo, comenzamos a producir excedentes, es decir, más de lo necesario. En ese momento empezamos a acumular, otra obsesión que no hemos superado. Producir excedentes y acumular dicha riqueza fue uno de los pilares de la civilización, y que una reducida élite administre y disfrute dicha riqueza ha sido tristemente el otro pilar.

Hace unos doce mil años comenzamos a desarrollar la agricultura y no hemos dejado de producir desde entonces. En miles y miles de años muy poco cambió la vida humana, dejamos de ser cazadores y recolectores que caminaban el mundo, para convertirnos en trabajadores que difícilmente nos movemos más allá de diez kilómetros a la redonda de donde nacimos.

Trabajamos cada vez más y el producto de ese trabajo sigue siendo administrado y disfrutado por pequeñas élites; somos cada vez más sedentarios, seguimos sometidos por símbolos inventados por nosotros mismos, y nuestra visión del mundo se limita a lo que nos dicen las pantallitas a las que hemos decido someternos en el siglo XXI.

El origen de lo que somos

El *Homo sapiens* dejó África hace unos ciento cincuenta mil años y comenzó su aventura por el mundo, un mundo que para entonces estaba congelado. La glaciación Würm dejaba tan sólo la franja entre los trópicos de Cáncer y Capricornio como zona potencialmente fértil, lo demás estaba cubierto por hielos eternos; los océanos tenían un nivel mucho más bajo, se podía deambular por tierra donde hoy conocemos mares y la silueta de los continentes era diferente de las formas de la actualidad.

En este mundo helado es que el *sapiens* se esparció. Hace ciento cincuenta mil años dejó África, hace unos cien mil había llegado al Medio Oriente, hace unos cincuenta mil dominaba la gran masa euroasiática, desde China hasta Iberia; hace unos cuarenta y cinco mil ya había llegado a Australia y hace unos veinte mil años comenzó a poblar el continente americano.

Todo lo hizo sobre los hielos, siempre nómada, siguiendo manadas de animales susceptibles de ser cazados, y recogiendo raíces, bayas y cortezas que se encontraba a su paso. Entre el *sapiens* y la Era de Hielo aniquilaron a las demás especies humanas. Cuando los hielos se replegaron hacia los polos, hace unos quince mil años, la especie que somos era la única humanidad, alrededor de un millón de especímenes distribuidos en todo el planeta.

Evidentemente pensábamos y nos comunicábamos; eso fue, de hecho, lo que nos hizo sobrevivir. La caza de grandes mamíferos requiere lenguaje, pensamiento y comunicación, también lo necesita para la elaboración de refugios, confección de ropas con pieles, herramientas y armas, y lo más importante, para producir y mantener el fuego.

Hace unos doce mil años, *sapiens* se encontró en un mundo mucho más amigable. Hacía más calor, los ríos comenzaron a fluir, la vegetación se extendió por las planicies; árboles y plantas comenzaron a mostrar sus frutos, la comida se hizo más presente y abundante.

Buen clima, ríos abundantes, planicies arboladas con frutos y deltas con abundante vegetación fueron invitando al ser humano a dejar de deambular por un planeta agreste y buscar establecerse en lugares que de pronto parecían hospitalarios y amables con la vida.

En este nuevo ambiente se dio la gran revolución que ha determinado todo lo que somos desde hace unos diez mil años: la revolución agrícola. Con ella nacieron los dioses, los imperios y las familias; brotó en nuestra mente la idea de la propiedad privada y, con ella, desde luego, la idea de defenderla a muerte.

Nacieron las estructuras jerárquicas y los mitos y leyendas con las que nos programamos para respetarlas. Surgió, evidentemente, el poder, así como la obsesión por mantenerlo. Fue así como aparecieron también las élites gobernantes y las castas privilegiadas que eran pilares del poder: los sacerdotes y los guerreros. Prosperaron la religión, la política y la guerra como una sola cosa, que es lo que siempre han sido.

Nació el trabajo como hoy lo conocemos, pues sólo esa energía humana aplicada al dominio de la naturaleza puede mantener una sociedad en orden. Surgió el concepto mismo de orden y, por lo tanto, el del caos, así como las mitologías que explican la importancia de vivir eternamente luchando contra él. El control sobre la naturaleza nos hizo sobrevivir como individuos y como especie, y emergió la obsesión de control.

Comenzamos a alimentarnos con base en el monocultivo y a tener carencias nutricionales, empezamos a convivir con animales y sus desechos, y aparecieron las enfermedades y los contagios. Desde luego, comenzamos a convivir excesivamente con nosotros mismos, en sociedades con jerarquías, leyes, poder, trabajo, propiedad privada..., y surgieron los conflictos.

Todo orden social depende de ideas, de mitos, de leyes, de dioses. Empezamos a tener ideas y a identificarnos con ellas, y fue así como comenzamos a morir y a matar por la defensa de las ideas, que siempre ha sido en realidad la defensa de los intereses de unos cuantos, desde entonces hasta hoy. Nació la civilización, con todas sus bondades, pero con un tremendo lado oscuro del que poco se nos habla.

El orden ficticio

La revolución agrícola no fue planeada, nada en el gran viaje humano lo ha sido en realidad; sino fue algo que aconteció lentamente, y no ocurrió en poco tiempo, sino que llevó miles de años. Hay evidencia de plantíos agrícolas desde el año 10000 a. C., pero no es hasta alrededor del 3500 a. C. cuando esa agricultura se convirtió en la base de los primeros imperios de la historia de la humanidad. Hacerse sedentario, establecerse, trabajar, seguir leyes y religiones, no fue algo fácil para el humano.

Aun así, hablamos de una revolución si consideramos los cientos de miles de años que las especies humanas vivieron como cazadores recolectores, sin ninguna variación significativa en su forma de relacionarse entre ellas y con el ambiente, y el gran cambio sobrevino, en todos los sentidos, que supuso algo que podía parecer tan simple, como echar una semilla a la tierra y recoger su fruto.

La revolución generada por la agricultura se hace patente en muchos aspectos. El primero es el más evidente: pasamos de ser nómadas a ser sedentarios, lo cual de alguna manera implica dejar de vivir en la naturaleza, como parte de ella, y pasar a vivir de la naturaleza, es decir, ejerciendo dominio sobre ella.

El segundo aspecto se deriva del primero. Ejercer dominio sobre la naturaleza para lograr algo, como la agricultura, requiere de un inmenso esfuerzo colectivo, el cual sólo se puede lograr si hay una estructura y una jerarquía, una división de trabajo que debe ser aceptada por todos, sea por voluntad o por coerción. Así pasamos de la igualdad social del cazador recolector a la jerarquía y la pirámide social que no hemos modificado desde entonces.

Desde el origen de la civilización, el orden social ha dependido de relatos, sean mitologías religiosas o constituciones estatales, que en el fondo son lo mismo: la serie de historias que establecen cómo se ejerce el poder, y justifican y legitiman dicho poder. Sea que al mandamás lo designe Dios o lo nombre el pueblo, en realidad eso son sólo relatos, narrativas de poder.

Esto implica que, para que pudieran surgir los primeros Estados de la historia de la civilización, fue necesario imponer orden por la fuerza, desarrollar historias que sustentaran el poder, tener una clase social que respaldara dichas historias, los sacerdotes, y otra clase social que las impusiera por la fuerza a los que decidían no creerles a los sacerdotes: los guerreros.

Hace seis mil años había una élite en el poder, una casta sacerdotal y otra de guerreros, todos ellos mantenidos por el trabajo de los demás; comerciantes, artesanos y campesinos. Si uno observa con detenimiento, y es lo que iremos haciendo, podrá constatar que casi nada ha cambiado en milenios.

Así pues, pasamos de recolectores a agricultores, de nómadas a sedentarios, de igualdad social a jerarquías, de trabajo comunitario a división del trabajo especializado, de la subsistencia como hecho colectivo a la idea individualista de que cada uno debe valerse por sí mismo.

Otro cambio fundamental es que comenzamos a vivir con leyes, es decir, que desde la élite se les decía a todos cómo es que debían organizar su vida y llevar a cabo sus actividades. Justo como hoy, que se nos dice qué comprar, cómo pasar el tiempo libre, qué temas deben llamar nuestra atención y hasta qué canción nos gusta.

Nacieron las leyes, las cuentas y los impuestos; y como el primer relato que sirvió para legitimar el poder tuvo que ver con los dioses, surgieron las religiones, las mitologías y las escrituras. Miles de años después seguimos basando nuestras vidas en creencias, mitos y escrituras.

Pero regresemos a una circunstancia fundamental. Todo el proceso de civilización, desde la revolución agrícola, pasando por la industrial y hasta nuestros días, requiere de ir ejerciendo cada vez más control, dominio y poder sobre la naturaleza. Todo ello implica un esfuerzo colectivo, y dado el egoísmo que es tan natural a los seres humanos, sólo puede lograrse con el control social. Ese dominio sobre la naturaleza, que precisa un sometimiento sobre la sociedad, lo lleva a cabo siempre una élite de poder que dirige, encamina, administra y, desde luego, disfruta dichos esfuerzos.

En ese sentido, es importante descubrir que los caminos de la aventura humana jamás han sido trazados por la humanidad en su conjunto, sino por unos cuantos. Ésa es la esencia del poder, y éste es la máxima obsesión humana desde que descubrimos la agricultura y comenzamos a depender de ejercer dominio sobre la naturaleza.

La civilización implica orden y esfuerzo colectivo que sólo se pueden lograr si existe el control social; es por eso que, en gran medida, la historia humana es el compendio de los relatos que nos hemos contado a nosotros mismos para que exista dicho control. Toda estructura social depende por completo de órdenes ficticios; entendámoslo de otra forma: todo orden social es ficticio, una invención nuestra para lograr la colaboración común.

Viajemos decenas de miles de años en el pasado, a la noche de los tiempos cuando éramos cazadores y recolectores, cuando el orden era absolutamente natural y no una invención humana. Vivíamos en comunidades pequeñas, de entre sesenta a no más de doscientos individuos. No había familias ni propiedad sobre mujer o hijos, no había jerarquías, no existía un líder oficial, y todo el grupo trabajaba en colaboración para lograr un objetivo común. ¿Cómo lo hacían?

Aquellos humanos no tenían concepto de propiedad privada ni de desarrollo individual independiente de la comunidad. Podemos decir que, de existir egoísmo humano en aquellos ayeres, estaba reducido a su mínima expresión. Pocos cientos de individuos se conocían todos, compartían todo, trabajaban por el bien común, no había una élite o persona que acumulara la riqueza, de hecho, no había riqueza.

Evidentemente todos se sentían parte de un mismo colectivo, compartían en comunidad la suerte, buena o mala, y al conocerse todos, también resultaba claro que si alguien no hacía su parte no cumplía con la comunidad, y el mayor y único castigo al que se enfrentaba si eso ocurría era el desprestigio ante los demás.

Pero a raíz de la agricultura organizada es cada vez más posible alimentar a más y más humanos, se puede acumular riqueza y, por lo tanto, pagar otros trabajos especializados no agrícolas. La sociedad se va haciendo compleja en actividades, y así como el cazador ve como un peligro la reproducción desmedida, para un esfuerzo magno como la agricultura la reproducción es bien vista. Mucho antes del judeo-cristianismo ya se promovía desde el poder aquello de "creced y multiplicaos".

Así es como de pronto comienza a haber comunidades de miles, de decenas y cientos de miles. Las aldeas crecen hasta llegar a ciudades, las ciudades se conquistan unas a otras y forman reinos, que a su vez se conquistan unos a otros y se forjan imperios. De pronto hay comunidades de cientos de miles, quizá millones, con un solo liderazgo. Pero es necesario comprender que toda comunidad de millones es ficticia, todo colectivo que vive separado en diferentes ciudades no es en realidad un colectivo, no existe verdadera comunidad cuando no se conocen entre todos los miembros; y evidentemente, decenas de miles no se conocerán nunca.

Hoy vivimos acostumbrados a sentir que somos parte de una comunidad de millones. Sea que la comunidad se llame México e incluya a ciento veinte millones de individuos; que se nombre Países Bajos y abarque a cinco millones; que se conozca como judaísmo que englobe a veinte millones dispersos por el mundo; o que se llame islam y comprenda a mil quinientos millones de individuos en todo el planeta. Ésas son comunidades ficticias, como lo son todas las comunidades humanas. Hay una sola comunidad, se llama humanidad, y vivimos demasiado divididos como para poder verla.

Es sencillo entender que doscientas personas trabajen juntas por un objetivo común, pero ¿cómo lograr que lo hagan millones de personas dispersas por un territorio o todo el planeta? Es simple, sólo será posible si se sienten parte del mismo colectivo, y eso sólo se alcanzará si todos los miembros comparten las mismas ideas, los mismos mitos, los mismos relatos y símbolos.

El mito resultó ser la herramienta perfecta de cohesión social que permitió y permite el desarrollo de grandes imperios. Millones de individuos nunca se conocerán, pero si adoran al mismo dios o dioses, comparten los mismos relatos sagrados, creen en las mismas mitologías y respetan o veneran los mismos símbolos, entonces se sentirán parte del mismo todo, y encauzarlos para trabajar en conjunto es absolutamente posible.

Compartir mitos y símbolos crea comunidad. Judíos, católicos, budistas o musulmanes de todo el planeta se sienten y se saben parte de un mismo colectivo porque comparten una serie de mitos y símbolos. Funciona igual en cada país. ¿Qué hace igual de ruso al habitante de Moscú y al de una aldea siberiana? Simple, se sienten rusos; y es así porque se cuentan una historia en la que así es. Tienen las mismas costumbres y tradiciones, siguen una serie de mitos y símbolos, y veneraron en su momento como sagrado al mismo Zar de todas las Rusias.

Un alemán de Berlín y uno de Baviera son muy diferentes, pero respetan el mismo símbolo, su bandera, se cuentan la misma mitología, la historia de la nación alemana y se han educado para compartir cultura y tradiciones. Al vasco y al andaluz sólo los unen símbolos, como rey y bandera; al inglés de York y al de Londres, igual.

El mexicano maya de Chiapas se parece más al guatemalteco, igual de maya, pero está educado para sentir identidad con el regiomontano, que a su vez se parece más al texano. Toda nacionalidad es una comunidad ficticia, pero es que todo lo humano así lo es, una invención nuestra derivada de nuestro pensamiento abstracto simbólico y nuestra capacidad de inventar historias, de crear. Todo eso que adquirimos con la revolución cognitiva.

Es muy común que las identidades colectivas estén basadas en compartir lengua, cultura o religión, pero el sentido de identidad se puede construir en torno a discursos diferentes. Estados Unidos es una nación de naciones, conviven en un espacio inmenso personas de más de sesenta países y lenguas; prácticamente todas las tradiciones y religiones están presentes. ¿Qué los hace "iguales"? Simple: comparten una mitología, que en este caso se llama sueño americano, y una misma aspiración a la que llaman *american way of life*. Todo ello identificado con símbolos de barras y estrellas.

Hasta la fecha, las grandes organizaciones humanas dependen de mitologías y símbolos abstractos para su funcionamiento, sea que hablemos de países, de religiones, de movimientos ideológicos o de grandes corporaciones internacionales. Como nos dijo Claude Lévi-Strauss (no el de los jeans), toda la historia de las estructuras humanas ha dependido siempre de mitos, sea el mito de los dioses, de Dios, del rey, del pueblo, de la libertad, de la democracia...

El pensamiento abstracto, ese maravilloso misterio que nos hace humanos, es el origen de la mitología y de todo sistema simbólico, incluyendo el más importante de todos: el lenguaje, sin el cual, desde luego, no podríamos ni crear ni transmitir mitologías. Sin mitologías jamás hubiésemos podido desarrollar una sociedad compleja.

La mitología es la base de toda civilización. En dichos relatos fantasiosos y simbólicos están las respuestas que hemos dado a todas las preguntas, desde el origen mismo del mundo, la razón de la vida y la muerte, las fuerzas detrás de la existencia, el orden social, lo bueno y lo malo..., todo el contenido de nuestras mentes está determinado por las diversas mitologías que hemos desarrollado desde que somos civilizados.

Los mitos de los primeros imperios tienen que ver con la fuerza de los dioses para pasar del caos al orden, y del esfuerzo constante en que hay que vivir para que el caos no retorne. Cada relato mitológico griego es una enseñanza, una forma de la sociedad para moldear la mente de cada nuevo individuo con el fin de que comparta los mismos valores sociales. Toda sociedad ha dependido de que el individuo se someta al colectivo, y hay una serie de mitos y ritos encaminados a lograr dicho objetivo.

Los relatos de la *Ilíada* y la *Odisea* preparaban al hombre griego para ser un gran guerrero que defendiera su polis, y a la mujer para sentirse orgullosa de la muerte de su hombre en dicha defensa. Se enseñaba el ideal de morir joven para adquirir la inmortalidad histórica. Los relatos de toda la saga cinematográfica de James Bond inculcaban al ciudadano occidental promedio los valores de la Guerra Fría.

Así pues, gracias al pensamiento abstracto generamos símbolos y mitos, gracias a éstos pudimos instaurar grandes estructuras de poder. Desde entonces, desde el poder se siguen generando los mitos y símbolos que mantienen unida y sometida a la sociedad. Y como nadie toma el poder con la intención de dejarlo, como nos dijo George Orwell, desde las cúpulas de poder, a través del manejo de símbolos, se encauza y determina el pensamiento social: se nos dice quién es el bueno, quién es el malo y quién es el feo, a quién odiar y a quién temer, a qué aspirar y con qué soñar.

La civilización es jerárquica y desigual en su esencia, y es fundamental que cada nuevo individuo de la estructura asuma esa jerarquía y esa desigualdad como algo absolutamente natural. Por eso todo sistema de poder requiere de un discurso que lo sustente y legitime, y desde el origen de la civilización, los dioses han sido una mitología perfecta para eso. Fue así como, del mito como cohesionador social, surgieron como una misma cosa la política y la religión.

Dioses, imperio y familia

Dioses, imperio y familia es el conjunto de ideas que ha sostenido a la civilización, sea agrícola o industrial. Los dioses sustentan el imperio, y la familia le enseña sobre dioses e imperio a cada nuevo integrante de la sociedad.

Es imposible conocer con certeza cómo comenzó la civilización. Sabemos que, en ciertos puntos específicos del globo, como el valle del Nilo, Mesopotamia, el Valle del Indo y la cuenca del río Amarillo, hubo asentamientos humanos desde hace unos cuarenta mil años, agricultura desde hace unos doce mil, aldeas agrícolas desarrolladas desde el 4000 a. C., y se sabe que para el 3000 a. C. en todas estas zonas ya existían Estados agrícolas que lentamente fueron evolucionando en imperios. Cuál fue el proceso para lograr eso, simplemente no se sabe, sólo es posible especular.

Esto es así debido a que es apenas alrededor del 3000 a. C. cuando en dichos lugares se desarrolla la escritura. Tanto en Egipto como en Sumeria, en India o en China, los primeros grandes reyes o emperadores ordenaron escribir historias milenarias sobre sus orígenes, pero no se tiene prueba alguna de casi ningún personaje. Sólo tenemos datos certeros a partir de la escritura, y eso no significa que sepamos lo que pasó, sabemos simplemente lo que está escrito, y eso fue establecido desde el poder.

Pero entre pruebas arqueológicas, escritos y sentido común se puede armar un rompecabezas. Parece claro que hay comunidades agrícolas en torno a los ríos desde hace doce mil años; aunque no escribían ni tenían números, es evidente que, de alguna forma simple, tenían leyes y cuentas, es decir, un orden político y social jerárquico.

Por miles de años casi nada debió cambiar en dichas comunidades, aunque sus habitantes ya vivían algunas de las transformaciones más radicales derivadas de la revolución agrícola: ser sedentarios, vivir en un orden jerárquico, creer en algún tipo de deidades, impuestas siempre desde la cúpula, y dedicarse a la guerra, algo que no hacía el cazador recolector.

Aparentemente la agricultura le dio certeza alimentaria al ser humano, pero en realidad ocurrió todo lo contrario. Antes, cada individuo se alimentaba de una inmensa variedad de plantas, raíces y animales; ahora, las sociedades dependían del monocultivo, de los ciclos agrícolas y del capricho del clima. Bastaba una sequía para que se tambaleara todo un imperio. La guerra se hizo necesaria.

La guerra genera un estado mental permanente basado en la idea de defensa y ataque. Siempre hay que estar atacando, y como los demás piensan igual, siempre hay necesidad de defenderse. Se vive en un estado de miedo y de indefensión que da mucho más poder a la figura del líder, el guerrero capaz de generar en la población la ilusión de seguridad.

Al vivir cada vez más de la guerra y de la conquista que de la propia agricultura, va surgiendo el concepto de imperio. A lo largo de milenios se dio el proceso en que las aldeas se hicieron ciudades, las ciudades crearon reinos y la conquista entre reinos generó imperios. Así estaban las cosas alrededor del año 3000 a. C.

Tiene mucho sentido que los imperios y la escritura nacieran de la mano. Lo primero que se escribió fueron cuentas y leyes, es decir, cuánto me debes y por qué me lo debes. Hemos dicho que todo imperio necesita orden, y ninguno hubiese podido subsistir sin el orden resultante de desarrollar la escritura.

Pero además de cuentas y leyes se fueron escribiendo mitologías, relatos que probablemente ya se transmitían de manera oral, de generación en generación, desde miles de años antes, pero que ahora, al quedar asentados por escrito y ser estudiados e interpretados por élites sacerdotales, comenzaron a ser el fundamento de las creencias religiosas, y, por lo tanto, del poder político. Siempre han sido los dioses los que designan al soberano.

Desde el año 3100 a. C. existía un Egipto unificado, y desde entonces el faraón era un hijo de los dioses. En Mesopotamia había imperio desde los mismos tiempos, y los reyes y emperadores siempre estuvieron relacionados con la divinidad en turno, como El, Baal o Marduk; tiempo adelante, de ese entorno surgió el pueblo hebreo cuyo liderazgo siempre estuvo relacionado con Yahvé.

En el Indostán, los reyes siempre lo fueron por mandato divino, eran de la casta de los Brahmanes, la cabeza de Dios, y de la divinidad emanaba todo su poder. En China, desde que hubo imperio, el emperador era el hijo del cielo. En Persia, el Sahansah o rey de reyes siempre fue hijo del Dios en turno, fuera Mazda o fuera Mitra; el César, en Roma, era un enviado del Sol Invicto, y en la Europa monárquica los reyes lo eran por derecho divino.

Es decir, que sin un dios y una serie de relatos de lo divino hubiese resultado imposible forjar, mantener y extender imperios. Los judíos tomaron Canaán asumiendo que era un regalo de Dios, y tres mil años después pelean la misma tierra con el mismo pretexto. Las Cruzadas se iniciaron en Europa cuando Urbano II gritó: "¡Dios los quiere!"; con Alá como bandera se formó un gran Imperio árabe musulmán que llegó desde el Indostán hasta Iberia, donde con Dios como símbolo se terminó de echar a los musulmanes en 1492, cuando por voluntad divina los españoles comenzaron la conquista y colonización de América.

Dios sustenta al imperio desde siempre, y es por eso por lo que el imperio siempre ha sustentado a Dios. Toda estructura imperial fomenta una religión de Estado, un culto oficial, una ortodoxia de ideas, costumbres y creencias, y sostiene con tributos del pueblo a una élite sacerdotal que tiene como principal objetivo someter ideológicamente a dicho pueblo. Creer en un dios y manifestarle devoción de determinada forma nunca fueron una decisión personal e individual, sino la imposición de una estructura.

Aquí es fundamental comprender algo: no es el individuo el que forma a la sociedad, sino al revés; la sociedad determina por completo al individuo. Aunque la sociedad es la suma de los individuos, lo cierto es que nunca hubo individuos solos y aislados, desde antes de que el *Homo* fuera *sapiens*, e incluso antes de que el homínido fuera *Homo* ya vivíamos en comunidad. El individuo, con su mente en blanco, nace en una sociedad que ya tiene perfectamente sólidas todas sus estructuras; ya existe una religión, unas escrituras y unas creencias, ya existe un sistema ético, moral, jurídico y hasta estético…, así, el individuo absorbe su entorno y lo ve como normal.

Pero qué difícil sería inculcar en cada nuevo individuo todas las ideas religiosas, sociales, éticas, jurídicas y políticas, qué titánica labor para cada emperador adoctrinar y programar a cada nuevo elemento de la estructura, qué imposible pareciera convencer a millones o cientos de millones de creer y respetar lo mismo. Ahí es donde el imperio, el Estado, la sociedad, depende de la más importante de sus estructuras: la familia.

Sin familia no habría dioses ni imperio. Este entorno familiar es donde el nuevo elemento, con su mente en blanco, lo absorbe todo. El individuo absorbe a la familia, pero la familia a su vez ya ha asimilado todas las estructuras.

No es el papa quien tiene que adoctrinar a cada católico ni es el rey el que debe someter directamente a cada súbdito. No es el califa quien debe inculcar en cada individuo la veneración a Alá, no es el Dalái Lama quien debe convencer a cada budista de que es una rencarnación del Buda Avalokiteshvara, ni es el camarada en turno quien debe adoctrinar en el socialismo a cada niño. Para eso está la familia.

Todo imperio, todo Estado, todo nacionalismo y toda religión se basan en la división fundamental: nosotros y ellos, los que son como nosotros y los que no. Estamos nosotros, los que estamos bien, y están los de las otras razas, los otros colores, las otras lenguas, las otras naciones, las otras religiones, los otros dioses…, los que están mal. Nosotros y ellos, mi gente y tu gente, los nuestros y los otros, esta división ficticia se aprende, por encima de cualquier otra estructura, en la familia.

El imperio tiene mitologías: el sistema de creencias que sostiene al imperio, desde el faraón como hijo de Ra hasta el británico, súbdito leal de Su Majestad, que lleva la civilización a cada rincón del mundo; esas creencias las recibe el individuo dentro de la familia. Asimismo, todo imperio tiene rituales, actos simbólicos y cíclicos que reafirman las mitologías, y es la familia la responsable de incorporar a cada nuevo individuo en el sistema de rituales.

Todos nacemos en blanco. Nadie nace católico, musulmán, judío o budista, pero en cada familia, y antes de que el niño desarrolle razón, consciencia y crítica, se le programa hasta la médula dicha identidad, con todas sus creencias y rituales derivados. Nadie nace mexicano, español o alemán, pero la mitología nacional y los honores a la bandera se programan desde la tierna infancia. Nada refuerza todo esto mejor que la familia. En la familia interiorizas la ley social, como nos dijo Freud.

Es así como la humanidad termina por ser una marea, una repetición absoluta del pasado, un apego irracional a tradiciones, aun cuando pierden su sentido o se desconoce su origen. Y eso es porque la sociedad es conservadora en su esencia, como parte de los rituales para mantener a raya al caos; y es por eso por lo que la familia no puede sino ser igual de conservadora, es el lugar donde aprendemos a repetir y venerar el pasado. Es por eso por lo que la historia "se repite", porque la reiteramos en nuestra absurda veneración del pasado, hasta convertirla, como señaló Nietzsche, en el eterno retorno de lo idéntico.

Dioses, imperio y familia mantienen así una relación simbiótica. A los dioses y la estructura política y social los aprendes y aprehendes en la familia. La familia inculca a Dios y por eso la religión defiende como hecho divino a la familia; en familia asimilas la sociedad y por eso la sociedad y sus autoridades la defienden también. A su vez, el imperio existe con los dioses como pretexto y los dioses siempre son protegidos por el imperio.

Y como la base del pensamiento imperial es la propiedad privada, la de Dios sobre el mundo, la del soberano sobre los dominios que le encomendó Dios, y la de los individuos sobre aquello que permita el soberano, la familia sólo podía estar basada en lo mismo; en este caso, la propiedad privada del hombre sobre la mujer y los hijos. Como todo mito, la propiedad privada es una ilusión que sólo existe en la mente y en un pedazo de papel, pero desde la familia la vemos también como un hecho normal.

El emperador posee toda la tierra, el paterfamilias posee un pequeño pedazo; el emperador manda sobre todos los súbditos; el padre sobre los habitantes de su casa, donde su palabra es ley, como lo es la del emperador en todo el imperio. Entendamos que el emperador puede ser el César, el presidente de los Estados Unidos, el papa o las instituciones internacionales, ya que el poder detrás del poder es otra constante de la historia de la civilización que no ha cambiado.

Es también en la familia, para mantener la estructura social que llevamos milenios arrastrando, que se impone a la mujer el tabú de la virginidad, la fidelidad y la monogamia, y ahí en familia es donde se perpetúa la violenta estructura patriarcal que domina al mundo y lo tiene como está.

En la era agrícola, en la familia se aprendía a cultivar y a cosechar, cómo entender las estaciones, o cómo llevar a cabo el oficio artesanal o comercial del padre. Hoy en día es en familia donde se pretende que el hijo sea la copia fiel del progenitor, incluyendo la profesión, y es donde se envía a los niños a un sistema educativo basado en callar y obedecer, algo que se aprende primero en casa.

En familia es donde hoy se aprende que lo normal es dedicar veinte años de tu vida a aprender a trabajar, y otros cincuenta trabajando, de sol a sol, de lunes a viernes, de nueve a siete, para vivir eternamente persiguiendo un éxito tan ilusorio como todos los mitos, para enriquecer a alguien más en el proceso.

Del imperio agrícola al imperio industrial

Podemos saltar milenios en el tiempo, porque en términos de imperio muy poco cambió la vida humana desde el desarrollo de la agricultura hasta el siglo XIX. Todo fue dioses, imperio y familia, y construir sobre esas mismas estructuras. Familia como sustento de la sociedad, dioses como sustento del imperio y el imperio en un estado de guerra eterna con dioses como pretexto.

En realidad, poco cambió en el siglo xix y poco ha cambiado hoy. Dioses, imperio y familia siguen siendo pilares sociales, unos cimientos que se tambalean cada vez más, en un mundo donde los medios de comunicación han sustituido tanto a los dioses como a la familia, y los imperios son invisibles, pues el nuevo formato imperial es la corporación transnacional y anónima. En el fondo, desde luego, todo es una estructura de poder.

Lo que cambió en el siglo xix fue nuestra capacidad de destrucción. Después de venirnos matando más o menos de las mismas formas durante milenios, la Revolución Industrial nos otorgó una capacidad destructiva y de conquista nunca antes vista, y las nuevas formas de producción de riqueza cambiaron también el formato del imperio; se hizo posible y necesario que el dominio fuera a nivel mundial. Ningún imperio busca menos.

Así como le llamamos *revolución agrícola* al desarrollo de la agricultura, lo cual permitió el establecimiento de la sociedad y el desarrollo de la civilización como hoy los conocemos, la Revolución Industrial, o desarrollo de la industria, comenzó a generar un nuevo tipo de sociedad y de civilización.

Con la agricultura, los humanos aprendimos a producir, y muy poco cambiaron nuestras formas de producción en milenios, porque finalmente se dependía de la energía que proporcionara el músculo humano y el animal. En el siglo xviii comenzamos a desarrollar combustibles y máquinas que se movieran con ellos. Nos seguimos dedicando a lo mismo, pero nuestra capacidad productiva aumentó de forma considerable.

Se da como fecha simbólica el año 1760, cuando el escocés James Watt, con base en diseños anteriores poco efectivos, construyó la máquina de vapor; es decir, descubrió cómo hacer que el vapor derivado de calentar agua con la energía del carbón activara pistones, que a su vez ponían en funcionamiento máquinas. Para 1760, se movían máquinas textiles con vapor; para 1830, locomotoras.

De pronto los países industrializados tenían la capacidad de producir cien o mil veces más que antes, lo cual implicó dos problemas: era necesario tener cien o mil veces más recursos naturales que antes, y era imprescindible vender cien o mil veces más que antes. El primer problema se resolvió conquistando el mundo, y el segundo conquistando la mente de los individuos.

Desde 1492, un puñado de países europeos, compitiendo entre ellos, comenzaron la lenta conquista de todo el mundo. En aquel año la carrera de las potencias la encabezaban Portugal y España; para 1589, una sola persona, Felipe II, era rey de ambos países y dueño, por lo tanto, no sólo de la península Ibérica, sino de las colonias correspondientes: por parte de España le correspondía América y las Filipinas, y con Portugal venía Brasil, costas africanas, árabes, persas, indias, Indonesia y Macao. Ése era el imperio de la familia Habsburgo.

Para el siglo XVI comenzaron a sumarse nuevas potencias a la competencia por el dominio de todo, como fue el caso de Inglaterra y Francia; para el siglo XVII se habían sumado también los Países Bajos, mientras Rusia crecía a paso veloz por Siberia. Menos de diez países se pelearon por siglos el dominio del mundo.

El equilibro de poderes cambió con la Revolución Industrial. Los países que se mantuvieron con una mentalidad agrícola, como Portugal, España y Francia, comenzaron a perder sus dominios, mientras que la potencia a la cabeza de la industrialización, Inglaterra, empezó a construir un gran imperio mundial, en gran medida arrebatando sus dominios a las potencias en decadencia. Ladrón que roba a ladrón...

En el siglo XIX, Inglaterra y su Imperio británico eran la gran potencia mundial, gracias al poderío de la industrialización. En aquella centuria surgió Alemania como gran nación industrial, mientras Francia avanzaba por el mismo sendero, al tiempo que países no europeos como el recién nacido Estados Unidos y el milenario Japón se sumaban a la Revolución industrial y, por lo tanto, a la competencia por el dominio del planeta.

Fue a lo largo de aquel siglo que no quedó un solo rincón del planeta donde la voracidad industrial no llegara a despojar de recursos. Un puñado de países se repartió la totalidad de África, el Asia central, el sureste asiático, e hicieron añicos el Imperio chino. Desde 1853 el Indostán se convirtió en el Raj británico; para 1875, toda África y el sureste de Asia estaban repartidos; y para 1912, caía el eterno Imperio chino tras medio siglo en guerra contra las potencias industriales.

Si con la revolución agrícola inventamos el trabajo, con la industrial nos esclavizamos a él. Se inició la gran migración de los campos a las ciudades; dentro de los imperios nacionales comenzaron a nacer los imperios corporativos, empezó la devastación ambiental y un estado de guerra industrial perpetuo que culminó con esa terrible guerra mundial de treinta años, de 1914 a 1945, que los historiadores dividen en dos y que realmente continúa hasta nuestros días.

Dado que es en la familia donde se aprende a venerar a los dioses y a sentir ese falso fervor llamado nacionalismo —otro mito finalmente— es indirectamente en la familia donde cada nuevo individuo aprende que es moralmente correcto, incluso deseable, morir en la defensa y expansión del imperio. Es así desde el Imperio sumerio de Sargón hasta el Imperio norteamericano. Pasó en las Cruzadas y en las guerras mundiales.

Desde la revolución agrícola se desarrolló el pensamiento imperial basado en una idea muy simple: esto es mío. Aplica a un pequeño pedazo de tierra, a los hijos y la mujer, a las ideas y los dioses, al equipo de futbol y al mundo entero. El imperio siempre quiere más y esa maquinaria nunca puede detenerse. Por eso la civilización es la historia de la guerra.

Los imperios agrícolas basan su riqueza en los recursos de la tierra, de ahí que acrecentar la extensión territorial sea fundamental para aumentar el poderío. Lo hizo Sumeria, Babilonia y Egipto, lo hicieron los persas, los griegos y los romanos, los árabes y los turcos. Es la esencia de cada imperio agrícola.

Por su parte, Inglaterra fue la primera en ganar terreno con la Revolución industrial. Para ello, necesitó conquistar mil veces más que antes para alimentar su industria, que, a su vez, aplicada a la producción bélica, le daba la capacidad de llevar a cabo dicha conquista. Pero conquistar el mundo es algo que requiere de un gran esfuerzo colectivo, por lo que el imperio hizo lo mismo que venía haciendo desde tiempos de Walter Raleigh y Francis Drake: piratería y robo. Inventar nuevas leyes que hacían legal, y por lo tanto ético, que los súbditos británicos saquearan el planeta bajo el esquema de iniciativa privada.

Pero no basta tener mil veces más capacidad de producción y mil veces más recursos. Nada de eso sirve sin el consumo: es necesario vender mil veces más a un pueblo que no está acostumbrado a consumir. El desarrollo de la sociología, la psicología de masas, las estrategias de comunicación, la publicidad y la mercadotecnia les enseñaron a los individuos a desear cosas que no necesitaban y a medir su calidad como ser humano según su capacidad de producción y consumo. Nos subimos a la rueda del hámster y no nos hemos bajado desde entonces. Nunca hemos estado tan esclavizados. El imperio siempre ha basado su poder en los súbditos, no puede ser de otra forma. Era así en Persia y es así en la aldea global del tercer milenio. Claro, cada persa o cada egipcio sabía que estaba dominado por el emperador, hoy nos repiten tanto que somos libres que hemos llegado a creerlo.

Trabajar toda la vida, producir irracionalmente cosas innecesarias, destruyendo el ambiente en el proceso, generar riqueza para enriquecer a otros y gastar las migajas que nos comparten de esa riqueza en comprar las cosas que nosotros producimos..., ésa es la libertad del siglo XXI. Ése es el nuevo imperio. La historia de la revolución humana será tratar de entender cómo llegamos a esa triste realidad.

Mito y tótem: Los pilares del poder

La familia y la religión son las dos instituciones socializadoras por excelencia, es decir, son las dos subestructuras sociales donde uno aprehende e interioriza la sociedad en su conjunto; es así desde el inicio de la civilización, pero tuvimos que esperar hasta el siglo XIX para que nos lo dijera Auguste Comte.

A partir de ese siglo, otra gran institución socializadora se sumó a las anteriores: el sistema educativo, otra estructura donde se aprende a callar y obedecer, se interioriza la norma social, se aprende a trabajar y, a través de un siempre amañado manejo de la historia y de rituales como honrar banderas y cantar himnos, se aprende el nacionalismo, al igual que la religión, otro discurso para morir y matar.

La escuela fue el templo de un sistema laico que, al igual que aquellos basados en la religión, tiene la necesidad de someter la mente de los individuos. Hoy la escuela es algo normal, y nos parece lo más evidente que desde la tierna infancia los niños vayan todos los días a este nuevo templo a memorizar cosas, pero los orígenes de esta estructura social están completamente relacionados con la Revolución Industrial y tienen que ver con la obsesión y necesidad de dominio.

La revolución cognitiva nos hizo humanos; la revolución agrícola nos hizo civilizados y la revolución industrial nos hizo engranes. Muy poca evolución hay en tanta revolución. Todo se ha hecho creyendo mitos y venerando símbolos, sean imágenes religiosas, banderas nacionales, íconos comunistas o símbolos ideológicos. Todo el poder se ha basado siempre en el mito y en el tótem

Ya lo hemos comentado, desde los dioses sumerios, pasando por los griegos, los relatos creacionistas de las diversas escrituras sagradas, las historias nacionales, hasta llegar a los *Avengers*, todo es mitología. Un sistema mitológico inculca los arquetipos básicos de pensamiento en la mente del individuo. Los mitos son símbolos, y la mente humana comprende la realidad a través de ellos; es así desde la revolución cognitiva. El mito y la mitología son resultado de nuestra capacidad de pensamiento abstracto.

Así como toda civilización ha tenido mitos, todas han tenido y tienen tótems. El tótem es una imagen simbólica que representa a una comunidad; es, de hecho, la imagen simbólica que crea a la comunidad, es el símbolo que hace que un grupo de individuos, sean docenas o millones, se sienta parte de un mismo colectivo. El tótem encarna a la comunidad, los identifica como miembros, los cohesiona y les brinda la idea de protección o seguridad.

Los indios norteamericanos formaban grupos en torno a imágenes de animales talladas en árboles. Así, un poste de madera con un oso, un jaguar y rematado por un águila, por ejemplo, es la clásica idea del tótem. Pero en términos de símbolos, tótem es toda imagen que tiene como objeto cohesionar e identificar al colectivo. En ese sentido, una cruz o una bandera no son diferentes al poste tallado. Todos son tótems.

Ya lo habíamos preguntado, ¿cómo lograr que millones de individuos, distintos y distantes, que no se conocen ni se conocerán nunca, se sientan parte de lo mismo y trabajen por objetivos comunes? Simple, lo harán si tienen la misma mitología y si veneran al mismo tótem. Compartir religión y creencias, seguir las mismas tradiciones, creer en los mismos símbolos, cantar el mismo himno e identificarse con la misma bandera. Eso es mito y tótem.

El pretexto para generar la comunidad puede ser religioso, nacional, ideológico, cultural o económico, pero no hay comunidad sin tótem. La cruz, la media luna y la estrella de David, la bandera de México o la de Francia, el martillo y la hoz o la esvástica, el logotipo del corporativo transnacional en el que trabajas y hasta los animales que representan a tu equipo deportivo predilecto son símbolos que generan la idea de comunidad, son tótems, y son vitales para el control social. Todos los ejércitos en cada guerra de la historia de la civilización han ido al campo de batalla siguiendo tótems. Luchan por Dios, por la patria, la nación, el pueblo, la causa..., siempre representados por un símbolo. Eso es el tótem. Matar por la cruz, por la esvástica o por dinero, es lo mismo. Matar por un Dios de amor, triste constante de la historia humana, es el mayor absurdo en que ha caído la humanidad, pero es posible porque cada colectivo usa diferente tótem de identidad. Así de manejables somos los humanos por medio de los símbolos.

Comenzamos a matar por dioses desde los antiguos imperios y no hemos dejado de hacerlo, sea que el dios se llame simplemente Dios, o sea Mazda, Mitra, Zeus, Yahvé, Alá, como en los imperios agrícolas; o que se llame civilización, libertad o democracia, como en los imperios industriales. Cada símbolo es un dios para el que cree en él. La humanidad cegada por sus propios símbolos ha sido el motor de la civilización. Ése es el signo de todos los tiempos.

3

La revolución axial

El origen de las religiones

La idea de lo divino y de los dioses fue surgiendo y cambiando lentamente en la historia de la humanidad. No ha dejado de cambiar nunca. Hoy en día, alrededor de la mitad de la población comparte la idea de un solo dios que, con variaciones culturales, resulta ser el mismo. Hablamos de la tradición judeocristiana, en cuyo dios, llámese Yahvé, Jehová, Alá, o simplemente Dios, creen unos 3 200 millones de seres humanos.

Unos mil millones de hinduistas, a pesar de las apariencias simbólicas, comparten la idea de un solo poder divino detrás de toda la existencia: Brahman, una fuerza impersonal que sería más "lo Creador" que "el Creador". Otros mil millones de budistas, taoístas o jainistas, no hablan de dios o dioses, pero comparten en términos generales la idea de la unicidad, de que toda la existencia fenoménica es en realidad una sola cosa.

Pero cómo llegó hasta nuestra mente la idea de dios. En este punto, es fundamental distinguir entre Dios y la idea de dios. La idea de dios es eso, una idea, un concepto y, por lo tanto, una invención humana; la invención que ha servido para cimentar cualquier cantidad de órdenes ficticios, para legitimar imperios y monarquías, para encabezar guerras, para justificar asesinatos y conquistas. Esa idea es fruto del matrimonio perverso entre política y religión que existe desde el inicio mismo de la civilización. Es, evidentemente, un concepto enseñado y transmitido sin mucha reflexión de generación en generación. Es una idea asociada a una palabra, y ya que toda idea, todo pensamiento y toda palabra son una invención humana derivada de nuestra capacidad de pensamiento abstracto y simbólico, se hace evidente que el concepto humano de *dios* muy poco tiene que ver con Dios.

Los humanos entendemos e interpretamos el mundo a través de símbolos y palabras, por eso creamos los relativos sobre Dios; conceptos humanos racionales que poco pueden acercarnos a algo que va mucho más allá de la razón, ya que la razón humana, una vez más, está llena de palabras, ideas y conceptos inventados por nosotros mismos.

La razón es incapaz en sí misma de comprender la abstracción pura, de captar el nombre sobre todo nombre, el símbolo de todos los símbolos, la palabra detrás de todas las palabras, la causa incausada de todas las causas. Sin embargo, la razón no es el límite de la mente humana, y varios han sido los maestros que han comprendido la realidad que subyace a nuestra realidad: Lao-Tse, Zoroastro, Heráclito, Platón, Siddhartha el Buda, Jesús el Cristo, Muhammad el Profeta.

La humanidad entera gira hoy en torno a sistemas de pensamiento religiosos, místicos y filosóficos basados en pocos grandes maestros, venerados de formas diversas a lo largo del mundo. Pero cómo lograron ellos comprender lo incomprensible, en qué ideas previas se basaron, cómo tuvieron la experiencia mística de lo divino y, lo más importante, qué contexto y acontecimientos de la historia humana permitieron, hace más de dos mil años, el surgimiento de todas las religiones en las que hoy se sustenta la civilización.

Caos en la franja de la civilización

Con los primeros imperios del tercer milenio antes de nuestra era surgieron las primeras mitologías, los primeros relatos de los dioses, los primeros descubrimientos místicos de lo divino, y las primeras castas sacerdotales que alejaban al pueblo de lo divino a cambio de falsos dioses que sustentaran el poder.

Los primeros imperios no tuvieron choques entre ellos, pues las necesidades de conquista eran pocas, la capacidad de expansión era limitada y los imperios estaban lejos los unos de los otros. Así eran las cosas al principio, pero alrededor del año 1200 a. C. todo cambió vertiginosamente.

Se podría decir que la civilización mantenía un rumbo estable, pero es en torno a esa fecha cuando varios pueblos invasores aparecieron en todos los horizontes a lo largo de la franja de la civilización, desde el Mediterráneo hasta China, y gran parte de los imperios y civilizaciones antiguas cayeron.

En el Mediterráneo oriental aparecieron unos invasores conocidos como los Pueblos del Mar, y atacaron a todos los territorios establecidos. Sucumbieron los fenicios, los asirios, el Imperio hitita, la civilización micénica de Creta y tan sólo sobrevivió, tras grandes batallas, el Egipto de Ramsés III.

Estos invasores guerreros llegaron del norte de Europa oriental, atravesaron los Balcanes, se internaron en el Mediterráneo y atacaron todas sus costas orientales. Sólo un imperio del tamaño del egipcio pudo sobrevivir a sus embates. Hay muchas teorías sobre quiénes fueron estos pueblos que llegaron por la actual Grecia y destruyeron todo. Una de las más aceptadas es muy simple: fueron precisamente los griegos. Los Pueblos del Mar o griegos, dominaron todo el Mediterráneo oriental en cosa de un siglo, y en el proceso de invadir y destruir gran parte de las civilizaciones, también abrevaron en ellas hasta formar la propia.

La cultura egipcia sobrevivió de forma paralela a la griega, y se fueron enriqueciendo mutuamente, desde la sabiduría de Pitágoras adquirida en el país del Nilo hasta que Alejandro Magno fue proclamado faraón e hijo de Dios en Egipto. Un Egipto griego representó un gran sincretismo cultural y religioso, hasta que ese conglomerado cultural fue conquistado por Roma en el año 31 a. C. Egipto se mantuvo egipcio, pagano, ecléctico y politeísta, con un leve toque griego; fue realmente la imposición del cristianismo en el año 380 y la invasión del islam, en el siglo VII, lo que destruyó la antigua cultura.

Así como los Pueblos del Mar llegaron por el norte menos agrícola y dominaron gran parte de Europa y Medio Oriente, otro pueblo migró e invadió desde el desierto del sur, menos agrícola también. Provenientes del noroccidente de África, de las costas del mar Rojo y el sur de Arabia, los arameos/hebreos conquistaron el Medio Oriente hasta dominar gran parte del Fértil Creciente, desde el río Tigris hasta la tierra de Canaán. Al respecto de este movimiento migratorio se construyó el mito más conocido de la historia.

En el centro de Asia otro pueblo invadió por el norte. Por ambos lados del mar Caspio, provenientes del Cáucaso y la región del Volga, llegaron los arios. Éstos irrumpieron en la meseta de Irán, atravesaron el río Indo y dominaron desde el río Tigris hasta el norte del Indostán. En el extremo oriente, un pueblo de esos que los chinos consideraban bárbaros, los zhou, invadieron el territorio de la dinastía Shang y tomaron el poder. Es decir que, en el espacio relativamente corto de un siglo, grandes imperios y civilizaciones cayeron conquistados por pueblos más salvajes, más guerreros y menos agrícolas que invadieron las zonas fértiles y civilizadas donde la subsistencia estaba más asegurada.

¿Cuál es la relevancia de todo esto? Que las civilizaciones más conocidas y estudiadas, y de las que descendemos en prácticamente todos los sentidos, y todos los pensamientos filosóficos y religiosos que rigen nuestro mundo en la actualidad tienen su origen en estas invasiones. El caos en la franja de la civilización es en gran parte el origen de todas nuestras religiones.

Morir y renacer

Los antiguos imperios murieron, y con ellos sus sistemas mitológicos; aunque no existe la muerte sino la transformación. De aquellas cenizas surgió una segunda generación de imperios: el renacer de una China que comienza su unificación, el Imperio persa, los reinos del Indostán, el reino de Israel y la cultura griega.

En este nuevo mosaico de civilizaciones nacieron y germinaron las ideas que con el tiempo darían lugar al taoísmo, el budismo, el hinduismo, el mazdeísmo, que tanto influyó en el judaísmo, cristianismo e islam, y al misticismo greco-egipcio que también dejaría su impronta en el cristianismo.

Todo morir es un renacer. Los pueblos nómadas invadieron, adoptaron y adaptaron algunos rasgos culturales al tiempo que chocaron con otros. Las antiguas civilizaciones terminaron de morir, pero rasgos de todas subsistieron en las nuevas culturas y civilizaciones que, con el paso del tiempo, comenzaron a nacer.

El periodo ubicado entre los años 1200 y 800 a. C. fue particularmente caótico, ya que constituyó un reacomodo de pueblos, choque de culturas, imposición de religiones y finalmente el nacimiento de nuevas civilizaciones.

La dinastía Zhou comenzó a construir la mitología que sería pilar de tres milenios de tradición china; en el Indostán se fueron imponiendo las costumbres indoarias de los Vedas a lo largo de una serie de guerras donde los pueblos de la edad de hierro fueron derrotando y conquistando a los de la edad de bronce. Los arios conquistaron a los indios y fue tomando forma el sistema de castas de lo que hoy conocemos genéricamente como hinduismo.

El choque entre los pueblos de armas y herramientas de bronce contra los de hierro también se dio en el Medio Oriente. Hacia el año 1100 a. C. el rey Nabucodonosor I reinaba en una Babilonia que dominaba toda la zona, y había sincretizado a culturas como sumerios, acadios, hicsos y elamitas, pero los asirios, provenientes del Cáucaso y con armas de hierro, comenzaron a tomar control de la región.

En ese periodo tumultuoso llegaron por el sur los arameos, que se extendieron por todo el Fértil Creciente, desde el golfo Pérsico hasta la costa del Mediterráneo; establecieron reinos poderosos como el de Israel y el de Damasco; sometieron a pueblos como los edomitas, moabitas, amonitas y amorreos, y vivieron en constante pugna con los filisteos y los asirios. A causa de conflictos internos y externos, Israel se dividió más adelante en Israel y Judá.

En el Mediterráneo, Egipto vivió una época de fragmentación política conocida como Tercer Periodo Intermedio, que se extendió hasta una nueva reunificación en el año 664 a. C., pero el antiguo gran imperio faraónico nunca volvió a ser independiente. Primero fue sometido por los asirios, después por los persas, más adelante por los griegos y finalmente por los romanos.

Y hablando de griegos, el periodo entre el 1200 y el 800 a. C. es precisamente conocido como Etapa Oscura, cuando lo poco que se sabe de la cultura griega depende en realidad de los textos que se escriben a partir del año 800 a. C., en la llamada Etapa Homérica. Lo más que se puede decir de la era oscura es que en ella ocurrió la guerra de Troya, que nada tuvo que ver con Helena, pretexto para una historia mitológica basada en una guerra de la que en realidad desconocemos todo, salvo que es el signo evidente de los conflictos entre los propios pueblos helenos por dominar territorios.

Para el año 800 a. C. el principal choque de civilizaciones en Occidente es precisamente la pugna entre griegos y persas, mientras que en Oriente esos mismos persas, descendientes de los arios que invadieron el Indostán, hacen frontera con la China de los zhou. El mundo ha cambiado por completo, una nueva generación de imperios ha nacido:

más poderosos, más grandes, más poblados, más expansionistas, y que entrarán en choque precisamente por todo eso.

Es a partir de esta nueva etapa de orden civilizatorio que surgen grandes pensadores y pensamientos para tratar de dar un nuevo orden a la humanidad. El filósofo alemán Karl Jaspers nos señaló, en el siglo XX, que en el periodo que abarca del año 800 al 200 a. C. nacieron los pensamientos, ideas y valores que nos rigen hasta hoy, y denominó a ese periodo la era axial.

Ésa es la gran revolución de valores de la humanidad, el nacimiento de mitologías y explicaciones y origen de las actuales religiones. Pero antes de comprender esa gran revolución es importante entender, a nivel místico, religioso y espiritual, cómo fue el gran choque del siglo XII antes de nuestra era entre la concepción del mundo de los pueblos sedentarios y sus invasores griegos, arameos y arios.

El dios contra la diosa

Los pueblos de los grandes imperios agrícolas de la antigüedad veneraron a inmensos panteones divinos donde prevalecía la equidad de género divina. Dioses y diosas de similar importancia recibían culto en Egipto, en Mesopotamia, en la meseta de Irán o en el Indostán. Además, por encima de la familia sagrada de la que se hablase, siempre prevaleció en dichos pueblos, de formas diversas, el culto a la Diosa, el símbolo sagrado por excelencia de los pueblos agrícolas.

La Diosa fue siempre la tierra, la fuente de toda la vida, lo cual resulta evidente si la civilización depende por completo de la agricultura; de hecho, el culto a la Diosa y a lo sagrado femenino fue heredado por los agricultores desde los tiempos inmemoriales en que fuimos cazadores y recolectores. La tierra y la naturaleza eran nuestro sustento, ellas nos proveían de todo a diario, y a ellas se les agradecía por su generosa abundancia. La vida de nuestros lejanos ancestros giraba en torno a la veneración, difícil de comprender en una era donde todo gira alrededor del ego y el consumo.

Así pues, la mente humana, abstracta y simbólica desde hace decenas de miles de años, cuando deambulábamos por un planeta en la Era de Hielo, convirtió a la tierra en la madre de todos y comenzó a representar su fertilidad en forma de estatuillas femeninas. Así se inició para los humanos la historia de lo sagrado, sacralizando la tierra como dadora de vida.

Los pueblos que desarrollaron la agricultura y se hicieron sedentarios siguieron venerando a la tierra como la gran dadora de vida, la madre de todo y de todos, pero comprendieron la importancia que el sol tenía para la agricultura. La tierra sólo era generosa si el sol la fertilizaba. Así, comenzaron a adorar una dualidad femenina y masculina representada en la tierra y el sol, sin preponderancia de ninguno. El matrimonio sagrado del cielo y la tierra, y el hijo de ambos, empezó a surgir en la mente de la humanidad hasta llegar a su profundo sincretismo simbólico en el cristianismo.

Conforme fue evolucionando la civilización, la sociedad se hacía más compleja y su orden era más delicado. Fue cuando los humanos comenzamos a desarrollar panteones más extensos, donde una pléyade de dioses y diosas representaban la lucha entre la oscuridad y la luz, simbolizando el triunfo del orden sobre el caos. La civilización depende del orden, y éste fue convertido en dios, mejor dicho, asociado al dios sol ya existente.

Todos los pueblos de la franja de la civilización, cada uno a su manera, tenía grandes panteones divinos, con deidades masculinas y femeninas que encarnaban la armonía cósmica, pero también todos mantenían, como gran culto, la adoración a la Diosa, a la madre, a la tierra, a lo sagrado femenino: Isis, Ishtar, Astarté, Inanna, Durga, sincretizadas mucho más adelante en Nuestra Señora, dominaban desde Egipto hasta el Indostán. Cuando Nuestra Señora cruzó el Atlántico algunos milenios después, abarcó a la Pachamama y a Tonantzin.

Los pueblos que invadieron en torno al 1200 a. C. tuvieron en común que veneraban dioses predominantemente masculinos. Es simple, la agricultura depende del matrimonio sagrado entre la tierra y el sol, y así quedó representado en las mitologías de aquellos pueblos; pero los bárbaros vivían de la guerra, la conquista, la invasión y el despojo, lo cual quedaba personificado por valores guerreros y por tanto masculinos.

A un Mediterráneo oriental dominado por Astarté, Ishtar o Inanna, llegaron los griegos con historias sagradas masculinas donde un Zeus, varón, sometía a demonios, titanes, dioses y humanos. A través del sincretismo fueron creando su corte del Olimpo, otras divinidades fueron incorporadas, pero un ser divino, Zeus, dios rencoroso, juez, justiciero, guerrero y masculino, los dominaba a todos. De cualquier forma, la diosa se las ingenió para sobrevivir en forma de Artemisa.

En el politeísta Egipto, sumergido de pronto en el caos, las guerras y las invasiones, los dioses guerreros y solares fueron prevaleciendo sobre los demás, hasta que el culto a Ra, en su versión de Amón, o Amón-Ra, se impuso sobre todos.

Hubo incluso un intento de establecer un monoteísmo guerrero y solar egipcio a través de la veneración a Atón, como dios único. Su impulsor fue Amenofis IV, quien cambió su nombre a Akenatón, en honor a su nueva deidad. Fue el poder de las castas sacerdotales lo que impidió esa transición religiosa. Pero otros de los pueblos invasores de aquella época, los arameos y hebreos, se llevaron la influencia monoteísta de Akenatón en sus migraciones a Mesopotamia.

Hebreos y arameos llegaron al Fértil Creciente, la zona que abarca desde la cuenca del Tigris y el Éufrates hasta la tierra de Canaán, su paraíso bíblico, en forma de huestes guerreras que sometieron a los pueblos agrícolas ya asentados, como filisteos, fenicios o amorreos. El impulso combativo era encabezado por Yahvé, dios de la guerra, señor de los ejércitos, por lo menos ésa fue la bandera de Josué y el acicate de todo un pueblo.

En un mundo donde las divinidades tenían ante todo jurisdicciones regionales, la gran innovación de estos arameos fue crear un dios para la tribu, un dios que los acompañaba en sus migraciones y conquistas, un dios que podía derrotar a los de los otros pueblos, falsos todos ellos, y que tenía el derecho de asignar territorios.

Más hacia el este, los arios que invadieron al politeísta y equilibrado Indostán también llegaron guiados por una deidad masculina y guerrera, Diaus Pitar, que a la vez fue sustituyendo los panteones locales; en este caso, dejando su impronta religiosa en los pueblos indos conquistados, pero adoptando también la visión de aquéllos.

Con el tiempo, el Diaus Pitar fue generando al Mazda de los arios, que después fue Ahura Mazda, divinidad dual masculina y femenina, mientras que en el Indostán prevaleció el Trimurti: Brama, Visnú y Shiva, tríada de dioses; creador, preservador y destructor, que no son nada sin la energía de su contraparte femenina o Shakti, con la que forman en realidad una sola divinidad.

Una cosa tenían en común los cultos masculinos de los griegos, los arameos, los hebreos y los arios: sus dioses eran solares y representaban además al trueno. Algo similar ocurrió más adelante en la historia con los pueblos nórdicos y su culto a Odín y Thor, como Sol y trueno respectivamente. Los pueblos invasores llegaron con dioses masculinos y guerreros a una franja de la civilización politeísta y dual. Fue así como lentamente fueron germinando los cultos solares que, más adelante, darían lugar a los monoteísmos masculinos.

Un vistazo consciente a la historia nos deja claro que el monoteísmo siempre fue imperialista, y fue siempre una gran bandera para la batalla. No es de extrañar, por eso, que el Imperio romano también fuera viviendo su transición de los politeísmos duales a los cultos solares, y de ahí finalmente al monoteísmo cristiano.

La contradicción entre un dios de guerra y venganza que manda al mundo a un hijo que habla de amor total, es el gran dilema que ningún cristianismo ha logrado hacer coherente hasta nuestros días. Así como el Buda constituyó una gran revolución de libertad en un Indostán basado en el sometimiento, Jesús fue la gran revolución de amor en un entorno de imperio, guerra y monoteísmo. Como los dioses del hinduismo, Jesús tuvo a su Shakti, pero la Iglesia patriarcal no cuenta la historia de Magdalena.

La era axial

Alrededor del año 800 a. C., las nuevas culturas comienzan a nacer o resurgir. En todas las costas del Mediterráneo oriental domina la cultura griega; en torno al mar Muerto sobresalen los reinos de Israel, Judá y Damasco; en Mesopotamia el pueblo semita de los caldeos crea el Imperio neobabilónico; en la meseta de Irán emerge el Imperio persa; en el Indostán surgen nuevos reinos y ciudades en torno al pensamiento budista y jainista; y en la lejana China, tras alguno siglos de fragmentación política, el taoísmo y confucionismo ayudan a cohesionar a la sociedad en tiempos de la dinastía Qin, el origen del Imperio chino.

En el siglo XX, el filósofo alemán Karl Jaspers utilizó el término era axial para referirse a este medio milenio, entre el 800 y el 300 a. C., cuando se da este nuevo florecer de la civilización, que vendrá acompañado de un gran renacer de la espiritualidad, la filosofía, el misticismo y la religión. La unión de religión y política hizo nacer a los imperios.

Esta nueva generación fue de imperios mucho más poderosos, con sistemas mitológicos sólidos que integraron a las comunidades, religiones que con una mezcla de miedo y esperanza generaron gran sumisión política, emperadores divinos y castas sacerdotales más poderosas que nunca, que promovieron un gran expansionismo territorial que nos llevó al primer choque de imperios y civilizaciones de la historia.

Los egipcios combatían con los griegos, ambos a su vez luchaban con los babilónicos, asediados constantemente por asirios al norte y árabes al sur. Pero con el paso de los años, el gran choque de culturas se dio entre los persas, que desde el río Indo se habían expandido hasta Europa oriental, y los griegos, que desde Europa oriental se extendían por el Medio Oriente.

Pero lo relevante de esta etapa histórica, según señala Jaspers, es que en este periodo de unos quinientos años nacerán todos los sistemas de pensamiento que darán origen a las grandes religiones que, con el tiempo, serán el sustento de todas las grandes civilizaciones, hasta el día de hoy.

En el Extremo Oriente tuvimos a Confucio y a Lao-Tse; en los Himalaya es la época del Buda y de Mahavira; en la zona persa es la época del gran profeta Zoroastro o Zaratustra; en el Medio Oriente tenemos a los profetas místicos hebreos; y en el Extremo Occidente tenemos al misticismo filosófico de Pitágoras, Demócrito, Heráclito y Parménides, de los que se nutrió posteriormente Platón, maestro de Aristóteles, en cuyas enseñanzas se basó el estoicismo, que en el Imperio romano se fue mezclando con el cristianismo.

Axis significa eje, y ya que los valores éticos, filosóficos, morales y religiosos fueron el eje de las nuevas civilizaciones es que la palabra *axis* se utiliza también para referirse a los valores. De hecho, la axiología es una rama de la filosofía que se dedica al estudio de los valores, y de ahí que Jaspers llame a este periodo la era axial.

La premisa de Jaspers es que en este periodo nacieron los sistemas que originaron todos los valores y religiones del mundo actual y, sin embargo, hablamos de una etapa que culmina en el año 300 a. C., es decir, antes del nacimiento de Jesús, y por lo tanto antes del cristianismo, y desde luego, del islam. Pero el hecho es que, aunque no han florecido esas dos grandes religiones, ya están establecidos sus cimientos.

Platón, Heráclito, Zoroastro, Buda, Mahavira y Lao-Tse, muy distintos y distantes, que no se conocieron nunca unos a otros, postulaban básicamente lo mismo: este mundo material no existe, es una ilusión, y la realidad es absolutamente espiritual, abstracta, energética.

Los seres humanos sufrimos en el mundo, pero ese padecimiento es causado por nuestra mente, al crear y creer en la ilusión del mundo y apegarse a él. El sufrimiento, por lo tanto, se puede trascender al desapegarse del mundo. Lo anterior es, de hecho, el planteamiento fundamental de los Vedas, los libros sagrados que son la base de toda la tradición hindú. Que la materia es más bien ilusoria es algo que también descubrieron los físicos cuánticos en el siglo XX.

El fundamento del hinduismo es que el mundo material es ilusorio, una proyección de nuestra propia mente que se siente separada de su fuente, un poder creador impersonal denominado Brahman, que no ocupa espacio, tiempo o materia, y por eso la mente, para vivir la ilusión de la separación, crea dichas ilusiones, es decir, el mundo, una fantasía a la que nos apegamos y nos hace sufrir.

Pero como ninguna ilusión es real, ninguna puede en realidad hacernos daño. Como nos dijo Calderón de la Barca, toda la vida es sueño, y los sueños, sueños son. Por eso, todo lo que hay que hacer es despertar del sueño del mundo; mientras no lo hagamos, nuestros cuerpos ilusorios morirán, pero nuestra mente eterna proyectará otros; es decir, viviremos en un ciclo de renacimientos del que al parecer es imposible salir.

En la versión hindú, en cada vida el alma se va cargando de deudas kármicas que hay que pagar antes de poder despertar, y como se paga con dolor y sufrimiento, resulta que las condiciones sociales de cada individuo, desde la opulencia hasta la miseria, son justas e imposibles de cambiar, pues son resultado de acciones en miles y miles de vidas anteriores.

Con eso como base, el hinduismo impuso un sistema de control social sustentado en la existencia de castas, desde los sacerdotes, pasando por los guerreros y los comerciantes hasta los esclavos, y más abajo aún, los llamados descastados. El objetivo del hinduismo era despertar, pero al parecer despertar era imposible.

Fue en ese contexto que nació el príncipe Siddhartha, conocido después como el Buda, el despierto, quien precisamente se liberó por sí mismo del sueño del mundo; a través de la meditación alcanzó la plenitud total y enseñó a sus discípulos a conseguirla. El Buda mantuvo la idea del alma o mente eterna, de los renacimientos, del mundo como ilusión, el karma y la necesidad de despertar…, pero liberó a sus discípulos de las supersticiones con las que los sometía la casta sacerdotal. El Buda hablaba a todos, disertaba sobre encontrar paz, de trascender el sufrimiento y de la posibilidad de lograrlo en la vida presente.

El budismo, y la otra gran tradición meditativa del Indostán, el jainismo, atribuida a otro iluminado, Mahavira, se desentienden de la idea de Dios y de creación, y simplemente buscan liberar a la mente del sufrimiento a través de un trabajo meditativo, reflexivo e introspectivo absolutamente personal.

Más al oriente, en China, el maestro Lao-Tse, mítico fundador del taoísmo, descubrió y enseñó lo mismo: este mundo de dualidades, donde toda moneda tiene dos lados y toda felicidad es transitoria, donde el sufrimiento es inevitable, es una ilusión. Más allá de las dualidades todo es unidad total y todos nosotros somos parte integral de esa gran unidad. Todos somos uno, lo mismo que enseñó el Buda.

En Persia, el dios Ahura Mazda, señor de los cielos, del sol y de la luna, de la materia y el espíritu, era el sustento del poder imperial. Ahí, otro meditador iluminado, Zoroastro, predicó contra las supersticiones religiosas y el sometimiento social que generaban. Habló acerca de que todo es una lucha entre la luz y la oscuridad, pero que esa batalla se libra dentro de la mente, que está apegada al mundo, sus deseos y sus dolores, pero que puede ir ascendiendo a través de una serie de estados mentales hasta alcanzar la unión con lo divino. Lo mismo que a su forma decían el hinduismo, el taoísmo y el budismo.

Heráclito descubrió que todo el mundo no es otra cosa más que partículas (átomos) fluctuando en el vacío, creando así la ilusión del mundo material, pero enseñó que hay un Logos o inteligencia suprema, una energía con voluntad propia, compartida por cada ser humano, que une todo lo que existe.

El objetivo de la vida humana sería descubrirnos como parte de esa unidad, para dejar de vivir en el sufrimiento provocado por la ilusión de la separación. Dentro de la ilusión del mundo material, en la que de momento vivimos, y debido a que todo son partículas en el vacío, la realidad fundamental es que todo cambia y se transforma; es por eso por lo que apegarse a las cosas es fuente de dolor y sufrimiento. Lo que enseñaron el Buda y Lao-Tse.

De Pitágoras se dice que tuvo contacto con la cultura del Indostán, de la que al parecer se nutrió, y de la que nutrió a seguidores como

Platón. Pitágoras descubrió que la realidad es una abstracción pura a la que nuestro cuerpo sensorial le da forma, pero esas configuraciones del mundo son ilusorias. Él explicó con matemáticas lo que el hinduismo explicaba con metafísica y filosofía.

Platón es estudiado hasta nuestros días, e incluso si uno sólo sabe de él en el bachillerato, lo que se conoce es precisamente su famosa alegoría de la caverna, en la que el filósofo griego expone que el mundo que vemos y percibimos es ilusorio, un engaño de formas, materia, tiempo, dolor y sufrimiento, detrás del cual se esconde la realidad, una realidad a la que sólo se puede acceder a través de la Psique, hermosa palabra griega que significa alma y mente a la vez.

Derivado de las ideas platónicas surgió el estoicismo, una disciplina mística y filosófica que nos enseña que no son los hechos lo que nos hacen sufrir, sino la interpretación que nosotros hacemos de los hechos; es decir, coincidían con el Buda: el sufrimiento está en la mente.

El estoicismo enseñaba que este mundo azaroso y de dolor es ilusorio, y que toda división es ilusoria también, pues en realidad todo es una gran unidad de amor y paz, pero nuestra mente perturbada, atada a un cuerpo con experiencias individuales, es incapaz de distinguir la unidad.

Todo el mundo fenoménico, decían los estoicos, es ficticio, pues detrás de todo estaba el Uno, la única y eterna fuente creativa de todo lo que existe. De ese Uno surge la Psique, la mente o alma, que vive la ilusión del mundo, pero ese Uno y esa Psique están unidos eternamente por el *Pneuma* o *Spiritu*, un soplo divino que nos recuerda la unidad sagrada de todo. No sólo se parece a lo que enseñaron todos los demás, sino que es la base teológica de la trinidad cristiana.

Todo es unidad

Todo es unidad. Todo está relacionado. Todo es paz absoluta. Todo es amor…, y todo eso está en la mente, pues en realidad el mundo no existe. Lo han enseñado todos los grandes maestros de la humanidad, con diferentes metáforas y parábolas, pero todos apuntan a lo mismo. Lo señaló Krishna y Hermes Trismegisto, lo predicaron el Buda, Mahavira y Lao-Tse, lo dijeron Zoroastro y Jesús.

El Buda predicó en los Himalaya en el siglo VI a. C., y su enseñanza se difundió por toda Asia central, oriental y el sureste asiático, donde hasta la fecha el budismo es la principal religión. Pero también llegó a China, donde predominaba la tradición taoísta, y ahí, al encontrarse dos traiciones meditativas carentes de dogmas y sin hacer énfasis en dioses, se fundieron delicadamente en un budismo chino con características taoístas. De China la enseñanza del Buda brincó a Japón, donde hasta la fecha se conoce como zen.

Sin embargo, el Buda encontró la liberación siguiendo el sendero de la meditación, que no fue inventado por él, sino que ya era parte de la tradición védica, del yoga y del tantra. La fusión de budismo y tantra terminó por llegar al Tíbet, donde es hasta la fecha la religión dominante, esa cuyo líder es el Dalái Lama y que tanto conflicto le provoca al partido comunista chino.

Cuando los arios invadieron el Indostán dejaron su impronta en la tradición hindú; de hecho, ellos organizaron al sistema de castas contra el que se pronunció el Buda, por lo cual es evidente que están relacionados. Pero, además, y como pasa con los pueblos invasores, los arios se nutrieron de la tradición védica, y fue así como la idea del mundo considerado como una ilusión llegó hasta la religión de los persas, el mazdeísmo.

El profeta Zoroastro predicó que la batalla entre la luz y la oscuridad se da dentro de la mente humana, donde cada individuo debe buscar ascender hacia lo divino a través de cultivar estados mentales positivos, justo como en el budismo. Como el planteamiento de Zoroastro es un ascenso a lo divino, y como la mente humana convierte todo en símbolos, los estados mentales del mazdeísmo fueron representados como seres humanos con alas…, y de ahí nacieron los ángeles y arcángeles que luego retomaron el judaísmo, el cristianismo y el islam.

Así, sin hinduismo no habría existido el budismo y nada en Asia sería como es; y sin hinduismo tampoco habría existido el mazdeísmo, que terminó por ser la religión en la que se basó la tradición judeocristiana-islámica.

La versión coloquial del mazdeísmo es simple. Hay un solo dios, Ahura Mazda, creador de absolutamente todo, es omnipotente, omnipresente y omnisciente. De él surgen dos espíritus, uno del bien y otro del mal, que viven en eterno conflicto, pero Mazda creó al ser humano para que sea quien decida qué camino seguir y por lo tanto qué espíritu triunfará. Al final de los tiempos habrá un juicio, y Mazda premiará a los buenos en el paraíso y castigará a los malvados en el fuego eterno. Cristianismo un milenio antes de Cristo.

Por otro lado, tenemos a los arameos y hebreos, de donde procede el judaísmo, cuya primera influencia monoteísta fue quizá la que recibieron de Egipto en tiempos de Akenatón. De hecho, un judío muy famoso, Sigmund Freud, se atrevió a decirnos en el siglo xx que Akenatón y Moisés son en realidad la misma persona. Es dudoso, pero a Herr Sigmund le gustaba causar polémica.

Cuando los arameos y hebreos llegaron a Mesopotamia, ya traían un culto monoteísta aprendido en Egipto. Aun así, el entorno politeísta en que se establecieron los hizo coquetear con varios dioses de la zona, hasta que en el siglo VI a. C. fueron esclavizados por los babilonios y, poco tiempo después, liberados por Ciro el Grande, rey persa y por lo tanto monoteísta, que rendía culto a Mazda.

Durante los siguientes siglos, fue el Imperio persa y su religión los que dominaron toda la zona del Medio Oriente, y fue en ese periodo cuando los judíos reafirmaron su monoteísmo. De hecho, su famoso templo fue construido con el apoyo del rey Ciro. Básicamente, no habría judaísmo como hoy se conoce si no hubiese existido el mazdeísmo, que a su vez no hubiera existido sin el hinduismo. Todo es unidad.

En su momento de máxima expansión, alrededor del año 500 a. C., el Imperio persa dominaba hasta Egipto y grandes extensiones de la península arábiga, donde ya vivían muchas comunidades judías, originarias de ahí finalmente, y donde el mazdeísmo comenzó a dejar su huella. Mil años después, el profeta Muhammad se nutre del judaísmo, del mazdeísmo y del cristianismo para predicar el islam.

En ese mismo tiempo histórico de máxima expansión persa, la fusión de lo persa y lo hindú, con influencias budistas, había llegado hasta la zona de los griegos, donde grandes pensadores como Parménides y Pitágoras se nutrieron de esa visión. Sin ellos no hubiese habido un Platón, y por añadidura tampoco un Aristóteles, y esos dos grandes filósofos de siglos antes de Jesús, resultan ser los pilares teológicos del cristianismo y del islam.

Dos siglos después de Platón y Aristóteles es cuando surge la gran escuela de pensamiento místico y filosófico conocida como estoicismo, con influencias de los pensadores que Alejandro llevó al Indostán en tiempos del predominio budista, y cuyas ideas de aceptación y sumisión resultaron básicas en la tradición católica.

Todo el cristianismo primitivo, el de antes de la Iglesia, que nació en el año 325, estaba basado en el estoicismo y su visión de la trinidad: el Uno (Dios) crea el alma (el hijo) y de este Uno surge un soplo divino, *Pneuma* en griego, *Spiritu* en latín, que mantiene la unidad absoluta entre el Uno y el Alma. Los cristianos le llamaron Espíritu Santo. El creador, su creación y el amor que los une. Todo es unidad.

El amor o el ego

Es evidente que el mundo y la cultura que hemos creado los humanos están basados en el egoísmo absoluto; en el juicio, el conflicto y la división. Muy pocos revolucionarios reales han existido, como Jesús, como el Buda, como Pitágoras, como Lao-Tse, y son precisamente ellos los que han predicado el camino de la aceptación, la paz y la unidad.

La era axial fue una etapa llena de revolucionarios, de místicos que rasgaron el velo de la ilusión y pudieron percibir la realidad más allá de nuestro mundo fenoménico. Todos ellos comprendieron que el mundo es mental, que la materia no tiene razón de ser, que el tiempo es una ilusión de la mente humana, que el pasado y el futuro no tienen ninguna existencia real, que las ideas son una cárcel creada por nosotros mismos y que nuestros pensamientos son lo único que puede hacernos daño. Más allá del mundo, los místicos descubrieron el misterio que las religiones llaman Dios.

Si el mundo es una ilusión, una proyección de nuestra mente, eso no sólo significa que el mundo no existe, expresa que lo que vemos, eso a lo que llamamos mundo, está únicamente en nuestra mente. Es decir, no percibimos un mundo externo a nosotros, sino que eso a lo que llamamos mundo es el reflejo de nuestro estado mental. La mente es lo que existe, y no hay nada más religioso o espiritual que generar en nosotros mismos estados mentales positivos, es decir, los que nos llenan de alegría y júbilo.

Si el mundo es una proyección de nuestra mente, sólo vemos lo que está dentro de nosotros, vemos nuestras emociones y es desde nuestras emociones que percibimos el mundo. El mundo emocional puede parecer muy amplio, pero si algo descubrieron y enseñaron los grandes maestros es que tan sólo hay dos emociones raíz, dos puntos de vista desde los cuales se puede interpretar el mundo: amor o miedo.

Tendemos a pensar que son los acontecimientos del mundo los que nos generan amor o miedo, y así nosotros somos siempre víctimas y el mundo es siempre victimario. Asumir lo contrario nos da una absoluta responsabilidad sobre la vida, una responsabilidad a la que siempre queremos escapar. Nosotros somos los creadores de nuestro mundo. Nosotros tenemos el poder de decidir, de elegir entre el amor y el miedo.

Desde el miedo vemos un mundo de odio, un mundo de división, juicio, condena, conflicto; un mundo en guerra, en eterna competencia, donde hay que aplastar a otros, donde hay que ganar y demostrar. Un mundo donde todo ataque parece estar justificado. Ira, ansiedad, angustia, rabia, odio, rencor, son sólo diferentes manifestaciones del miedo.

Desde el amor vemos amor, no puede ser de otra forma. Vemos un mundo de unidad, de aceptación, de inocencia y de paz. Un mundo donde el conflicto no tiene sentido, donde la guerra es una cobardía y no un acto de valor, donde competir es un sinsentido, donde dar es la única forma de recibir y donde compartir no resta, sino que multiplica. Desde el amor se comprende que todo ataque es finalmente contra uno mismo. Paz, compasión, alegría, júbilo, ecuanimidad, aceptación, son sólo diferentes manifestaciones del amor.

Las religiones de los imperios antiguos nada tenían que ver con Dios o con amor, tenían que ver con orden, fundamentalmente un sistema agrícola que requería un sistema social. Los pueblos invasores del siglo XII a. C. tenían religiones y dioses de guerra, dioses que otorgaban territorios y justificaban la matanza, el despojo y la conquista. En la era axial se pusieron los cimientos de las religiones de amor.

Siddhartha el Buda, Jesús el Cristo, Muhammad el Profeta, y otros tantos profetas, budas y cristos, seres humanos despiertos y divinos, que trascendieron el mundo y la materia, nos legaron sistemas de pensamiento para aprender a percibir desde el amor total y liberarnos de la ilusión del mundo. No obstante, nuevos imperios tomaron esas enseñanzas como base de su poder, y desde el ego hasta el más hermoso discurso de amor puede ser prostituido… Roma es un claro ejemplo de eso.

Justo cuando Roma dejó de ser república y comenzó a ser imperio, nació entre los arameos, de religión judía, un hombre del que poco se sabe en términos históricos, pero que por diversas vicisitudes se convirtió en un antes y un después de la historia. Su mensaje de amor fue transformado por Roma en un discurso de poder imperial, y durante la Edad Media fue bandera de guerras y de persecuciones.

Antes de Jesús, el mundo era predominante politeísta, Roma era el centro del mundo y el eje donde convergían en relativa armonía todos los dioses. Los romanos condenaron a muerte a Jesús, y tres siglos después defendían a muerte un monoteísmo que decía estar basado en su enseñanza.

La era axial fue una revolución en la historia de la civilización, fue la frontera entre dos generaciones de imperios, el inicio de las pautas de civilización que seguimos hasta hoy, fue el origen de todo lo que hoy pensamos con respecto a lo divino, fue el momento en que el Ser, el Logos, lo Uno, Dios, o como queramos llamar a ese misterio sin nombre, nos obsequió a los grandes maestros que hasta la fecha no hemos sabido comprender.

Dos fuerzas dominan la mente humana, una real y una ilusoria; el amor y el ego. Toda la historia de la civilización ha estado sustentada en el miedo, en el ego total. La máxima revolución humana se ha enseñado casi desde el origen de la civilización, pero aún no se ha llevado a cabo; la entrega absoluta, la aceptación sin expectativas, la derrota del ego…, el amor total.

4

La revolución de Dios

Antes y después del Imperio romano

Nadie sabe en realidad cuándo pudo acontecer la famosa guerra de Troya; de hecho, fue considerada mitológica durante siglos, hasta que el arqueólogo prusiano Heinrich Schliemann nos mostró las ruinas de la ciudad en 1870. El legendario poeta Homero, de cuya existencia tampoco se tiene absoluta certeza, habría escrito sobre dicha guerra alrededor del siglo VIII a. C., por lo que sólo se puede especular que, evidentemente, fue antes.

Haciendo cálculos sobre los datos que nos dieron los sabios griegos, Eratóstenes y Heródoto, se piensa que pudo desarrollarse alrededor de 1200 a. C., por lo que podría ser parte de las invasiones de los ya mencionados Pueblos del Mar. Lo relevante de todo esto es que en aquella mítica guerra comienza a unirse lo griego con lo romano, por lo menos en el terreno de los mitos.

Hijos de humanos y dioses

La guerra de Troya es el origen de gran parte de la mitología y la literatura griegas, y es la base de las legendarias obras la *Ilíada* y la *Odisea*, que son a su vez el fundamento de la educación cultural de la antigua Grecia. Fueron compuestas en el siglo VIII a. C., por lo que resulta evidente el avanzado nivel de la cultura griega por aquel tiempo, que es cuando se ubica la legendaria fundación de Roma.

Troya era la ciudad invencible, de ahí que para los griegos fuera un orgullo ubicar su origen como cultura en el triunfo de la guerra troyana.

Se dice, y es probable, que los griegos no dejaron piedra sobre piedra y que toda la población pereció…, pero una leyenda romana, la *Eneida* de Virgilio, plantea que un héroe troyano, Eneas, sobrevivió, escapó, atravesó los mares, superó obstáculos y finalmente llegó a la península itálica para ser el origen de los romanos.

El verdadero contacto de lo griego y lo romano se da en realidad en el siglo II a. C., cuando los romanos comienzan a invadir y conquistar el mundo griego, y a absorber su cultura, que siempre admiraron como superior. De ahí que el primer emperador romano, Octavio, haya encargado a Virgilio hacer una narración épica de los orígenes de la ciudad con base en los antiguos mitos griegos.

En general, la leyenda más popular dice que Roma fue fundada por Rómulo y Remo, unos hermanos gemelos que fueron abandonados en el bosque, pero que sobrevivieron amamantados por una loba. Cuenta la leyenda que estos legendarios niños fueron hijos de Rea Silva, una descendiente del famoso Eneas, y que era una virgen vestal consagrada a los dioses, que fue violada en sueños por Marte, dios de la guerra. Rómulo y Remo resultan ser, pues, descendientes de los troyanos y del dios guerrero.

Precisamente porque Rea era una virgen consagrada, los niños fueron abandonados en el bosque, pero el dios Fauno Luperco, versión romana del dios griego Pan, protector de la fertilidad y los rebaños, y símbolo de la fuerza viril, se convirtió en la loba que los amamantó, precisamente para que pudieran sobrevivir y cumplir con su destino: fundar la ciudad de Roma.

Evidentemente, como ocurre con todos los pueblos, culturas y civilizaciones, estos mitos fundacionales nada tienen que ver con la historia, y se escriben mucho tiempo después para justificar el poder, la historia victoriosa, las conquistas… En el caso de Roma, son leyendas de la era imperial, cuando Roma era el centro del mundo, y lo era, según sus mitos, por ser descendientes de troyanos y de dioses.

Lo cierto es que, aunque existen vestigios arqueológicos de miles de años de antigüedad, la tradición clásica acepta la fundación de Roma en el año 753 a. C., como una humilde ciudad-Estado latina, resultado de la unificación de aldeas ubicadas en las colinas. En una época en la que los griegos comenzaban su grandeza, Egipto era antiguo y legendario, Mesopotamia llevaba dos milenios de esplendor, los persas comenzaban a dominar Asia, y el Indostán era ya una cultura milenaria, los romanos comenzaron a nacer.

Antes del Imperio

En aquellos tiempos remotos de los orígenes romanos, la península itálica ya estaba habitada al sur por ciudades griegas, y al centro y norte por pueblos diversos como los etruscos, los sabinos y los latinos. Las siete colinas legendarias de Roma eran hogar de tribus latinas que terminaron por fusionarse por cuestiones de defensa. Ése es el más probable origen histórico de la ciudad.

Roma nació como una ciudad-Estado basada, como todas en su época, en una monarquía. Siete reyes tuvo Roma según la leyenda, aunque el primero, Rómulo, es precisamente legendario y no real; el último, Tarquinio el Soberbio, fue expulsado de la ciudad por sus propios pobladores en el año 509 a. C. En ese año comenzó el periodo conocido como República, cuando ya sin rey, la nobleza romana formó el Senado como un órgano de gobierno representativo del pueblo. La etapa republicana de Roma duró hasta el ascenso del primer emperador, Octavio César Augusto, en el año 27 a. C.

Ya desde su etapa republicana, la ciudad de Roma comenzó a conquistar a los otros pueblos de la península itálica, la que tuvo totalmente bajo su control hacia el año 275 a. C. Esta expansión territorial los llevó a enfrentarse con la otra potencia expansionista del Mediterráneo occidental, los cartagineses, que dominaban la costa africana, Sicilia, Córcega y Cerdeña.

Los enfrentamientos entre Roma y Cartago son conocidos como las Guerras Púnicas. La primera se desarrolló de 264 a 241 a. C., y tras el triunfo, Roma arrebató a Cartago la isla de Sicilia. En la segunda, entre 218 y 201 a. C., Roma volvió a triunfar y adquirió el dominio de todas las islas del Mediterráneo occidental y las costas hispanas. En la tercera guerra, librada entre 149 y 146 a. C., Roma destruyó la ciudad de Cartago y se convirtió en la gran potencia de Occidente.

Por aquel tiempo, Roma había comenzado ya su expansión bélica hacia el este, dentro del mundo griego, y desde su estratégica posición al centro del Mediterráneo empezó a conquistar ambos lados del que ellos llamaban el Mare Nostrum. Para el 197 a. C. ya dominaban

Macedonia; en 121 a. C. iniciaron la conquista de las Galias; en 63 a. C. invadieron las costas de Siria y Judea, donde los judíos ya habían logrado derrotar a los griegos que para entonces los dominaban; y para 30 a. C. incorporaron Egipto.

Aunque seguía haciéndose llamar república, Roma era ya un imperio en franca expansión, donde el Senado, pensado para administrar y gobernar una ciudad, se veía completamente rebasado. La élite militar era cada vez más poderosa, el caos económico y político cada vez mayor, y para muchos no había otra opción que el autoritarismo.

Roma nació como imperio sin saberlo ni planearlo, fueron las crisis de la república las que permitieron que el autoritarismo autocrático prevaleciera. En tiempos de Julio César, asesinado en el año 44 a. C., Roma no era ni una cosa ni la otra. Era evidente la decadencia del formato republicano, pero más evidente era el miedo de cambiar las cosas.

César fue asesinado por temor a que se convirtiera en emperador. Tras una serie de enfrentamientos entre facciones militares, desatadas tras su muerte, Cayo Octavio, sobrino e hijo adoptivo de César, fue enaltecido por el Senado con el título de Augusto (reverenciado); en el año 27 a. C. se le dieron poderes autoritarios absolutos y comenzó así la historia del imperio. Fue bajo su mandato que nació Jesús.

Un solo Imperio y un solo dios

Roma era una ciudad donde se rendía culto a varios dioses desde tiempos ancestrales, además de que nació rodeada de otros pueblos con sus respectivos panteones divinos. Conforme comenzó su expansión, Roma fue conquistando e incorporando nuevos pueblos, con sus respectivos dioses, que no sólo eran aceptados, sino en muchas ocasiones incluidos.

Para el siglo I a. C., todavía con un formato de república, Roma ya había conquistado toda la cuenca del Mediterráneo y se había encontrado con los dioses galos, germanos, egipcios, griegos, mesopotámicos, árabes y persas. Todos eran aceptados. No existía propiamente una religión romana; al estilo de los griegos, lo que los romanos tenían era un conjunto de cultos a dioses diversos, que no constituían un cuerpo doctrinal, en el que los dioses no eran creadores sino seres inmortales poderosos que podían proveer de favores o de desgracias, no existía el concepto de pecado, y mucho menos el de culpa.

Había dos tipos de cultos: los del hogar, basados en el culto a ancestros, dioses de la casa, espíritus familiares, que tenían como objetivo dar sentido de integración a familias extensas, y los cultos públicos, donde cada región y ciudad tenía a sus dioses, y la veneración giraba en torno a exaltar el respeto al orden político y a las tradiciones, generar identidad y enaltecer el heroísmo de la guerra.

Es importante señalar que la religión se entendía como una relación contractual con los dioses, es decir, que se daban ofrendas y plegarias a cambio de favores, y si no se recibían se cambiaba de deidad…, quizá por eso el catolicismo romano adquirió ese tinte.

Con el tiempo, cuando Roma fue imperio, se agregó el culto al emperador como persona divina, y se fue haciendo un sincretismo entre la veneración imperial y la de los dioses solares, con los que era relacionado. La aceptación y posterior imposición del cristianismo como único culto oficial fueron precisamente con la intención de relacionar al emperador con el dios cristiano. Muy poco tuvo que ver en eso el mensaje de Jesús.

Cuando nació Jesús, paradójicamente entre el año 7 y 4 antes de Cristo, Roma comenzaba apenas su etapa imperial, que fue resultado de conflictos políticos internos durante la etapa republicana, con una estructura administrativa y política que no estaba pensada para un imperio expansionista, y que a causa del extremo conservadurismo del Senado nunca fue capaz de adaptarse.

Roma creció más por la ambición de sus militares que por una necesidad económica y social. El territorio conquistado muy pocas veces tenía que ver con estrategias geopolíticas, sino con el capricho de los legionarios conquistadores; se invadía porque se podía, poco importaba si se necesitaba, y menos aún si se podría manejar.

Con el paso del tiempo se comenzó a necesitar lo conquistado, a depender cada vez más de la riqueza expoliada fuera que la generada dentro, el imperio se militarizó, y era imprescindible seguir conquistando con el fin de poder sostener la milicia necesaria para la perpetua conquista. El imperio que nació sin saberlo se fue haciendo un monstruo ingobernable.

Jesús pasó inadvertido en su tiempo; no hay que olvidar que era judío, un pueblo que había quedado bajo domino del Imperio, y al que los romanos veían siempre con una mezcla de recelo y rechazo. Tiempos de oro habían pasado los judíos durante el dominio griego, un pueblo que apreciaba su inteligencia, y muchos hebreos y helenos habían generado un interesante debate filosófico e intelectual.

El que no pasaba inadvertido por aquel tiempo era el dios de los judíos. En el famoso templo de Jerusalén había una parte interna donde sólo los judíos podían ingresar, pero alrededor, y mucho más grande, estaba el llamado patio de los gentiles, donde gente de todos los pueblos y religiones podían ir a venerar a ese dios desconocido que, según algunos, era el único Dios.

Como judío que era, Jesús nació en una cultura totalmente monoteísta, pero dado que vino al mundo en el Medio Oriente y en el Imperio romano, estaba rodeado en realidad de los más variados politeísmos. La religión judía de un solo dios, aunque aceptada, era la que en realidad parecía extraña.

Históricamente hablando, Jesús fue importante después de morir. En su momento parecía un judío rebelde, un místico o un profeta, el Mesías esperado según algunos. No fue el primero ni el último con dichas características. Pero algunas décadas después de su muerte, había varios textos sobre su vida, su enseñanza y sus prodigios a lo largo de la zona oriental del Imperio, así como muchos grupos que se decían sus seguidores.

En el año 117, Roma está en su momento de máxima gloria y expansión territorial. Domina desde Escocia hasta el Medio Oriente y el golfo Pérsico, abarca todo el Mediterráneo, desde Egipto, el mar Rojo y las costas árabes hasta el estrecho de Gibraltar, toda la costa del norte de África y el territorio europeo hasta los ríos Rin y Danubio.

Pero el Imperio era débil. Nunca se logró establecer de manera institucional una estructura del poder imperial, ni dejar claro el tema de la sucesión en el trono; y el equilibrio de poder entre emperador, Senado y milicia era una batalla constante. Roma comenzó a hacer lo que muchos imperios del pasado habían hecho: usar la religión para cohesionar, identificar y someter al pueblo.

El problema, desde luego, era la gran cantidad de dioses y religiones existentes. Como herencia del pasado romano y de los otros pueblos, predominaban los cultos politeístas característicos de las comunidades agrícolas. Derivado de la mezcla violenta con pueblos guerreros, como los propios romanos, había dioses masculinos y bélicos, y a causa de la gran influencia de griegos, egipcios y persas, había una buena cantidad de cultos solares.

Los cultos solares eran religiones donde, a pesar de existir muchos dioses, había uno considerado principal y mucho más poderoso, al grado tal de que las otras deidades pasaban a ser absolutamente secundarias y regionales.

Este dios supremo era relacionado con el sol, su símbolo era siempre alguna representación del disco solar, era viril y masculino, y tenía su fiesta principal del 21 al 25 de septiembre, en torno al solsticio de verano, la noche más larga en la que el sol daba su más dura batalla contra la oscuridad, pero volvía a emerger triunfante.

Los faraones y los emperadores persas eran considerados hijos del sol, como lo fue Alejandro Magno en su tiempo. De hecho, eran los cultos solares egipcios, griegos y persas los que prevalecían dentro del Imperio romano; en todas las ciudades importantes había templos a Amón-Ra, a Helios, a Apolo…, pero por encima de todos, el más poderoso de los dioses y con la religión más extendida, era Mitra.

Mitra y su culto son difíciles de comprender y de rastrear, pues existe desde tiempos milenarios y sobrevivió sincretizándose con otros cultos. Es originalmente un dios solar del Indostán, citado en los Vedas desde segundo milenio antes de nuestra era, es decir, desde antes de la invasión de los arios, quienes lo incorporaron a sus cultos y así es como con el tiempo surgió un Mitra persa.

Mitra fue venerado por los arios (medos, iranios, persas) desde que invadieron el Indostán alrededor del siglo XIII a. C., y lentamente lo fueron integrando dentro de su religión mazdeísta. Pero Ahura Maza era un dios único, por lo que Mitra fue considerado a veces un dios secundario, en ocasiones el hijo de Ahura Mazda, y su culto fue catalogado como herético por Zoroastro, quizás en el siglo VII a. C.

Pero así como Ahura Mazda fue un dios que se mantuvo dentro de los límites persas, el culto a Mitra se extendió hasta el Mediterráneo desde tiempos de Alejandro, y era ya muy popular cuando a la zona llegaron los primeros soldados romanos, que tomaron el culto y lo fueron haciendo popular en Roma.

Un siglo antes de Jesús, la devoción a Mitra era popular en Egipto, Medio Oriente y Asia Menor, y poco a poco fue llegando hasta la península itálica. En resumen, Mitra era el Sol, nació el 25 de diciembre de una mujer virgen, sobre una piedra, bajo un árbol sagrado y rodeado de animales. Tras su nacimiento fue visitado por pastores y por reyes, ya mayor combatió al demonio tres veces (en forma de toro), confiaba a los hombres mensajes secretos de cómo unirse a lo divino, y se le conmemoraba a través de cenas rituales con pan y vino.

El gran contacto comercial y militar de Roma con el Oriente fue lo que causó la expansión del culto a Mitra a lo largo del Imperio romano. El mitraísmo, sin embargo, no era proselitista ni buscaba adeptos; al contrario, era una religión exclusivista, de tipo iniciático, en la que a través de ir ascendiendo niveles espirituales se iba accediendo a secretos divinos. Cualquier hombre podía ser mitraísta, pero debía ser invitado por un adepto ya iniciado; las mujeres quedaban fuera.

Entre los años 70 y 100, mientras el cristianismo era un culto perseguido, con pocos seguidores, tan sólo en la ciudad de Roma había cien templos a Mitra; la religión gozaba de la protección imperial y era muy popular entre los legionarios. Por aquella época, otros dioses solares como Helios, Apolo, El-Gabal y Amón Ra, eran, junto con Mitra, los más venerados.

Para el siglo II, mientras las comunidades cristianas seguían reuniéndose en secreto en catacumbas, el mitraísmo era prácticamente una religión de Estado, esparcida desde los centuriones hasta los esclavos, y su culto llegaba hasta los pueblos germánicos de las fronteras septentrionales del Imperio.

El emperador Cómodo, que gobernó Roma de 177 a 192, fue quizás el primer César en iniciarse en los misterios mitraicos. A partir de aquel momento, la religión siempre tuvo la protección imperial, quizás por lo conveniente que resultaba su estructura de jerarquía y sumisión incuestionable al poder.

Poder. El verdadero tema detrás de cada religión, sobre todo si es apoyada por el Estado. Los emperadores romanos comenzaron a promover y privilegiar los cultos solares, símbolo de un poder unificado en un solo dios, del que el emperador es representante. Pero dado que los cultos solares del Imperio romano eran todos de origen extranjero, el Imperio fue sincretizando todos esos cultos en una sola religión imperial: el Sol Invicto. La nueva religión, donde Sol y emperador eran una misma divinidad, el Sol en el cielo y el emperador en la tierra con el título de Pontifex Maximus, comenzó a construirse precisamente desde el reinado de Cómodo.

Fue Heliogábalo, emperador de 218 a 222, el primero en imponer de manera oficial el culto al Sol Invicto, y a acuñar monedas donde tras el rostro del emperador brillaba un disco solar, precursor de las aureolas de santidad. Aureliano, emperador de 270 a 275, fue quien terminó de oficializar la religión del Sol Invicto al declararlo el único dios, del cual todos los demás eran símbolos, construirle un templo de Roma en el año 271 y establecer el principio de UN IMPERIO, UN EMPERADOR, UN DIOS. Las demás religiones no fueron prohibidas porque no era necesario. El dogma del Sol Invicto dejaba muy claro la existencia de un solo dios, el Sol, que al ser absolutamente todo, podía representarse de todas las formas posibles, y eso es precisamente lo que eran todos los demás dioses, representaciones del dios Sol.

A partir de Aureliano, las monedas siempre llevaron la imagen de emperador con el disco solar detrás. En tiempos de Constantino el Grande, de 306 a 337, todos los romanos tenían claro que el emperador era el hijo del Sol Invicto, en cuyo honor Constantino declaró un día de descanso a la semana, el del Sol, Dies Solis, para dedicarlo a la veneración. Otro emperador, Teodosio, cambió el nombre del día a Dies Domine, o Día del Señor, de donde viene nuestro domingo.

Sin embargo, si por algo ha pasado a la historia Constantino es por haber permitido y promovido el cristianismo dentro de Roma. En el año 313 proclamó el Edicto de Nicea, en el que daba tolerancia religiosa a todos los cultos, incluido el cristiano, al que indemnizó con dinero y templos por los años de persecuciones.

Poco después, en el año 325, convocó al Concilio de Nicea, en el que creó la Iglesia católica como institución del Imperio, estableció las escrituras oficiales y definió el dogma fundamental de la nueva religión en un pequeño texto que hasta la fecha se recita cada domingo en los templos católicos: el credo. Su leyenda dice que fue creyente y devoto, su historia dice que nunca dejó de ser pagano.

Todas las religiones siguieron conviviendo, pero con apoyo imperial y culto libre, el cristianismo comenzó a propagarse. El Sol Invicto siguió siendo culto oficial del Imperio hasta el año 380, cuando el emperador Teodosio proclamó el Edicto de Tesalónica, en el que estableció que la religión del Imperio, y única permitida, era el cristianismo.

Roma en el año cero

Hay que comenzar por decir que no existe históricamente ningún año cero. A la media noche del 31 de diciembre del año 1 antes de Cristo comienza el año 1 de nuestra era. Ésa es la convención histórica.

Asimismo, es importante considerar que fue hasta mucho tiempo después cuando los europeos comenzaron a dividir su historia en antes y después de Cristo, y que el hecho de que Europa conquistara el mundo entre los siglos XVI y XIX es la razón para que ése sea el calendario de uso global. Pero hasta el siglo XXI muchas culturas y civilizaciones mantienen su propio calendario, como los judíos, el islam o China.

Fue en algún punto entre los años 520 y 550 cuando el monje conocido como Dionisio el Exiguo estableció la fecha con base en el nacimiento de Jesús. Fue hasta el imperio de Carlomagno, entre 800 y 814, cuando ese sistema comenzó a usarse de manera oficial, y fue hasta tiempos del papa Gregorio XIII, en el siglo XVI, cuando el calendario se analizó según fechas de la historia antigua, y se ajustó astrológicamente.

Pero hablamos del año cero para referirnos a aquella frontera de la historia, en torno a la cual nace Jesús y, por añadidura, tiempo después, el cristianismo; y es fundamental comprender cuáles son las influencias y mezclas culturales de aquella época, en ese sitio que resultaba ser el rincón más alejado del Imperio romano, pero el centro del mundo antiguo.

Jesús nació en la zona de los judíos, en la costa oriental del Mediterráneo, cuando ahí se conjuntaban lo griego por el norte, lo egipcio por el sur y lo persa por el oriente. La cultura griega había permeado la región desde el siglo V a. C., y se había convertido en la más importante, desde tiempos de Alejandro hasta tiempos de Jesús, que vino al mundo precisamente en un entorno absolutamente helenizado.

La principal influencia cultural era la filosofía griega, particularmente las escuelas seguidoras de Platón y de Aristóteles. Los primeros habían desarrollado un pensamiento metafísico, místico, meditativo y especulativo, mientras que los segundos, basados en la ética aristotélica, habían formado escuelas donde trataba de dilucidarse el mejor modo de pensar y vivir para ser feliz.

Durante unos quinientos años que van del siglo III a. C., al siglo II, la escuela filosófica dominante era una fusión de Platón y Aristóteles.

De este último conservaban la línea de una ética racional como base de la felicidad, y del primero obtuvieron las ideas metafísicas de esta filosofía que era más bien una religión, en aquellos tiempos en que la línea entre ciencia, religión y filosofía simplemente no existía.

El estoicismo fue de hecho una tradición meditativa similar al budismo, con doctrina filosófica, ejercicios físicos (tipo yoga), dieta saludable y práctica meditativa. Su ideal máximo era lograr la ataraxia, un estado de mente serena y sin perturbación alguna, de tranquilidad total y libre de las pasiones del mundo. Un estado al que se llegaba estudiando la doctrina, purificando el cuerpo y practicando la meditación.

El culto, religión finalmente, era en torno al concepto filosófico de Dios conocido como Logos, la fuerza vital e inteligente de toda la existencia, la energía que une a toda la existencia en un solo ser y que comunica a cada ser humano con lo divino.

El estoicismo sostenía que el universo es un todo armonioso y causalmente relacionado, como la red de Indra del budismo, una gran telaraña cósmica que todo lo une. Este universo infinito, interrelacionado e interdependiente, se rige por un Logos cósmico y universal del que el hombre también participa a través de su razón individual.

El Logos universal era representado por el fuego, la energía, la luz de la razón pura y abstracta, y la comunicación de ese gran Logos con el logos individual del ser humano era llamada *Pneuma* o soplo: un soplo de fuego, un aliento ígneo, un poder que crea, unifica y mantiene unidas todas las cosas.

El Logos es el alma del mundo, todo lo rige y nada puede sustraerse a su voluntad, comunicada a cada individuo a través de este Pneuma, soplo o Spiritu. La libertad humana no reside en la capacidad de elegir sobre cada acción de la vida, sino en aceptar o no esta voluntad suprema.

La aceptación es la base de la felicidad y la serenidad, y la no aceptación constituye el peor absurdo, pues las cosas ocurrirán de cualquier forma. La enseñanza principal del estoicismo, en este sentido, es simple: el sufrimiento no proviene de los hechos sino de nuestra actitud ante los hechos. No tiene caso luchar contra el destino.

En tiempos de Jesús, las escuelas estoicas estaban a lo largo y ancho de todo el Imperio romano. A menor escala se encontraban las escuelas más esotéricas, basadas en Platón, Parménides o Pitágoras, que hablaban acerca de que la realidad es una abstracción pura, mientras que el mundo es un conjunto de símbolos creados engañosamente por la mente.

Los movimientos gnósticos, religiones mistéricas y secretas de influencia egipcia, persa y griegas estaban diseminados por todo el imperio, pero no eran abiertos al público sino exclusivistas. En términos generales, eran caminos de ascenso espiritual marcados por pruebas y rituales muy duros, de profundo significado psicológico.

A nivel popular, desde luego, subsistían los cultos olímpicos, todo tipo de mitologías antiguas, hechicería, amuletos, adivinación y astrología. Todo esto en un entorno básicamente politeísta y ecléctico, donde todos los cultos e ideas eran aceptados, y donde las dos lenguas más habladas eran el arameo, el que habló Jesús y que dominaba en Mesopotamia, y el griego, que era predominante en toda la zona oriental del Mediterráneo.

Desde los tiempos de Jesús hasta los de Constantino, en el siglo IV, ésas siguieron siendo las principales influencias y tendencias filosóficas, místicas, religiosas y culturales, al tiempo que los cultos a Mitra, Helios y Apolo se hacían cada vez más populares, sobre todo después de que fueron sincretizados en el culto imperial oficial del Sol Invicto. Cada uno con su dios parecía ser una máxima que funcionaba en todo el mundo antiguo.

El legado de Roma

En el año 310 había muchos dioses y diversas formas de venerarlos; en el 400 había un solo dios y una sola ortodoxia. Ésa fue la estrategia que un imperio en plena decadencia, como el romano, decidió llevar a cabo. Roma impuso el cristianismo y, paradójicamente, muy poco tiempo después el Imperio dejó de existir. La Iglesia católica y el papado son, en pleno siglo XXI, la herencia que sobrevive del Imperio romano.

Un imperio decae a lo largo de siglos, y aunque se da una fecha simbólica muy exacta de la caída de Roma, en el año 476, cuando huye el último emperador, la verdad es que el Imperio comenzó su proceso de decadencia desde el siglo III, es decir, a lo largo de los años 200.

En el siglo III Roma vivía en guerra en dos frentes. En el lado occidental, los pueblos germánicos del norte presionaban cada vez más la frontera, hubo guerras civiles, epidemias de peste, y en el oriental, la zona más rica del imperio, los persas no cesaban de arrebatar territorio a Roma, con la intención de llegar hasta el Mediterráneo.

No hay crisis que derrumbe a un imperio que está en su máxima gloria. Roma siempre tuvo conflictos, epidemias y guerras, y sobrevivió a ellas; pero el estado de corrupción, ambición y pobreza en que se encontraba el imperio al inicio del siglo IV hacían imposible que enfrentara sus problemas.

El imperio era grande, difícil de gobernar, abarcaba muchos pueblos que nada tenían en común; de ahí que la idea de unirlos bajo una sola religión, cuya cabeza fuera el propio emperador, receta que funcionó en imperios del pasado, fue la alternativa que encontró Roma para intentar mantener la cohesión de un imperio que en realidad se caía a pedazos.

Constantino el Grande comprendió esa necesidad desde que asumió el poder en el año 306. Para acabar con conflictos internos que no eran necesarios, permitió todas las religiones en el año 313, con el Edicto de Milán; pero al mismo tiempo, se dedicó a promover dos de ellas: la del Sol Invicto, de la que como emperador era Pontifex Maximus, y que ya estaba completamente sincretizada con el mitraísmo; y el cristianismo, que era la más popular entre el pueblo.

Constantino nunca dejó el mitraísmo, nunca renunció a sus rituales y misterios, nunca dejó de ser devoto de la religión del Sol, pero al mismo tiempo llevó a cabo una intensa campaña de promoción del cristianismo; ayudó a organizar una estructura jerárquica, ingresó en la nómina imperial a los líderes comunitarios o *episkopos*, y entregó templos para el culto.

Sin embargo, se dio cuenta de la debilidad del cristianismo, dos debilidades de hecho. La primera era que, por razones históricas, no estaba fielmente unido al imperio, que fue lo que intentó remediar con el apoyo logístico, político y económico. La segunda era que había muchas comunidades cristianas con diferentes ideas sobre su religión, muchas formas de ser cristiano, con ideas que a veces chocaban entre sí, por lo que decidió que debía unificar un solo dogma. Para ello convocó al Concilio de Nicea en el año 325.

En el Concilio de Nicea, patrocinado completamente por el emperador, se reunieron todos los *episkopos* del imperio, filósofos y teólogos, historiadores y hasta representantes del mitraísmo. Ahí se fundó la institución Iglesia católica, con presupuesto imperial, para garantizar una sola ortodoxia para la religión naciente.

Como una ortodoxia requiere limitar las ideas, fue necesario acotar las escrituras. Más de cuarenta evangelios circulaban por el imperio, así es que una función vital del Concilio fue determinar cuáles eran los únicos oficiales; una vez definidos, se estableció que ésos y sólo ésos habían sido dictados por Dios.

Se determinó que el *episkopo* u obispo de Roma, capital del imperio, sería el líder de la institución; se definió el canon de escrituras; se redactó el credo; se oficializaron dogmas como la divinidad de Jesús y la virginidad de María, y como era extraño tener una religión basada en el maestro judío que había sido condenado por Roma, se difundió el mito de que fueron los judíos quienes lo habían matado.

Constantino tomó rituales y costumbres del mitraísmo, como el bautismo con agua, los ritos de iniciación y confirmación, la eucaristía; y el nacimiento de Jesús, como el de Mitra, quedó instituido el día del Sol Invicto, el 25 de diciembre. Constantino promovió que los templos de Mitra y de los cristianos se usaran indistintamente, y dada la similitud de los rituales, poco a poco la gente los fue entendiendo como una sola religión.

Más adelante gobernó el emperador Teodosio, quien llevó a cabo dos actos de fundamental trascendencia. Primero, en el año 380 promulgó el Edicto de Tesalónica, por medio del cual se prohibía cualquier culto que no fuera el cristiano, al que elevó al estatus de religión imperial. Pero para no confundir a los creyentes, los símbolos del Sol Invicto no se eliminaron de las monedas ni de los templos.

De pronto todos eran cristianos, había que serlo si querían vivir en el Imperio romano, que para ese entonces era tan grande que había muy pocas opciones de vivir fuera de él. Conversiones masivas se dieron por mandato imperial más que por fe, en un pueblo que, más allá de las ciudades, muy poco había escuchado de cristianismo o mitraísmo, y que ahora estaba obligado a creer en algo que no entendía.

El segundo acto trascendental de Teodosio fue que, antes de morir, decidió dividir el imperio en dos regiones para dar una mitad a cada uno de sus hijos. Tuvimos desde entonces un Imperio romano de Occidente, con capital en Roma, que cayó en 476; y un Imperio romano de Oriente, conocido en la historia como bizantino, con capital en Constantinopla, y que sobrevivió hasta 1453.

El edicto de Tesalónica se impuso en un imperio unido, por lo que tras su división quedaron dos imperios cristianos. El de Occidente duró cien años más antes de desmoronarse, y de esa caída nació la Europa medieval, feudal y católica, donde la Iglesia aún tardó unos ochocientos años más en imponer la única religión en todo el continente. Para el siglo XII los pueblos nórdicos que aún conservaban cultos paganos, como el de Odín, fueron convertidos o asesinados por la orden de los caballeros teutónicos.

El Imperio de Oriente, cristiano también, subsistió un milenio más, y también se dedicó a imponer y defender a muerte su única religión. Pero así es esto del poder, las dos religiones cristianas, con básicamente la misma creencia, se dividieron y con el tiempo se hicieron enemigas; estado de animadversión que sobrevivió hasta tiempos de Juan Pablo II. No hay que olvidar que tanto Jesús como el cristianismo nacieron en la parte oriental del imperio, que los primeros no judíos en recibir su enseñanza fueron griegos, y fue en lengua griega como se redactaron las primeras escrituras y la manera en que se llevaría a cabo el culto.

Para extender el cristianismo era necesario traducirlo, por lo que en el siglo V las escrituras se llevaron al latín, lengua de la parte occidental del imperio, donde según la tradición iniciada por Constantino, el obispo de Roma pretendía ser el líder de todos los cristianos. Pero tras la caída del Imperio de Occidente, el líder religioso del Imperio de Oriente, y patriarca de Constantinopla, pretendía ser el líder de los cristianos del único Imperio romano que quedaba.

El conflicto entre la Iglesia latina, llamada católica, y la griega, llamada ortodoxa, es absolutamente político y tiene que ver con el ego de aferrarse al liderazgo; una actitud, por cierto, nada espiritual o religiosa. Varios conflictos tuvieron ambas instituciones, hasta que en el año 1054 se separaron definitivamente: el papa excomulgó al patriarca, y en respuesta el patriarca excomulgó al papa.

Otra revolución del mismo dios

En menos de medio siglo, un imperio constituido como el romano hizo que la gente abandonara el politeísmo y se entregara a la creencia en un solo dios, una versión adaptada del único dios de los judíos.

Muy poco tiempo después, en los desiertos árabes del sur, un imperio nació destruyendo los dioses del pasado y promoviendo la creencia en otra versión del único dios de los judíos. Nació el islam.

La península de los árabes quedaba justo debajo de la gran franja de la civilización, rodeada de grandes imperios y civilizaciones, pero a causa de su clima muy poco desarrollo hubo ahí, y ni los grandes conquistadores como Alejandro quisieron incluirla en sus dominios.

Los árabes tenían Egipto al oeste, Persia al este, y a Mesopotamia al norte, donde siempre chocaron los persas con los griegos y los romanos. Tenían todas las influencias culturales a la mano, y todas los influyeron un poco. Para cuando nació Muhammad, en el año 570, la península arábiga tenía a todos los dioses de las culturas aledañas, pero principalmente se iba imponiendo la idea de un solo dios, esa que tenían los persas y heredaron a los judíos, de donde la tomaron los cristianos.

Muhammad fue un próspero comerciante muy interesado en los temas religiosos, que dedicaba gran parte de sus días a la meditación, la introspección y la oración. En sus viajes comerciales atravesaba el desierto árabe y tenía contacto con los persas mazdeístas, con Damasco y Egipto, ya cristianos para entonces, y con las prósperas comunidades judías a lo largo de sus rutas. La idea de un solo dios se agitaba en su corazón.

La tradición religiosa cuenta que el arcángel Gabriel le reveló a Muhammad la palabra de Dios; una versión histórica podría ser que la aprendió de los judíos, cristianos y mazdeístas con los que convivió. El punto importante, en todo caso, es que comenzó a predicar el monoteísmo en el año 613, y para su muerte, en el año 632, toda la península arábiga había abrazado su nueva religión: el islam.

El islam no era diferente del judaísmo. Mismo Dios, misma historia de la salvación, desde Adán y Eva en el jardín del Edén, el demonio, la expulsión del paraíso, el diluvio, la historia de Abraham, Isaac, Jacob, los judíos en Egipto, Moisés y los mandamientos. Pero los judíos de Arabia no reconocieron a Muhammad como profeta. Eso fue todo.

Evidentemente, tampoco era muy diferente del cristianismo, que incluye todo lo anterior. En el Corán, libro sagrado del islam, hay incluso un capítulo completo dedicado a la exaltación de María como madre de Jesús, a una María virgen que milagrosamente concibe a Jesús. Hay otro capítulo dedicado a Jesús, Issa, como lo llaman en árabe, el más milagroso profeta de Dios…, pero profeta y no hijo. Suficiente para que los humanos encontremos un motivo de conflicto.

Al norte, un imperio creó una religión e impuso el monoteísmo; al sur, la religión y el monoteísmo crearon el imperio. Muhammad murió en el año 632 y para el 711 sus seguidores habían conquistado un territorio que iba desde el norte de India hasta la frontera entre España y Francia.

Un solo Dios, el mismo Dios, pero imperios y civilizaciones distintos que nunca dejaron de pelear. La Europa católica resultado de la caída de Roma estuvo en eterno pie de guerra contra el islam, al igual que el Imperio bizantino, que fue perdiendo territorio ante la nueva potencia, hasta simplemente desaparecer, y el Imperio persa que, aunque mantuvo su propia identidad, vio desaparecer el mazdeísmo sustituido por el islam.

En el año 310 Roma era politeísta y pagana; para el 400 era monoteísta y cristiana. En el año 613, Arabia era muy politeísta y pagana; para el 632 era absolutamente monoteísta, y para el 711 había llevado ese monoteísmo hasta el Asia central. Ésa fue la revolución de Alá. En el transcurso de poco tiempo, la civilización del islam se extendió desde Indonesia hasta España y creó una gran cultura que incluía filosofía, medicina, ciencia, astronomía y astrología, arquitectura. Una época de oro basada en la idea de un solo Dios.

Con el mismo tiempo, el mismo Dios, interpretado de forma diferente y con una religión que decidió basarse en el miedo, se estableció una civilización europea occidental que muy poco tenía que ofrecer. En Europa desapareció el gran arte y la filosofía griega quedó sepultada, se acabó el comercio, cayeron ciudades, se volvió al autoconsumo…, la gente vivía con miedo al fin del mundo, y el mundo era tan malo que su final no era tan mala noticia.

5

La revolución del fin del mundo

El origen de la modernidad

La historia nos llevó hasta Roma, uno de tantos imperios que han determinado el rumbo de la humanidad. Cada imperio ha nacido, ha llegado a su gloria y se ha enfrentado a su decadencia y muerte. Todo imperio se trasforma tras su muerte y se esconde en las cenizas de lo que nace. Roma fue la síntesis del mundo moderno que transformó el paganismo en cristianismo, y su colapso es el origen de la civilización occidental, una por la que nadie hubiese apostado en el siglo v, y que por diversos azares comenzó a conquistarlo todo a partir del siglo xv.

Nada muere en realidad en la existencia o en la historia, cada imperio es resultado de procesos, sincretismos, fusiones de culturas e ideas anteriores, cada uno toma su correspondiente cúmulo de pasado, lo adopta, lo adapta, lo transforma; y así, al caer, deja su propia impronta, su sello que influirá en lo que esté por venir.

En la historia como en la física nada se destruye, sólo se transforma. Y nada podría ser lo que es sin cada detalle del cúmulo de pasado que lo precede. Roma no habría sido lo que fue sin la cultura griega, que a su vez fue forjada en gran medida por su contacto con lo egipcio y su guerra con lo persa.

Nada es independiente en la historia. Lo persa fue lo que fue a causa de su invasión a lo indio, a la cultura védica; y lo egipcio nunca dejó de interactuar con lo mesopotámico, que a su vez recibió la influencia de lo persa y por añadidura de lo indio. Mucho más que una línea recta, la historia es una gran telaraña cósmica, como la red de Indra descrita por la cultura védica, donde todo es tan interdependiente que no queda más que aceptar que todo es lo mismo.

Roma cayó y con ella el mundo antiguo, el del imperio y la conquista, el de la ambición y la riqueza, el del orden, la ley y el comercio, el del encuentro y fusión de civilizaciones, el del sincretismo de culturas y la coexistencia de todos los dioses.

El mundo que surgió de sus cenizas es conocido como Edad Media, uno de fragmentación y aislamiento, de caos, miedo y autoconsumo, de oscuridad, fervor y fanatismo, de recelo ante lo diferente y del dominio de un solo Dios. Roma fue resultado del pasado heredado y de las circunstancias, la Edad Media también lo fue.

La herencia que recibió el Medioevo fue el vacío de poder tras la caída de Roma, el empoderamiento de la Iglesia como único orden y de su Dios justiciero como único garante; sus circunstancias fueron oleadas de hordas invasoras: germanos, hunos, eslavos, musulmanes, vikingos, mongoles. El resultado fue una cultura europea encerrada en sí misma, sin visos de poder salir del letargo en el que se fue sumergiendo. Lo conocemos como feudalismo.

La convención histórica eurocentrista nos cuenta que con la caída de Roma terminó el mundo antiguo y surgió la Edad Media; mil años después nació, de manera bastante vertiginosa, el llamado mundo moderno, otra visión que toma a Europa como centro. Pero fueron precisamente los europeos los que gestaron el mundo que ellos mismos denominaron moderno, tal como lo estableció Giorgio Vasari, y con esa modernidad los europeos conquistaron y sometieron al resto del mundo, al que le impusieron su visión, valores y estructuras modernas.

Una gran revolución de sucesos cambió por completo el mundo. Para 1405, China disponía de una flota de dos mil barcos, de los cuales, 350 fueron usados en una expedición que navegó el Pacífico, el sureste asiático, el Índico, y llegó a Arabia y Madagascar..., en cada uno de esos barcos cabrían los tres de Colón. Para el mismo año, el islam había desarrollado grandes tratados de física, de óptica y de matemáticas que se adelantaban a Newton.

Algo sacó a Europa de su marasmo. Algo le dio la vuelta a la historia y catapultó a la más atrasada de aquellas culturas hasta convertirla en la de los conquistadores, los líderes de la ciencia, la tecnología y la industria. Algo detonó la revolución con la que terminó la oscuridad medieval y comenzó el llamado mundo moderno.

El fin del mundo romano

Se dice que el emperador Nerón alguna vez nos sentenció: mientras subsista Roma, el mundo subsistirá; cuando caiga Roma, el mundo caerá. Así fue. El Imperio romano de Occidente, en el extremo de lo que entonces era el mundo, era mucho más pobre y despoblado que el de Oriente, con capital en Constantinopla, la ciudad que era el centro del mundo. El Imperio de Occidente cayó en el siglo v, el de Oriente sobrevivió mil años más, conocido históricamente como Imperio bizantino.

Roma murió lentamente a lo largo de dos siglos a causa de una mezcla de corrupción, ambición desmedida de riqueza y territorio, incapacidad administrativa y con el tiempo las invasiones de otros pueblos: primero los germanos, después los hunos, y finalmente los árabes que se extendían con el fervor del islam.

Desde el siglo ii los pueblos germánicos constituían la amenaza constante de Roma en sus fronteras del norte, en el territorio que llamaban la Germania Magna, y donde habitaban pueblos como los ostrogodos y visigodos, los vándalos, los francos, los alamanes, los anglos y los sajones. Ésos a los que Roma llamaba bárbaros.

A pesar de la constante tensión bélica, Roma y los germanos habían llegado a un *statu quo* donde el río Rin se aceptaba como frontera. El problema vino en el año 376, cuando una serie de tribus provenientes de las estepas siberianas, probablemente de origen turco-mongol, atravesaron los montes Urales y penetraron en Europa. Comenzó la invasión de los hunos.

La embestida de los hunos sobre la Germania Magna provocó que los llamados bárbaros se precipitaran a su vez sobre una Roma que vivía ya sus años de decadencia. Germanos y romanos se enfrentaron entre sí minando sus respectivos poderes, hasta que entendieron que no tenían más opción que aliarse contra el enemigo común, los hunos, que para el año 434 eran comandados por el terrible guerrero que llegó a ser conocido como el Azote de Dios, Atila.

Europa era un caos y de Roma no quedaba más que su sombra. Algunos pueblos germánicos, como los visigodos, se aliaron con los romanos, pero otros, como los ostrogodos, lo hicieron con los hunos. Ambos ejércitos se enfrentaron en el río Marne, hoy Francia, en la batalla de los Campos Cataláunicos, la última gran operación militar del Imperio romano de Occidente. Tras horas de combate Atila se retiró, pero esa última victoria romana no detuvo la debacle del Imperio, donde los diversos pueblos germánicos y sus reyes ya dominaban casi todo el territorio.

Atila murió en 453 y su gran imperio, que abarcaba desde la frontera del Rin hasta el mar Caspio, comenzó a desmoronarse, pero Roma estaba herida de muerte. Los conflictos contra los germánicos continuaron, los vándalos saquearon Roma en el año 455, y los visigodos en 472. En el año 476 huyó de la ciudad Rómulo Augústulo, el último emperador, que para muchos era, además, un usurpador.

Constantinopla, capital del Imperio oriental, también sufrió ataques de hunos y vándalos, pero ese imperio, más próspero y poderoso, logró detener esas embestidas. Aun así, el gran avance de los árabes musulmanes, en el siglo VII, arrebató al Imperio bizantino todo el Medio Oriente y Egipto, y terminó de destruir las estructuras romanas que todavía subsistían en el norte de África.

La oscuridad feudal

Una sola institución sobrevivió a la caída de Roma y fue la Iglesia católica; una sola autoridad romana sobrevivió: el papa. Pero el papa y la Iglesia no tenían poder militar para restaurar el orden, y recurrieron entonces al poder divino. El dogma fue la nueva ley, el cielo la única esperanza, y el miedo al infierno el único freno a los excesos.

Durante los primeros siglos tras la caída de Roma, Europa se sumió en la oscuridad. En la Navidad del año 800, el papa León III coronó a Carlomagno, para entonces rey de los francos, como Imperator Romanorum, con lo que pretendía restablecer el Imperio romano caído más de tres siglos atrás.

Carlomagno era rey de los lombardos desde el año 764, y de los francos desde 768. Con ese poder conquistó y unificó prácticamente toda Europa occidental, desde Cataluña hasta Hungría y Polonia, desde Italia hasta Dinamarca. Dos factores: un hombre poderoso con un imperio unificado hicieron que el orden volviera, por eso el papa pretendió reinstaurar en él la legitimidad romana.

Carlomagno murió en el año 814 y con él comenzó a desfallecer su imperio, que dependía más del poder del hombre fuerte que de algún sistema institucional. Continuó la invasión de pueblos como los eslavos en el este, los vikingos en el norte y los árabes musulmanes que dominaban todo el norte de África y penetraban cada vez más en Europa. La fragmentación y el miedo volvieron a ser la normalidad, y fue por eso por lo que aquella Europa se fue sumergiendo en el sistema feudal.

El feudalismo fue un sistema político, económico y social de fragmentación total, suspensión del comercio en aras del autoconsumo, nula movilidad social, conflicto eterno de poderes entre los reyes y sus nobles, de nobles contra nobles, y de esa nobleza y realeza contra la Iglesia. Entre los siglos IX y XIV muy poco se movió o se revolucionó en Europa.

En el siglo XXI podemos visualizar una Europa dividida en algunas docenas de países, en realidad son cincuenta, incluidos los microestados como El Vaticano, Mónaco, Liechtenstein o San Marino. Para comprender la realidad feudal hay que imaginar esa Europa dividida en miles, literalmente miles, de países.

Existían muchos de los grandes reinos que conocemos hoy; estaba Francia, Hungría, Polonia, Inglaterra, Dinamarca, Suecia…, pero ésa era tan sólo una apariencia, pues cada reino estaba dividido en cientos o miles de feudos donde un noble, el señor feudal, era amo indiscutible. Las tierras eran suyas, y todos los campesinos que vivían en ellas debían tributar a veces más de la mitad de lo que producían.

Existían los reyes, pero su poder era simbólico, siempre dependiente de la lealtad de sus señores feudales, y siempre por debajo del poder papal. El rey no tenía forma de imponer leyes, cobrar impuestos o tributos, organizar un gran ejército, brindar seguridad en el territorio…, para todo dependía de la nobleza feudal, que lo consideraban un *primus inter pares*, es decir, el primero entre iguales. El poder estaba absolutamente pulverizado.

El comercio era escaso a causa del bandidaje y los pocos caminos; la economía de cada feudo era de autoconsumo, todo dependía de la agricultura; el miedo y la superstición, siempre promovidos por la Iglesia, eran lo que dominaba la mente del europeo común, que sólo esperaba sufrir lo suficiente en vida para quizá librarse así del infierno eterno. La posición social, noble o plebeyo, era determinada por nacimiento, y cada siervo feudal, aunque no era propiamente un esclavo, no tenía derecho a abandonar el feudo.

Europa estaba inmóvil, y no parecía que fuera posible moverla de forma alguna. Poco contacto entre feudos, poco contacto entre reinos y, desde luego, muy poco contacto con el resto del mundo. Ya no había mezcla y fusión de culturas e ideas, porque además las nuevas ideas estaban prácticamente prohibidas. La Iglesia ejercía un control terrible sobre el pensamiento, y los tribunales inquisitoriales ejecutaban al que pensara distinto.

La sabiduría de la antigua filosofía griega y latina, el misticismo de Egipto y Persia, la ciencia de la India y de los antiguos griegos…, nada de eso recorría aquella Europa. Muchos textos habían sido olvidados, otros tantos quemados y muchos de ellos guardados en monasterios a lo largo del continente.

Eran los tiempos en que se pensaba que la tierra era plana, cuando cientos de años atrás, en la era dorada de los griegos, no sólo se sabía que era redonda, sino que hasta se había calculado cuál era la medida de su circunferencia. En aquel mundo plano, todo parecía también bastante inmóvil, pero nada está realmente quieto en la existencia ni en la historia. El mundo seguía moviéndose y con el tiempo alcanzó a los europeos, los golpeó, los sacudió, destruyó sus cimientos feudales y transformó su historia para siempre.

El resto del mundo

El infierno son los otros, nos dijo Jean-Paul Sartre en el siglo xx. El resto del mundo siempre son los demás, nunca nosotros; nosotros somos el centro. Así es como cada mente humana percibe su realidad y la convierte en la realidad total, única y absoluta. Ampliar esa forma de ver el mundo sería, por cierto, la gran revolución de consciencia que terminaría con los conflictos humanos.

Pero cada individuo humano y, desde luego, cada cultura en la historia de la civilización se han asumido como el centro. El famoso fin del mundo que se esperaba en el año mil se anunciaba sólo en Europa, el único lugar del mundo con un calendario que se acercaba a dicha fecha. Asimismo, el feudalismo y la Edad Media son fenómenos histórico-culturales que no sólo se limitan a un tiempo, sino a un espacio. La Edad Media ocurrió sólo en Europa occidental.

¿Qué pasaba en lo que para los europeos era el resto del mundo? En el periodo feudal, del siglo IX al XV, Europa oriental era aún el Imperio romano de Oriente, o bizantino, viviendo su etapa de decadencia y muerte, a causa del surgimiento y auge de otra gran civilización que lo dominaba todo, desde la península ibérica, pasando por el norte de África, el Medio Oriente, Persia y el norte del Indostán, y que vivía su etapa dorada: el islam.

En el año 622, el profeta Muhammad salió de la ciudad de La Meca, donde sus enseñanzas religiosas eran perseguidas, con rumbo a la ciudad de Yatrib, hoy Medina, donde eran aceptadas. A ese acontecimiento se le llama Hégira y marca el inicio del calendario musulmán. Muhammad murió en el año 632, habiendo convertido a todos los habitantes de la península árabe, y a partir de ese año comenzó su gran expansión. Para el año 730 dominaban desde los Pirineos hasta el río Indo.

El islam creció conquistando los territorios de Egipto y Medio Oriente, el Imperio bizantino, heredero de Roma y gran baluarte de la cultura griega, y el Imperio persa, sede de sabiduría milenaria. Los musulmanes tradujeron las grandes obras de la filosofía griega, y de los persas aprendieron y mejoraron disciplinas como la astrología, las matemáticas, la aritmética y el álgebra. Fueron los grandes filósofos, científicos y médicos de aquel tiempo.

Mucho más al este, el Imperio chino vivía también un gran periodo de gloria al mando de la dinastía Song, que gobernó de 970 a 1279. En aquella etapa los chinos concibieron la gran innovación económica que fue el papel moneda, tenían una armada permanente y una flota de cientos de barcos, habían inventado la pólvora y la brújula, y dominaban todas las rutas comerciales del continente asiático, lo cual en su momento los llevó a chocar con los musulmanes…, y contra el pueblo que lo cambió todo y comenzó la revolución del fin del mundo: los mongoles.

Nosotros somos el centro del universo, los demás son el resto, la periferia. Nosotros vivimos aquí, en el resto del mundo viven "los otros". Desde que existe la civilización hay guerra, y desde entonces también están los otros, los salvajes, los bárbaros…, los que son diferentes y no comparten nuestros valores culturales, que son los correctos. Los del idioma incomprensible, los de los hábitos extraños, los del dios equivocado. Los otros han sido siempre los que no comparten nuestra visión del mundo y por añadidura están mal.

En la Grecia antigua los otros eran los persas; en el Imperio romano los bárbaros eran los pueblos germánicos y más adelante los hunos. Los turcos eran los bárbaros de los árabes y persas musulmanes cuando entraron a su imperio a finales del siglo x; los mongoles fueron los bárbaros de los chinos desde tiempos ancestrales, y los musulmanes fueron los otros, los bárbaros, los salvajes y los infieles de la cristiandad europea, desde que se conocieron hasta la actualidad.

A finales del siglo x el papa Urbano II convocó la primera guerra organizada de la cristiandad contra el islam, cuando llamó a la nobleza de Francia a viajar a Medio Oriente y luchar contra los musulmanes. El pretexto: Dios. La causa: dominar los puertos comerciales del Mediterráneo oriental. Piratería a gran escala, fue como las definió Nietzsche.

En el año 1096 aparecieron en Jerusalén los primeros ejércitos cristianos. Los siguientes doscientos años fueron de conflicto entre cristianos y musulmanes, hasta que los segundos terminaron de expulsar definitivamente a los primeros en el año 1291. Fueron años duros para el islam, desde el 1096 luchaban por el oeste contra los cristianos, y en el año 1256 llegó por el este la gran amenaza contra la que lucharon durante casi cien años: los mongoles.

En el año 1206, un guerrero llamado Temüjin logró unificar a todas las tribus mongolas de las estepas siberianas y ser entronizado como emperador con el nombre de Genghis Khan, el creador del Imperio mongol, que nos dijo de sí mismo: soy un castigo de Dios. Para el año de su muerte, 1227, los mongoles dominaban Siberia desde la península de Corea hasta el mar Caspio; para 1279, sus herederos habían conquistado China, el mundo del islam hasta llegar a la actual Turquía, y el mundo europeo hasta llegar a Polonia y al río Danubio.

Bajo el poder de los mongoles se vivió un nuevo auge de la Ruta de la Seda, una cadena de rutas comerciales que unían al Imperio chino con Egipto, el Mediterráneo y el mar Negro, pasando por las ciudades más importantes del Asia central. Por aquel tiempo, la excepción en la paralizada Europa feudal eran las repúblicas de mercaderes de la península itálica, como Génova y Venecia, que no tardaron en construir puertos en el mar Negro (el Mediterráneo oriental estaba en poder de los musulmanes) para establecer contacto con los mercaderes de oriente.

La epidemia que revolucionó el mundo

Año 1300, por las estepas siberianas los mongoles dominaban hasta Polonia y el Danubio, y tenían bajo su control los puertos orientales del mar Negro, donde comerciaban con genoveses y venecianos. Por el sur, los musulmanes habían expulsado ya a los cristianos y habían replegado a los mongoles hasta la meseta de Irán. En medio de tanto conflicto, la dinastía turca que dominaba el mundo del islam, los selyúcidas, fue lentamente sustituida por la dinastía turca que se mantuvo hasta principios del siglo xx: los otomanos.

La estabilidad fue volviendo al Medio Oriente mientras el dominio mongol en el resto de Asia generó la era conocida como Pax Mongolica, un periodo de armonía entre los pueblos de Eurasia, desde China, pasando por Tíbet y Asia central, el norte de India, la meseta de Irán, hasta llegar a Egipto, el Mediterráneo y el mar Negro.

El principal símbolo de dicha estabilidad fue la prosperidad económica vivida por la gran actividad comercial que se desarrolló a través de las rutas de la seda. Kublai Khan, nieto de Genghis, alardeaba de la seguridad de los caminos diciendo que una doncella desnuda podía recorrer la ruta completa, con una diadema de oro en la cabeza, sin sufrir el menor daño.

Occidente quedó unido con Oriente en un constante flujo comercial. Un día de 1320 apareció un brote de peste negra en el desierto de Gobi, un contagio que probablemente llegó desde China. A lo largo de la Ruta de la Seda, la peste tuvo un camino perfecto para propagarse a toda velocidad.

Para 1332 la epidemia asolaba a China y Birmania, por el norte apareció en Rusia en 1338 y por el sur llegó al Indostán en 1342. Para 1346 había brotes en el mar Negro, y casi con toda certeza de ahí embarcó con los mercaderes italianos hasta llegar a Europa, donde comenzó a propagarse para 1347.

Para cuando apareció en Europa, la peste ya había aniquilado a un tercio de la población china, y entre 1347 y 1352 provocó la muerte de la mitad de la población europea. En menos de diez años, 40 millones de muertos y 40 millones de sobrevivientes presenciaron lo que interpretaron como el fin del mundo. La tragedia demográfica y epidemiológica más grande que había vivido Europa en su historia fue paradójicamente el origen de su renacer. Esa tragedia terminó con el sistema feudal y catapultó a Europa a una nueva era de comercio y de riqueza.

Para 1360 la plaga había terminado. No fue el fin del mundo, pero en la atrasada Europa feudal lo parecía. Durante la epidemia, la enfermedad no fue la única catástrofe, la gente comenzó a huir y el miedo se apoderó de todos, un estado de guerra perpetua acompañó a la peste. Ciudades enteras fueron saqueadas por turbas temerosas, algunas quedaron completamente despobladas; muchos feudos acabaron desiertos y en algunos murió toda la nobleza gobernante.

Había que repoblar y reinventar Europa. Cada generación se cree destinada a rehacer el mundo, como nos dijo Camus, y los temerosos sobrevivientes europeos se enfrentaron al más intenso morir y renacer desde las invasiones bárbaras. En varios lugares la servidumbre feudal fue abolida, en otros se derogó de facto al morir los amos. Las personas comenzaron a moverse de un lugar a otro, había mucho trabajo por hacer y muy poca gente para realizarlo, por lo que el trabajo comenzó a adquirir valor por primera vez desde la caída de Roma.

Para reconstruir es necesario comerciar, y los genoveses y venecianos estuvieron listos para restablecer relaciones comerciales con los otomanos, que para entonces comenzaban a dominar el entorno musulmán. Un gran auge del comercio propició un renacer económico y un flujo de riqueza nunca antes visto en un milenio…, además de que los recursos eran para la mitad de la población.

Para 1400 Europa vivía un pleno renacimiento, los mercaderes recorrían los mares con más fervor que nunca y buscaban nuevas rutas y productos, exóticos y refinados, para la creciente clase acomodada europea. Los productos de la India y de China eran cada vez más cotizados y codiciados, y la única ruta para llegar al Oriente era por Egipto y el mar Rojo, los dominios del islam.

Esa circunstancia llevó a los más aventureros, muchas veces los más necesitados, a buscar alternativas. Portugueses, castellanos y aragoneses comenzaron a navegar en busca de nuevas opciones comerciales, nuevos productos, rutas distintas para llegar al Oriente. El resultado a largo plazo de aquella iniciativa fue la conquista del mundo por parte de Europa, con Portugal y España a la vanguardia.

Los portugueses rodearon África en su búsqueda de rutas alternativas hacia el Lejano Oriente, y luego fueron los primeros en navegar el océano Índico hasta llegar al Indostán, y los primeros europeos en arribar a China y lograr ahí un establecimiento permanente: Macao.

En su competencia contra Portugal, los españoles atravesaron el Atlántico, comenzaron la conquista de América, y fueron los primeros en organizar un viaje de navegación alrededor del mundo. Fue una nueva era de comercio lo que lanzó a los aventureros europeos a buscar nuevas rutas, y eso los llevó a tener nuevos descubrimientos o ideas.

Esa nueva era fue resultado de la peste negra, la cual no hubiera llegado sin las rutas de la seda, mismas que no se hubieran restablecido sin los mongoles, quienes a su vez no habrían logrado penetrar el poderoso mundo del islam si los musulmanes no hubieran estado embrollados en las Cruzadas, serie de guerras que los europeos no hubiesen emprendido de no haber sido una civilización pobre y atrasada necesitada del saqueo, lo que no hubieran sido sin el colapso romano que no se habría dado sin las invasiones germanas, resultado de la invasión de los hunos, que no habría ocurrido si el Imperio chino no hubiese salido a perseguir a sus propios bárbaros. La red infinita de la historia.

Los acontecimientos que cambiaron el mundo

La peste negra golpeó por igual a todos los pueblos de la franja de la civilización. Aniquiló alrededor de la mitad de la población tanto en China como en Europa, como en el mundo del islam, que a su vez luchaba contra cristianos y mongoles. Dicho mundo del islam, tan golpeado, quedó sumergido en una era de caos de la que lentamente fue emergiendo la dinastía que hizo volver el orden: los otomanos.

Así pues, eventos y circunstancias derivados de la peste negra empoderaron a los turcos otomanos, en una etapa de mucho conflicto político en el califato musulmán y de poca confianza en la nueva dinastía. Diversas tribus turcas musulmanas, lideradas por los selyúcidas, habían ya tomado por completo el territorio de Anatolia (actual Turquía), que le fueron arrebatando al Imperio bizantino desde el siglo X; desde el año 1300, fue el clan de los otomanos el que comenzó su empoderamiento.

Para 1451 fue nombrado sultán turco, el séptimo de la dinastía de los otomanos, Mehmet II, conocido hoy como "el Conquistador". Tenía 19 años, era hijo del sultán anterior con una esclava, se había convertido en heredero tras una serie de asesinatos de sus hermanos mayores, y era considerado por todos muy testarudo, por lo que gozaba de poca simpatía.

Ante dichas circunstancias, Mehmet decidió que debía dar un gran golpe político para obtener su propia legitimidad en el poder y, paradójicamente, fue el defecto de su testarudez lo que lo hizo triunfar. Desde que subió al poder se propuso crear el mayor ejército antes visto y ocupar la milenaria Constantinopla, de la que el propio Muhammad había dicho que sería tomada por el más bendecido de los generales. Se empecinó en ello por dos años hasta que finalmente entró triunfante a una ciudad devastada, sombra de la gloria romana, el 29 de mayo de 1453, y gracias a ello desde entonces se le conoce como Mehmet el Conquistador.

¿Por qué la caída de Constantinopla en manos de los turcos supone el fin de una era, la medieval, y el comienzo del mundo moderno? Por pura y simple convención para exponer la historia de manera simplista en las clases del bachillerato. Pero, en efecto, hay una serie de eventos, relacionados entre sí, como todo en la historia, que efectivamente propiciaron la gran revolución que es el nacimiento del mundo moderno: la invención de la imprenta de tipos móviles en torno a 1450, la caída de Constantinopla en 1453, el descubrimiento de América en 1492 y la Reforma protestante en 1517.

Estos cuatro grandes acontecimientos están relacionados entre sí. Todos en su conjunto generaron el despertar de Europa, y permitieron que pudieran ocurrir otras grandes revoluciones que marcaron el futuro: la revolución científica y económica, sin las cuales no se habría dado nunca la caída de las monarquías europeas y jamás habría existido la Revolución industrial que convirtió a los europeos en los amos del mundo.

La invención de la imprenta de tipos móviles permitió como nunca la expansión del conocimiento. En la Edad Media los libros se escribían a mano, y era trabajo de monjes que se dedicaban a ello toda la vida. Prácticamente nadie más sabía escribir, incluso reyes y nobles. Por supuesto, casi nadie sabía leer, conocimiento inútil en mundo sin libros.

Más allá de la cuestión de la impresión contra la escritura a mano, la Iglesia era la gran censora, la institución que decidía lo que era correcto leer, o qué lectura merecía que libro y lector terminaran en la hoguera. Además, dado que el oficio de escribano estaba en manos de los monjes, no había forma de que existieran libros no autorizados por la Iglesia, que evidentemente no consentía nada que pudiera contradecir su única visión del mundo. El conocimiento es poder, como nos dijo Francis Bacon, y por eso la institución o persona que ostenta el poder siempre ejerce control sobre el conocimiento.

Hubo algunos libros críticos contra la Iglesia antes de la invención de la imprenta, como la *Comedia* de Dante o el *Decamerón* de Boccaccio; eran en general excepciones en la península itálica, donde el poder económico de los comerciantes había formado repúblicas de mercaderes donde muy poca influencia tenía la Santa Sede, y existían los hombres suficientemente adinerados como para permitirse el excesivo lujo que era un libro.

La invención de la imprenta abarató la producción, aunque los libros no dejaron de ser artículos de lujos, pero de pronto el conocimiento se podía difundir. Los libros comenzaron a circular, las ideas a fluir, y los ricos y poderosos a aprender a leer. El primer libro que se imprimió fue la Biblia, probablemente en 1450, y un monje, doctor en teología, que la leyó, provocó en 1517 el gran cisma religioso que cambió el mundo para siempre.

Pero además de que Lutero leyera y cuestionara la Biblia, lo que daría origen a la Reforma protestante, otra pléyade de libros comenzó a derrumbar los cimientos del dogma. Libros griegos que no habrían circulado por Europa occidental de no ser porque los turcos conquistaban cada vez más territorio del Imperio bizantino, incluso antes de tomar Constantinopla.

Para 1400, ya recuperada de la peste negra, Europa estaba dedicada al comercio, con lo que fue surgiendo una nueva clase social, la burguesía, comerciantes adinerados de las ciudades que podían contratar como maestros a los más grandes pensadores de su tiempo, y se podían dar el lujo de contar con grandes bibliotecas y comprar libros de culturas lejanas y desconocidas.

Por la misma época, el Imperio bizantino era constantemente amenazado por los avances turcos, las grandes familias aristócratas comenzaron a huir, con sus fortunas y con sus libros de pensamiento griego, a la península itálica; y las ciudades empezaron a vaciarse, a grado tal que la gran Constantinopla, la ciudad milenaria, la segunda Roma que llegó a tener un millón de habitantes, contaba con sólo cincuenta mil en 1453, cuando fue tomada por un ejército turco que tenía más soldados que Constantinopla habitantes.

El final de la peste negra dio origen a una nueva era en la economía europea, determinada por dos factores. El primero fue que el trabajo adquirió valor monetario, ya que, por un lado, la necesidad de reconstruir Europa generó excesiva demanda de manos trabajadoras, y poca oferta; y por otro, la necesidad de repoblar propició la lenta abolición de la servidumbre feudal, por lo que los individuos tuvieron libertad de moverse geográficamente para ascender en la escala social.

El segundo factor fue el auge de la clase comerciante, que comenzó a conocerse como burguesía; es decir, los habitantes del burgo o ciudad. En contraparte del feudo, gran extensión agrícola, poseída, administrada y gobernada por un noble, fueron creciendo las ciudades, pequeña extensión de gran concentración de población libre, plebeyos mayoritariamente, que se dedicaban al comercio. El burgués no es otra cosa que el ciudadano, el hombre libre de las ciudades que se convirtió lentamente en una piedra en el real zapato de los monarcas.

Los comerciantes o burgueses comenzaron a hacerse cada vez más adinerados, con el paso del tiempo incluso más que los nobles y los reyes, pues una economía comercial es esencialmente más dinámica y flexible que una economía agrícola…, aunque este dinamismo requiere de tener cada vez más productos, más rutas comerciales, más recursos, y la solución que fueron encontrando los europeos a dicha eventualidad fue la lenta conquista del mundo.

Sumemos factores. Tras la peste se reorganiza Europa, el trabajo adquiere valor y la burguesía se empodera económicamente hasta ser más rica que los propios nobles. El mundo del islam, reorganizado también a causa de la epidemia, es dominado por los turcos otomanos, cuya lenta invasión al Imperio bizantino, culminada con la simbólica conquista de Constantinopla, fue propiciando la huida de los nobles y ricos bizantinos, con su conocimiento y dinero, a la península itálica.

Los burgueses son cada vez más ricos…, pero plebeyos, en un mundo donde la facultad de gobernar es potestad exclusiva de la nobleza. Burgueses con cada vez mayor poder económico aspiran al poder político, y poco a poco van comprendiendo que conocimiento es poder, y emprenden así la búsqueda del saber, el cual es más fácil de adquirir en un mundo donde empieza a renacer la antigua cultura grecorromana, y en el que ahora, además, hay libros.

Antigua y nueva filosofía comienzan a propagarse por Europa, los libros empiezan a ser artículos valiosos y leer se convierte en un conocimiento apreciado. Los grandes burgueses crean cortes de artistas y filósofos, algunos apoyan las artes, donde los temas comienzan a independizarse de la religión, y muchos otros financian las ciencias, de donde surgen más y mejores métodos y herramientas de navegación, que a la vez permiten buscar y descubrir rutas comerciales.

Pero el principal destino comercial de los europeos es el Lejano Oriente, los artículos de Persia, India y China, las excentricidades de la Ruta de la Seda, las especias, el té, la porcelana, las telas, piedras y maderas preciosas. Sólo hay una forma de llegar al otro lado del mundo y es entrar en los dominios del sultán turco: atravesar el Mediterráneo oriental y anclar en sus puertos, recorrer la zona de Medio Oriente y proseguir en el océano Índico con barcos fletados, necesariamente al sultán, para cruzar el estrecho de Malasia.

Todo, desde el centro del Mediterráneo hasta Malasia, es el mundo del islam, por lo que el crecimiento de ese comercio europeo principalmente lo beneficia. Fue entonces cuando Portugal, Castilla y Aragón comenzaron a buscar rutas alternas, partiendo de la base de que el mundo, vaya blasfemia, era redondo; cosa que, como ya comenté, ya sabían los antiguos griegos; y que como lo que se repite no es la historia sino la estulticia, comenzamos a dudar de nuevo en el siglo XXI.

En un mundo redondo se podría llegar a India navegando hacia el sur y hacia el este rodeando África, cuyas dimensiones eran desconocidas entonces, y no sólo evitar la ruta del islam, sino como hicieron los portugueses: descubrir y monopolizar una nueva. Fue así como Portugal comenzó la conquista del mundo al bordear el continente africano, dominar varias de sus costas, la isla de Madagascar, establecer puertos en Persia y la India, hasta ser los primeros europeos en hacer contacto marítimo con China.

Con Portugal dominando la ruta del sur, y con la ruta del este en poder musulmán, la gran potencia marítima comercial de Aragón se vio en la necesidad de hallar más alternativas. En 1469, Fernando de Aragón contrajo matrimonio con Isabel de Castilla, la constructora de España, de la idea de Estado y la gran precursora del mundo moderno. Fue Isabel la que se dio a la tarea de buscar dicha opción, misma que se materializó en la persona de Cristóbal Colón: una ruta por el oeste, llegar a las Indias dando la vuelta al mundo.

Conocemos la versión más popular de esta historia: con la teoría de que el mundo era redondo, e ignorando por completo la existencia de América, el aventurero Colón propuso a los Reyes Católicos rodear el mundo para llegar a las Indias. En el camino, y por total accidente, se interpuso América, a donde llegó por vez primera el 12 de octubre de 1492. Siempre pensó que eran China y Japón, que estaba muy cerca del río Ganges, y murió anclado en su necedad.

Los europeos entonces descubrieron la existencia de un mundo desconocido para ellos, todo un continente al que llegaron cuando comenzaba la era de la conquista y el imperio, derivado de lo cual, fue invadido, despoblado y repoblado por Europa. La era del comercio generó una riqueza que terminó por destruir completamente el mundo medieval y empezó a construir el mundo moderno.

La ruptura religiosa

El empoderamiento de burgueses y monarcas en esta era de comercio necesariamente debilitó a la Iglesia. Reyes más poderosos, financiados por su burguesía, comenzaron a centralizar el poder y la administración; es decir, a acumular poder; el poder, por tradición medieval estaba en manos de la Iglesia y, por su propia esencia, no se comparte. Principió una guerra silenciosa.

La principal legitimidad para el poder la otorgaba Dios, y el papa era su representante. Los monarcas comenzaron a asumir que ellos mismos eran nombrados directamente por Dios, y por lo tanto también eran sus representantes, y desde luego, sólo ante Dios tenían que rendir cuentas. Fue naciendo el absolutismo real.

El mundo cambió de una manera drástica y vertiginosa, y nadie en Europa estaba preparado para ello. El siglo xvi fue violento y bélico como ninguno en el pasado. Se consolidaron Portugal y España como potencias, y fueron resurgiendo y empoderándose reinos como Francia e Inglaterra los cuales, junto con los mercaderes holandeses, que de hecho buscaban independizarse de España, comenzaron a disputarse el océano Atlántico y el continente americano.

España era gobernada desde 1517 por el nieto de los Reyes Católicos, Carlos I de España y V de Alemania. Fue el primer monarca español de la dinastía Habsburgo, casa austriaca que para entonces dominaba varios territorios de Europa Oriental, los Países Bajos y el Sacro Imperio Romano Germánico (Alemania).

En el centro de Europa en poder de los Habsburgo, el Sacro Imperio Romano Germánico, surgió la chispa que encendió todo el siglo XVI y que terminó por revolucionar el mundo. El mismo año en que Carlos de Gante se convirtió en Carlos I de España, y dos antes de que fuera Carlos V de Alemania, un monje agustino clavó un documento en las puertas de la catedral de Wittenberg. Sin poder dimensionar lo que estaba ocurriendo, Martín Lutero comenzó lo que con el tiempo se llamó la Reforma protestante.

Lutero nació en 1483, para 1505 era bachiller y maestro en leyes por la Universidad de Erfurt, pero ese año, atormentado por los demonios de lo que hoy llamaríamos esquizofrenia, y en aquel entonces posesión, ingresó en un monasterio agustino. Al amparo de dicha orden obtuvo los grados de doctor en filosofía y en teología, y para 1517 era sacerdote y maestro universitario en la ciudad de Wittenberg, en el reino de Sajonia. Ese año llegó a su ciudad Johann Tetzel, un dominico vendedor de indulgencias, y todo cambió en Europa y en el mundo.

En la era del comercio, la Iglesia tardó muy poco en descubrir el maravilloso producto que tenía para ofertar en el mercado: el perdón divino, el pasaporte para franquear las puertas del cielo, la entrada al paraíso. Eso fueron (y son) las indulgencias: comprar en efectivo y por adelantado el perdón de Dios.

La idea de la indulgencia, como una forma de evitar las penas derivadas del pecado, se hizo popular en tiempos de las Cruzadas, cuando se le otorgaba a todo aquel que fuera a matarse contra musulmanes en el Medio Oriente, pero desde el siglo XV comenzaron simplemente a venderse, práctica que popularizó Giovanni de Médici, papa León X de 1513 a 1521, como medio para financiar la construcción de la Basílica de San Pedro.

Cuando Johann Tetzel llegó a vender indulgencias a Wittenberg, Lutero comenzó a dictar sermones en contra de dicha práctica, y a convencer a sus feligreses de no comprar el perdón, que sólo se obtenía, tremenda blasfemia, por buenas acciones y misericordia de Dios.

El 31 de octubre de 1517 el doctor Lutero clavó en las puertas de la iglesia sus noventa y cinco tesis contra las indulgencias, como una forma de abrir el debate eclesiástico. Pero la Iglesia estaba mucho más acostumbrada a excomulgar que a debatir, y excomunión y no debate fue lo que obtuvo Lutero. La bula de excomunión fue publicada oficialmente en enero de 1521, tras años de intensa controversia, acusaciones y creciente fama de Lutero, quien ahora recibía a personas de todo el continente que se acercaban a escuchar sus sermones y sus clases. Cabe señalar que Lutero pudo hacer un minucioso análisis de la Biblia gracias a que la pudo leer en sus estudios doctorales, y lo pudo hacer gracias a la imprenta inventada por Gutenberg poco tiempo atrás. Asimismo, hay que decir que Lutero fue más influyente que críticos y reformistas del pasado, al grado de generar un cisma en la Iglesia, precisamente porque, a causa de la imprenta, sus ideas fueron rápidamente difundidas por Europa.

En 1520 Lutero escribió un panfleto, *Carta abierta a la nobleza cristiana de la nación alemana*, en el que invitaba a los príncipes del Imperio germánico a purificar la Iglesia a través de la incautación de sus bienes. De pronto, romper con el papa se hacía conveniente en lo económico, y por lo tanto en lo político.

Romper con la Iglesia de Roma era un acto que muy poco tenía que ver con lo religioso. Significaba dejar de pagar el óbolo de San Pedro, una donación anual de los monarcas al papa; implicaba que todo el dinero recaudado en los templos se quedara en el reino correspondiente en vez de irse a los Estados Pontificios, entrañaba asumir la superioridad absoluta del rey, dejar de aceptar los tribunales inquisitoriales, desconocer el Tratado de Tordesillas que dejaba a casi todos fuera del reparto de América y, desde luego, incautar los bienes de la Iglesia. Era sencillo adoptar esa fe.

Por encima de cualquier otra cosa era un símbolo de autoridad que el gobierno y el gobernante asumieran el monopolio del poder, de la ley, de la administración…, de todo. Eso es el nacimiento del concepto moderno de Estado, que no se puede dar si el poder se compite y reparte con la Iglesia.

Para 1534 ya se habían separado de la Iglesia los reinos de Dinamarca, Suecia, Noruega, Escocia, varios principados del Imperio germánico, los holandeses y suizos protestantes luchaban su independencia contra los católicos Habsburgo…, y ese fue el año en que Enrique VIII se sumó a la ruptura, con lo cual se consolidó a la larga el Estado Inglés. Su hija, la reina Elizabeth, fue la creadora de lo que sería el Imperio británico.

En el año de 1545 la Iglesia católica convocó el Concilio de Trento, que supuestamente pretendía ser una reunión ecuménica para evitar la gran ruptura religiosa que comenzó con la Reforma protestante. El concilio se clausuró en 1563 y simplemente terminó de consolidar la escisión. La mayor parte de los reinos se habían separado entre 1517 y 1534, y para cuando comenzó el concilio ya nada se trataba de fe; cada soberano se había dado cuenta de la gran ventaja económica y política que suponía desconocer la autoridad papal. Por si eso fuera poco, la Iglesia no mostró flexibilidad alguna en el concilio. Al principio fueron convocados teólogos y líderes luteranos y calvinistas, y algunos se presentaron con la idea de que se intentaría conciliar las posturas. Pero pronto descubrieron que lo único que la Iglesia les ofrecía era arrepentirse, abjurar de sus creencias, pedir perdón y volver al redil papal.

Los llamados protestantes se retiraron, y el concilio transcurrió durante dieciocho años como una reunión católica que se dedicó a condenar las posturas luteranas y calvinistas, así como a reafirmar los puntos más controversiales que llevaron a Lutero a cuestionar la Iglesia: se reafirmó la doctrina del purgatorio, la posibilidad de comprar indulgencias para ganar el cielo y la veneración de reliquias. También se estableció el tristemente célebre índice de libros prohibidos, y se reforzó el poder de la Inquisición para atemorizar más al creyente. El miedo, como nos dijo Jürgen Habermas, es la mejor forma de control, pues elimina las capacidades críticas de la sociedad.

Para cuando terminó el concilio, la Iglesia se había radicalizado y Europa quedó fragmentada para siempre; no sólo en lo religioso, sino que esta ruptura se manifestó a nivel económico, político, social y quizá, por encima de todo, a nivel científico. De hecho, una revolución científica comenzaba a gestarse en Europa, y los países atados por la Iglesia y su Inquisición quedaron fuera de ella, aunque paradójicamente principió en países católicos.

La revolución científica fue fundamental para que, en los países donde prosperó, surgieran las grandes mentes del siglo XVII, las ideas y descubrimientos que generaron nueva tecnología, más y mejores armas, herramientas y transportes, con ello mayor actividad bélica y comercial, y aparejada con ella, con el paso del tiempo, una revolución industrial.

El inicio de la modernidad

Eso a lo que llamamos mundo moderno, un mundo de laicismo, capitalismo, liberalismo, ciencia, tecnología, industria, conocimiento, movilidad social, nacionalismo, democracia, sin asumir que nada de esto es bueno *per se*, sólo diferente, es resultado de la gran ruptura económica, política, jurídica, social, y hasta religiosa que significó la Reforma protestante, que difícilmente hubiese ocurrido sin el descubrimiento de América, la invención de la imprenta y la caída de Constantinopla, acontecimientos que difícilmente hubiesen ocurrido sin la peste negra, que a su vez se derivó del poder de los mongoles…, y así *ad infinitum*.

No se hubiera dado, eso es un hecho, sin todo el bagaje medieval de empoderamiento y abusos de la Iglesia católica, que, desde luego, nunca habría ocurrido de no ser por la caída de Roma, derivada de una multiplicidad de factores, como la invasión de hunos y germanos, y el nacimiento del islam. Cada uno de estos eventos, a su vez, derivó de otra multiplicidad de factores. Nada de lo que hoy es lo sería sin cada minúsculo detalle del pasado.

El mundo medieval se desmoronó en algo así como siglo y medio, desde la peste hasta Lutero. Todo cambió. Liberados de las leyes eclesiásticas contra el préstamo, los comerciantes desarrollaron nuevas estructuras económicas que los hicieron tan poderosos que con el tiempo lucharon contra los monarcas y los derrocaron, y dieron a luz a la economía capitalista; por lo tanto, a todo lo demás, a la Revolución Industrial y al lado oscuro del progreso, a la Revolución soviética, y a la posterior caída de dicho sistema, destruido por una economía capitalista más injusta pero más poderosa.

Ahí donde se rompió con la Iglesia se consolidó el Estado, pero los ricos y poderosos comerciantes impidieron la monarquía absoluta y promovieron la parlamentaria, con lo que sembraron la semilla democrática. Del mismo modo, donde se rompió con la Iglesia se abolió la Inquisición, y ahí donde pensar dejó de estar prohibido se gestó una revolución científica que fue la base de la posterior Revolución industrial.

Todo se relaciona con todo, nada se libra de la absoluta interdependencia que es la historia. Todo influye en el futuro al tiempo que el pasado se las ingenia para sobrevivir con otras formas; todo cambia y se transforma al tiempo que permanece. La historia no se repite, como dicen tantos, la hacemos repetirse al no ir más allá de nuestro atavismo a la tradición, nuestra adicción al pasado, nuestros inconscientes patrones de conducta y condicionamientos psicológicos. Somos, como nos dijo Nietzsche, el eterno retorno de lo idéntico.

Parece que la vida es la que nos vive a nosotros, y que la historia es la que forja a los individuos. Nos encanta pensar que es lo contrario, pero llevamos miles de años de civilización demostrando que, de haber libre albedrío, aun no lo descubrimos ni sabemos cómo usarlo. Las revoluciones nos pasan y nos trascienden, nos ocurren sin darnos cuenta. Vivimos con inercia, aceptar eso nos señalaría el camino de la libertad, que tanto coreamos, y a la que tanto tememos, como nos señaló Erich Fromm.

A partir del mundo moderno las revoluciones se han sucedido una tras otra de manera cada vez más trepidante, así llegamos al mundo de hoy, donde nunca alcanzamos la revolución, y donde no llevamos a cabo la más importante de las revoluciones, la de nuestra consciencia. Quizá porque los mercaderes tomaron el poder, convirtieron al mundo en un mercado y a nosotros en una mercancía, y la consciencia individual sería muy peligrosa para la consolidación de dicho proyecto.

6

La frontera entre dos mundos

Abandonando la antigüedad

Los últimos cinco siglos de la historia humana han sido más revolucionarios que los cien anteriores; todo se ha movido y se ha transformado más en los últimos quinientos años que lo que se movió y transformó desde el fin de la glaciación y el inicio de la era agrícola. Hubo una gran revolución en el paso del siglo xv al xvi, no tiene nombre, no fue planeada ni encabezada por un personaje específico, aunque muchos tuvieron el honor de protagonizarla. Hablamos de la frontera de la historia en la que asumimos que la humanidad abandonaba eso a lo que llamamos antigüedad, y se aventuraba en algo nuevo.

La revolución humana es exponencial, eso a veces nos trae beneficios, pero esa desmedida creación de complejidad es también la principal fuente de sufrimiento humano, y desde luego, de inconsciencia, pues todo cambia más rápido que lo que nuestra mente es capaz de aceptar. En los tiempos modernos siempre vamos detrás de la revolución, persiguiéndola sin alcanzarla nunca. Antes, la lentitud con la que giraba el mundo era quizá su más grande valor y nuestra principal fuente de estabilidad; pero de pronto, con la adrenalina de la novedad, comenzamos a obsesionarnos con el cambio.

El ser humano en sí mismo es una revolución inexplicable. Su existencia, tan similar en tantos sentidos a todo lo demás existente, es absolutamente diferente y en muchos casos inexplicable, hasta llegar a tener que aceptar con humildad que nos enfrentamos a un misterio. La evolución biológica explica todo lo que somos a nivel material, pero al llegar a la vida y la consciencia nos enfrentamos a que somos algo más, y ese algo es del todo inexplicable…, por lo menos para la razón.

Ya es absolutamente misterioso e incomprensible para la mente humana que el todo surja supuestamente de la nada, pero así es al parecer. Lo es en los relatos mitológicos sobre el origen, es la esencia del relato bíblico y lo es en la mismísima narración del Big Bang y en la física cuántica.

Pero olvidémonos de algo incomprensible como la nada, y depositemos la atención en el todo, en eso que aparentemente existe, por lo menos para nuestra mente: el mundo. Como nos dijo Heidegger: el Ser se manifiesta permanentemente en entes, pero la totalidad de los entes no es el Ser. Los entes son observables y mesurables, el Ser es incomprensible, y aunque todo se transforma en él, como nos dijo Heráclito, al mismo tiempo permanece inmóvil, como nos explicó Parménides.

¿De qué está hecha toda la materia? De átomos… ¿Y los átomos? De protones, neutrones y electrones. ¿Y los protones y neutrones? De quarks. ¿Y los quarks, los fotones y los electrones? Son, como todas las partículas elementales, vibraciones en campos cuánticos que no dependen de la materia, el espacio o el tiempo. La materia es una ilusión.

El mundo está hecho de materia idéntica, de partículas fluctuando en el vacío, como nos dijo Demócrito. Partículas que al parecer existen de manera virtual cuando la consciencia los observa, y brotan constantemente de campos cuánticos. El mundo surge de la nada aquí y ahora, no en un punto del pasado. Dentro de la ilusión del tiempo, el Big Bang ocurrió hace trece mil ochocientos millones de años en el pasado; fuera de dicha ilusión, esa "gran explosión" ocurre aquí y ahora, a cada efímero instante.

Las estrellas lejanas, las rocas de nuestro planeta, las plantas, el aire, los demás animales y nosotros mismos, estamos compuestos exactamente por la misma materia, que al parecer ni siquiera es real, y sin embargo sólo en nosotros se manifiesta ese misterio al que llamamos consciencia, que al parecer es completamente ajeno y distinto al mundo material, incluso podría ser el creador de dicho mundo. Como nos dijo Max Planck, padre de la física cuántica, la materia se deriva de la consciencia.

El surgimiento de la consciencia en el ser humano es una inexplicable revolución, que es el origen de todo a lo que llamamos historia. Con consciencia, capacidad de abstracción y pensamiento simbólico nos hicimos infinitamente creativos. No hemos dejado de crear. Creamos relatos mitológicos y religiones, creamos preguntas y posibles respuestas, creamos símbolos y, gracias a ellos, sociedades complejas, sistemas legales, éticos y filosóficos; creamos herramientas, desde piedras afiladas hasta misiles Tomahawk, y formas de manipular la energía, desde hogueras hasta reactores nucleares.

Hace unos doce mil años, con consciencia, capacidad de abstracción, uso de símbolos, principalmente el lenguaje, y de nuestra infinita creatividad, desarrollamos la agricultura. Comenzamos a dominar la naturaleza y no hemos dejado de hacerlo desde entonces. Empezamos a producir y consumir, y lo hacemos de manera cada vez más irracional desde entonces.

Con la agricultura surgió la civilización, y aún es imposible decidir si tuvo más pros que contras. Ya establecidos y sedentarios, nos sometimos al monocultivo, perdimos nutrientes hasta incluso reducir la talla del humano promedio, comenzamos a sentir miedo por malograr la cosecha, a organizarnos para luchar y no hemos dejado de hacerlo desde entonces.

Construimos para nosotros mismos un nicho de seguridad, desde la aldea hasta el imperio, y nos sometimos a estructuras jerárquicas de las que no hemos salido, donde muchos trabajan para la subsistencia personal y el bienestar desmedido y obsceno de muy pocos.

La primera gran revolución de la humanidad, la consciencia, nos dio un potencial ilimitado, principiando por el de la libertad. En la segunda gran revolución, la agrícola, nos hicimos civilizados y comenzamos a despojarnos de dicha libertad y a someternos al trabajo, a la familia, a los dioses, al imperio, a la república, a la polis, a los roles de género y en general a todos los constructos socioculturales que consideramos hechos naturales, aunque todos son creados por nosotros, cosa que ignoramos porque desconocemos casi todo acerca de nuestra mente.

Entre el 1500 y el 1200 antes de nuestra era, quizá por una serie de cambios climáticos, una serie de hordas invasoras asolaron la franja de la civilización: los helenos llegaron por el norte del Mediterráneo, los hebreos por el sur de Arabia, los arios por el Asia central y el Cáucaso, y destruyeron gran parte de las ciudades, reinos e imperios de la época.

Los helenos, conocidos entonces como Pueblos del Mar, se establecieron en el Mediterráneo oriental, los hebreos sometieron diversas zonas del Medio Oriente, los arios conquistaron la meseta de Irán y el

Indostán. Con el tiempo, ese caos daría origen a un nuevo orden, pues no puede ser de otra forma. Como nos dijo Nietzsche, es necesario que exista caos para dar a luz una estrella brillante.

Entre el 1200 y el 800 antes de nuestra era fue un tiempo de reacomodo, de morir y renacer, y para la octava centuria antes de nuestros tiempos, una nueva generación de imperios comenzó a nacer. De ahí surge lo que será el Imperio chino, el persa y el babilónico, el reino de Israel, y es también el origen de la civilización griega o helénica.

Morir y renacer implica dejar el pasado para que pueda brotar algo realmente nuevo, y eso es lo que al parecer ocurrió durante la era axial, un periodo entre los años 800 a. C. y 300 d. C. en el que surgieron todas las grandes corrientes místicas, espirituales y filosóficas que sirvieron de cimiento a una nueva generación de imperios, y que fundamentaron las bases de todas las grandes religiones que comenzaron a nacer en aquellos ayeres y que nos rigen hasta la actualidad.

En el Lejano Oriente tuvimos a Lao-Tse y el taoísmo, en los Himalaya tuvimos a Siddhartha el Buda, cuyas enseñanzas siguen hoy en día unos seiscientos millones de personas; en Persia tuvimos a Zaratustra, quien estableció en su pueblo el monoteísmo que serviría de influencia para el judaísmo, el cristianismo y el islam.

En el Medio Oriente aconteció la época de los profetas hebreos como Daniel, Isaías, Ezequiel y Jeremías, promotores del monoteísmo y de la renuncia al mundo. En la cultura griega tuvimos a Heráclito y sus ideas sobre el Logos, Parménides y su concepción del Ser, a Platón enseñando entre los griegos la idea fundamental del hinduismo: esta realidad que percibes con tus sentidos es una ilusión, y la filosofía estoica que, adaptada y fusionada con el platonismo, fue la esencia de la teología cristiana.

Desde el Mediterráneo hasta China, todas estas ideas tienen un principio común: la liberación del individuo, la introspección para emancipar la mente, la búsqueda de la iluminación, alcanzar dimensiones trascendentes; la búsqueda personal de la felicidad y la plenitud. Con base en estas ideas surgieron religiones que con el tiempo se hicieron masivas y globales, y aunque en su origen buscaban la liberación individual, terminaron por ser otra herramienta de sometimiento para el individuo humano.

Ahí, en el centro de ese mundo que estaba dominado por religiones paganas y politeístas ocurrió otra gran revolución, la de un solo

Dios, que tuvo como epicentro el Imperio romano y en pocos siglos transformó el mundo hasta hacerlo básicamente monoteísta.

En Roma se conjuntó, fusionó y sincretizó todo el mundo antiguo, y de la herencia romana comenzó a brotar la llamada modernidad. La civilización romana nació en lo que en su tiempo (siglo VII a. C.) era el rincón del mundo, pero a través de la conquista se fueron expandiendo hasta llegar a dominar el Mediterráneo oriental y el Medio Oriente, la zona del planeta en la que ya habían confluido lo hindú, lo persa, lo egipcio, lo babilónico, lo hebreo y lo griego. Roma adoptó y adaptó esa tradición cultural, y en ese mosaico es donde tomó forma el cristianismo, y poco después el islam.

Roma se transformó en imperio, sin darse cuenta, en el primer siglo de la era cristiana. Para el siglo segundo dominaba desde las islas británicas hasta el golfo Pérsico; para el siglo cuarto estaba en decadencia y en el quinto dejó de existir, pero desde el año 313 había comenzado a promover y proteger el cristianismo, que en el año 380 impuso como única religión aceptada en el imperio.

El Imperio romano de Occidente dejó de existir como estructura política, pero sobrevivió en su legado religioso: la Iglesia católica. El Imperio romano de Oriente, con sede en Constantinopla y también cristiano, subsistió hasta 1453, pero desde el siglo VII comenzó a recibir los embates de una nueva civilización y un nuevo imperio que nació con base en otra forma de monoteísmo: el islam.

Entre el siglo V y el XV se desarrolló en Europa una cultura encerrada en sí misma, sustentada en el miedo religioso, en el autoconsumo agrícola y artesanal, en el conflicto interno y en la negación de la razón. Durante ese periodo fue en China y el mundo musulmán donde florecieron la ciencia, la tecnología, la filosofía y la cultura en general. Y sin embargo, fue en esa atrasada Europa donde ocurrió la revolución que puso fin al mundo antiguo y dio a luz a la llamada modernidad, que no por moderna es necesariamente buena.

Una serie de eventos catapultaron a Europa: la gran epidemia de peste negra que destruyó los cimientos del mundo feudal, la caída de Constantinopla a manos de los turcos, que obligó a los europeos a buscar nuevas rutas de navegación, lo que dio origen a la era de las exploraciones, de lo que se derivó el descubrimiento europeo de América.

Ahí comenzó la larga conquista del mundo por parte de Europa. Todas las revoluciones subsecuentes tienen que ver con eso. Primero

Europa impuso su religión y su visión del mundo, al que comenzaron a conquistar durante la era monárquica, después los mercaderes tomaron el poder y convirtieron el mundo en un mercado, y cada ser humano en una mercancía. Impusieron sus formas de hacer comercio, a través de la guerra de ser necesario, su esclavizante libertad económica y su devastación industrial que nos llevó a la llamada era del imperialismo. Todo comenzó con una invención que revolucionó el comercio: el capital.

7

La revolución del capital

Los mercaderes conquistan el mundo

Como nos dijo Marx: el capital es dinero que genera dinero; bienes y recursos que producen dinero. En el mundo antiguo, la transformación de la naturaleza creaba riqueza, pero los comerciantes europeos inventaron sistemas económicos muy creativos que les permitieron trascender la barrera de la tierra y de la producción artesanal, para alcanzar unos niveles de riqueza nunca antes concebidos, sustentados, eso sí, con algo tan tangible como el oro y la plata que fluía incesantemente de América. Los grupos humanos han comerciado desde el inicio de la civilización; dicho comercio siempre ha sido uno de los motores de la civilización, ya que con los productos se intercambian también ideas, personas, armas, herramientas, religiones; es decir: cultura.

Cuando grupos humanos, sean aldeas, ciudades o imperios, entran en contacto, siempre se han interesado en los productos de los otros e invariablemente han intercambiado. Desde el siglo I de nuestra era, la ruta más importante y transitada de intercambio comercial fue la llamada Ruta de la Seda que, a través de diversos puntos a lo largo de varios reinos e imperios, unía China con Roma.

No hubo contacto directo de chinos con romanos más que en alguna esporádica ocasión, pero China tenía una ruta que atravesaba el desierto de Gobi hasta llegar a la ciudad de Samarcanda, gran nudo comercial de los caminos persas, que a su vez llegaban al oeste a ciudades como Babilonia, que tenía contacto con Alejandría. Toda la franja de la civilización quedaba unida por esta gran ruta.

En tiempos romanos nada movía al imperio más que el comercio. Extensas redes de caminos conectaban las islas británicas con el Medio

Oriente, el Asia Menor con la Hispania y las Galias, el desierto del Sahara con la Germania Magna…, pero la destrucción del Imperio romano sumió a Europa en la Edad Media y, por siglos, el comercio quedó prácticamente deshabilitado, con excepción de las repúblicas de mercaderes como Venecia y Génova, que dominaban el Mediterráneo para comerciar con los musulmanes.

Sin importar el lugar, la época o las circunstancias, el comercio se limitaba a lo que un mercader o asociación de mercaderes podían comprar con sus recursos para poder intercambiar y así obtener ganancias. Fue el renacer del comercio europeo lo que trajo grandes innovaciones para que el trueque y sus beneficios crecieran sin parar, ideas como el crédito, las acciones, las bolsas de valores, e incluso abstracciones que parecen muy modernas, como los mercados de futuros, que crearon la primera gran burbuja especulativa en los albores del siglo XVII.

El 13 de agosto de 1521 Hernán Cortés tomó Tenochtitlan, gran capital del Imperio mexica; comenzó con ello la conquista de Mesoamérica y todas sus grandes civilizaciones, incluyendo, desde luego, sus minas de plata. Una década después, un primo de Cortés, Francisco Pizarro, consumó la conquista del Imperio de los incas, y su oro comenzó a fluir hacia Europa.

Para esos años, los portugueses ya dominaban toda la costa africana y gran parte de sus recursos, incluyendo oro y esclavos, ya había llegado hasta la lejana China en 1517 y enviaron una embajada a la corte imperial de los Ming con la intención de establecer comercio, algo que los chinos en general siempre rechazaban.

Las siguientes cuatro décadas fueron de mucha tensión entre la dinastía Ming y el creciente arribo de naves portuguesas, hasta que, en 1557, los portugueses convencieron a los consejeros de la corte de convertir el puerto de Macao en un centro de intercambio comercial entre ambas naciones. A cambio de eso, el rey de Portugal se comprometía a defender China de otras incursiones europeas; es decir, se aseguraban el monopolio del mercado más ambicionado en Europa. Los portugueses no entregarían Macao de regreso a China hasta el año de 1999.

En 1521, año en que Cortés tomaba el control del Imperio mexica, Fernando de Magallanes llegó a las islas que después se llamarían Filipinas para honrar el ego de Felipe II, y las proclamó como propiedad española. Magallanes murió en ellas, por lo que en realidad no fue el primer hombre en dar la vuelta al mundo, pero la expedición continuó su recorrido hasta volver a Sevilla en septiembre de 1522. La expedición había zarpado en agosto de 1519, con cinco naves y más de trescientos hombres. Tres años después volvió una sola nave, la Victoria, casi hundiéndose, y con dieciocho sobrevivientes. Su capitán, Juan Sebastián Elcano, y desde luego el resto de los tripulantes, fueron los primeros en navegar todo el globo terráqueo. En realidad, una persona lo había hecho antes, un esclavo que Magallanes había llevado de Indonesia a Europa en un viaje previo, y al que incluyó en su última aventura. Así pues, cuando ese esclavo, cuyo nombre desconocemos, volvió a Indonesia se convirtió en el primer ser humano en rodear el globo.

En 1565 el explorador Miguel López de Legazpi zarpó del puerto de Acapulco rumbo a las islas que él bautizó como Filipinas, y así, desde Nueva España y con tlaxcaltecas, comenzó la conquista española del océano Pacífico, y una nueva era en el comercio mundial. Fue en ese siglo cuando nació la globalización.

Un poco más al sur de Filipinas estaban las islas que para entonces todos ambicionaban: las Islas de las Especias, hoy conocidas como Indonesia, de manera más específica, las Molucas. España, Portugal, Francia, Inglaterra y Holanda nunca dejaron de luchar por esa posesión, que finalmente quedó en manos de ingleses y holandeses.

Por aquel tiempo, un gramo de pimienta valía lo mismo que un gramo de oro. Fue por eso por lo que la maltrecha expedición de Magallanes resultó ser un éxito para los que invirtieron en ella; ese último barco semidestruido llegó a Sevilla con dieciséis toneladas de pimienta y clavo.

Aunque Portugal y España fueron los reinos que abrieron el mundo al comercio, los que llegaron a dominar medio planeta y los que tuvieron en su poder fuentes inagotables de oro y plata, la creatividad siempre genera más riqueza que los recursos naturales. Y en ese terreno fueron los holandeses y los ingleses los que crearon un nuevo mundo.

España y Portugal se consolidaron como monarquías absolutas, esto es, un reino donde el rey tiene poder total, sin ningún contrapeso, sin leyes, constituciones o estatutos, sin parlamentos, sin opiniones. La palabra del rey, designado por Dios, era ley definitiva e incuestionable.

Bajo este esquema, los monarcas se enriquecieron desmesuradamente; fue en gran medida gracias a esa riqueza que lograron mantener un poder absoluto. Su obsesión era dominarlo y controlarlo todo; y así, la conquista del mundo por Portugal y España fue un esfuerzo de la Corona. Inglaterra y Holanda desarrollaron una idea que resultó ser mucho más productiva: la conquista del mundo fue un proyecto de la iniciativa privada.

Para que la iniciativa privada pudiera unirse en un esfuerzo colectivo destinado a conquistar territorios a lo largo del planeta tenía que existir previamente una clase de comerciantes ricos y prósperos, que vieran en este esfuerzo una posibilidad de enriquecerse y que consideraran que amasar fortunas era una obligación moral con Dios, que era uno de los fundamentos del calvinismo. Así, la historia de la larga conquista del mundo comenzó con las Provincias Unidas de los Países Bajos.

En el año 1500 nació en Gante, condado de Flandes (actual Bélgica), Carlos de Habsburgo, hijo de Felipe el Hermoso y Juana la Loca, nieto de los Reyes Católicos. En 1517 fue coronado como Carlos I de España, y en 1519 obtuvo el trono electivo del Sacro Imperio Germánico, donde fue conocido como Carlos V.

El emperador era también el soberano de Flandes y de las Provincias de los Países Bajos (país que conocemos incorrectamente como Holanda, que es sólo una de las provincias), donde nació y se crio, y donde los neerlandeses (gentilicio correcto de los que llamamos holandeses) lo veían como su legítimo monarca.

Donde Carlos tuvo conflictos fue en España, ahí era visto como un extranjero que no hablaba castellano, y en el Imperio germánico, donde él era el extranjero que no hablaba alemán. Carlos abdicó de todos sus tronos en 1556, y heredó España y los Países Bajos a su hijo Felipe, criado en España, donde fue bien recibido, pero extraño y extranjero para los neerlandeses, que recibieron de mala gana a un soberano que no conocía el país ni las costumbres, que no hablaba neerlandés y que era un fanático católico, convencido de la misión de eliminar la versión calvinista de la fe.

El conflicto entre los neerlandeses y su soberano español comenzó en el año de 1565, cuando Felipe II, el hombre en cuyo imperio jamás se ponía el sol, prohibió la libertad de culto, creó más arzobispados y designó a más arzobispos y estableció el Tribunal de la Inquisición.

Bajo la óptica de los inquisidores, ser calvinista o luterano era herejía y se pagaba con muerte en la hoguera o con incautación de fortunas. Así pues, los neerlandeses tuvieron claro que las intenciones de su Señor eran matarlos o confiscar las riquezas. Evidentemente no estaban dispuestos a aceptar ninguna de las dos alternativas.

En el año 1566 los mercaderes neerlandeses presentaron a Margarita de Parma, hermana de Felipe II, y gobernadora de las provincias, un documento donde exigían libertad de culto a cambio de reconocer al monarca. Margarita comenzó negociaciones con los rebeldes, pero, mientras tanto, don Felipe organizó una flota al mando del duque de Alba para someterlos por la fuerza. En aquellos tiempos la religión, discurso legitimador, era cuestión de Estado.

Las tropas españolas llegaron en agosto de 1567, y en septiembre el duque de Alba instaló el Tribunal de los Tumultos, conocido por los locales como el Tribunal de la Sangre, ya que sus peores temores comenzaron a hacerse realidad: cientos de prósperos mercaderes fueron sentenciados a muerte o a perder sus propiedades.

El 8 de septiembre de 1567 llegó la gota que derramó el vaso, pues el duque de Alba mandó llamar a dos nobles de Bruselas para darles órdenes del rey, y en vez de eso los arrestó y ejecutó públicamente en la plaza. El parlamento de las Provincias Unidas de los Países Bajos desconoció la autoridad del monarca y comenzaron a prepararse para la guerra directa, la cual comenzó en 1568 y se extendió a lo largo de ocho décadas, por lo que es conocida como la Guerra de los Ochenta Años.

Felipe II tenía la flota más poderosa de aquel mundo, y un poder con el que difícilmente podrían enfrentarse los neerlandeses; sin embargo, ellos eran los mejores constructores de barcos y contaron con el apoyo de nobles alemanes como William de Orange, quien con su fortuna personal financió un ejército de mercaderes que con el tiempo fue conocido como los Mendigos del Mar.

Durante los primeros años de batallas, las tropas españolas derrotaron a los rebeldes neerlandeses, y un conflicto prolongado en su territorio sólo podía augurar la destrucción total de tan pequeño país. Fue por eso por lo que los rebeldes tomaron una decisión estratégica: había que llevar los combates a los océanos, donde la mayor velocidad de sus navíos y la estrategia podían hacer frente a un ejército superior en número.

Además, y esto fue lo más estratégico, para derrotar a España había que atacar directamente su economía, es decir, sus colonias alrededor del mundo que eran la fuente de su riqueza. De este modo hubo batallas en el Atlántico norte y sur, en las costas sudafricanas, en el sureste asiático y hasta en Nueva España.

En 1576 dos provincias neerlandesas, Holanda y Zelanda, se unieron en un Estado federal proclamado independiente con el nombre de Unión de Utrecht, y entregaron el gobierno a William de Orange con el título de estatúder, es decir, el que hace cumplir los estatutos legales, que no son establecidos por él sino por un parlamento. La división de poderes de la que nos habló el barón de Montesquieu, pero dos siglos antes.

El parlamento de este nuevo país fue el encargado de dirigir las acciones bélicas, y fue en dicho recinto de burgueses y comerciantes donde nació la idea de que la guerra pudiera ser financiada por todos a través de la venta de bonos. Así pues, comerciantes que aspiraban a liberarse del yugo español, pero con un gobierno recién creado y débil, inventaron un procedimiento para que todos los demás habitantes que anhelaban la independencia, la libertad de culto y el liberalismo económico, participaran activamente con sus fortunas y fueran arrebatando posesiones a la Corona española.

Mientras esto ocurría en los Países Bajos, la Inglaterra de la reina Elizabeth, soberana de 1558 hasta su muerte en 1603, mantenía también un estado de guerra constante contra la España de Felipe II, una guerra que se libraba en dos frentes; uno formal, con la flota real, y otro a través de los corsarios de la Corona, como John Hawkins, Walter Raleigh o Francis Drake.

Fue en la era de la reina Elizabeth, y en gran medida gracias al arrojo de los grandes corsarios, cuando comenzó a nacer el Imperio británico. El estado de las arcas inglesas era paupérrimo debido a los conflictos de religión de Inglaterra, y sus constantes guerras contra Escocia, Francia y España; fue por eso por lo que Elizabeth promovió, al igual que los neerlandeses, que la conquista de territorios se hiciera con el esfuerzo económico de los banqueros, los burgueses y los mercaderes.

España era dueña de las Filipinas y Portugal de Indonesia, y ambos reinos estuvieron unidos dinásticamente por la familia Habsburgo entre 1580 y 1648. Así pues, la constante guerra de Inglaterra y Holanda contra España se convirtió, por añadidura, en guerra contra Portugal, lo cual convenía a comerciantes ingleses y neerlandeses que ambicionaban el dominio de las famosas Islas de las Especias. Los mercaderes comenzaron la lenta y larga conquista del mundo a través de las tristemente célebres Compañías de las Indias.

Los primeros cárteles: Las compañías de las Indias

El capitalismo liberal se ha enfrentado en toda su historia a la misma paradoja: está presuntamente cimentado en la ética individual y colectiva de los capitalistas, como nos dijo Adam Smith, pero al mismo tiempo, al fomentar la total y absoluta competencia, con la riqueza como único fin, llega a una voracidad sin límites en la que ha cometido y comete las peores tropelías de la historia. Al final, como nos dijo Lenin, no puede sino llegar al imperialismo.

En el siglo xxi podemos ver guerras que tienen como única motivación el control del petróleo, o la simple y llana venta de armamento; guerras que parecen entre países, pero son entre empresas, y ejércitos privados involucrados en las contiendas. Todo esto está lejos de ser una novedad, una excepción o un accidente, es de hecho el quid de la historia del capitalismo.

Vivimos el mundo dominado por las empresas más que por los países, y ese mundo comenzó precisamente con las compañías de las Indias. Tenemos hoy básicamente dos tipos de empresas: las legales y las ilegales. Dicha legalidad o ilegalidad no tienen nada que ver con la moralidad de sus servicios o productos, sino con estar o no avaladas por el Estado y la ley.

Hoy tenemos cárteles de la droga que no son otra cosa que empresas que producen, distribuyen y venden un producto que el mercado busca. Bajo la ley de la oferta y la demanda impuesta por una teoría liberal, no habría una sola razón para prohibir dichos productos. La salud es uno de los principales argumentos, y sin embargo, hay sustancias, alimentos, energéticos y demás, que son tan dañinos o más para la vida humana como lo es una droga, pero cuentan con el aval de los gobiernos.

Toda esta historia comenzó con los mercaderes que en el siglo xvii crearon las primeras grandes empresas transnacionales, corporativos anónimos que, al amparo de sus gobiernos, se dedicaron al saqueo del mundo. Básicamente como en el siglo XXI. En aquel tiempo, las empresas avaladas por los monarcas llevaban a cabo todo tipo de abusos, injusticias, arbitrariedades y atropellos; como hoy vivimos en una sociedad del simulacro, hay empresas legales e ilegales..., pero los gobiernos están detrás de ambas.

Además del oro y la plata que fluían de América a Europa, nada era más cotizado que los productos de las Islas de las Especias, como la pimienta, el clavo, la nuez moscada o la canela. Para el siglo XVII, el comercio de dichos productos estaba monopolizado por mercaderes musulmanes asociados con venecianos, y fue por eso por lo que los gobiernos de Inglaterra y Holanda decidieron crear cárteles que se valieran de cualquier recurso, guerra incluida desde luego, para dominar ese mercado. Justo como hoy.

La Compañía Británica de las Indias Orientales fue creada en septiembre de 1599 por un grupo de banqueros y mercaderes ingleses, con el propósito de dedicarse el comercio de las especias. La inversión para una empresa de este tipo, barcos, tripulantes, guerreros, armas, municiones, era descomunal, por lo que, a finales del año 1600, la reina Elizabeth le otorgó a la compañía la Carta Real, y con ella se le concedía el monopolio de los productos y las rutas comerciales durante quince años para incentivar la inversión.

La empresa funcionó al principio como una organización en la que cada miembro arriesgaba su capital en conjunto con el de los otros socios, pero su gran competidora, la Compañía Neerlandesa de las Indias Orientales, obtenía muchos más beneficios y crecía a pasos agigantados gracias a una serie de innovaciones: las acciones y la sociedad anónima. Los ingleses copiaron de inmediato ese nuevo modelo.

En el año 1602 los comerciantes de Ámsterdam crearon su propia compañía de las Indias, que contaba con el respaldo de su gobierno, que aún estaba en guerra de independencia contra España. El parlamento neerlandés les otorgó el monopolio del comercio asiático y la facultad de construir fuertes, crear ejércitos, declarar guerras y firmar acuerdos con los gobernantes asiáticos; pero lo más importante, les permitió crear una empresa en la que la identidad de los socios permaneciera desconocida para el público en general: nació la sociedad anónima.

La Compañía Neerlandesa de las Indias Orientales se estableció oficialmente el 20 de marzo de 1602, y el parlamento de los Países

Bajos le concedió el monopolio de todos los productos y las rutas por un periodo de veintiún años. Nació la primera gran corporación multinacional, pues inversionistas de otros países estaban invitados, ya que el capitalista no tiene más patria que el capital, como nos señaló Marx. La esencia del corporativo moderno está en la compañía neerlandesa.

Trabajaba en todo el mundo, con intereses en todo el planeta, pero al amparo de las leyes de su país, que eran bastante laxas con los empresarios, si eso generaba beneficios para los poderosos. Fue también la primera empresa que recibía dinero de cualquiera que quisiera invertir, a cambio de una participación en los beneficios, es decir, acciones; y fue por lo tanto la primera corporación que publicaba sus ganancias y balances para atraer inversionistas. Fue también la primera en falsear dicha información.

La Compañía Neerlandesa de las Indias fue la que en realidad llevó a cabo la Guerra de los Ochenta Años contra el dominio español, pues eran sus mercaderes, con el apoyo de los inversionistas, los que arrebataban rutas y propiedades a la Corona española. Fue así, con ese esfuerzo de iniciativa privada, como nació el Imperio neerlandés, que llegó a poseer colonias en Sudamérica, en Sudáfrica y principalmente en Indonesia. Todo arrebatado a los Habsburgo, quienes en 1648 aceptaron la independencia del país, incluyendo todo lo que les habían quitado alrededor del planeta.

La empresa existió por doscientos años, siempre aumentando su volumen de negocios y pagando en promedio un dividendo anual del 20 por ciento. Con el paso del tiempo, muy poco pudieron hacer contra sus competidores ingleses, por lo que la empresa llegó a la bancarrota y fue disuelta en el año 1800. Las deudas y posesiones fueron asumidas por el gobierno, y ese imperio neerlandés subsistió hasta el final de la Segunda Guerra Mundial.

Otros países, casi todos ellos de tradición protestante, de donde según nos dijo Max Weber nació el espíritu del capitalismo, imitaron el modelo de ingleses y neerlandeses para internar conquistar territorios y recursos, siempre con el impulso de la iniciativa privada.

Fue así como en 1616 nació la Compañía Danesa de las Indias, a la que el rey Cristián IV le otorgó el privilegio del monopolio en el comercio de la India, de donde llegaron a importar más té que los propios ingleses; pero fue entrando en un estado de crisis hasta que se disolvió en 1729, sólo para ser refundada en 1732 con el nombre de Compañía Asiática, que finalmente fue desarticulada por la Corona danesa, que asumió todas las posesiones, en 1779.

Suecia también trató de crear su propia compañía de las Indias por mucho tiempo. Lo intentó en 1623 a través de un comerciante neerlandés, Willem Usselinx, a quien el rey Gustavo II Adolfo le otorgó cartas con derechos monopólicos garantizados y respaldados por su Corona, pero en aquel tiempo Suecia era una de las partes más activas en la Guerra de los Treinta Años, que enfrentó a todas las potencias emergentes contra los Habsburgo, en diversos episodios entre 1618 y 1648, y resultó imposible financiar la empresa.

Después de 1648, Suecia estuvo concentrada en dominar la Europa nórdica, toda la península escandinava y el mar Báltico, lo que la sumió en medio siglo de guerras contra Polonia y Rusia. El segundo intento de crear una compañía sueca de las Indias fue en 1718, cuando piratas de Madagascar ofrecieron naves armadas y oro al rey Carlos XII, a cambio de nacionalidad sueca y protección legal, pero dichas negociaciones se vieron interrumpidas por la muerte del monarca ese mismo año.

Finalmente, la empresa sueca fue establecida en 1731, cuando el rey Federico otorgó privilegios a comerciantes escoceses que le ofrecieron encabezar el proyecto. La compañía obtenía el monopolio del océano Índico y el sureste asiático, el derecho a declarar guerras y ciertas exenciones de impuestos.

A cambio, garantizaban que todo el comercio se haría en barcos suecos, que todas las subastas de mercancías se realizarían en Suecia y que la Corona obtendría un porcentaje de cada embarque. Tanto la Corona como los empresarios se comprometían a mantener en secreto todo lo referente a finanzas y accionistas.

Francia comenzó su conquista y colonización del mundo desde el año 1600, hasta que el 27 de agosto de 1664 fue fundada la Compañía Francesa de las Indias Orientales, cuyo objetivo era navegar y negociar en todos los mares, desde el Cabo de Buena Esperanza hasta Malasia, con un monopolio de cincuenta años, con el propósito específico de competir contra ingleses y neerlandeses.

La compañía francesa fue en realidad una asociación entre empresarios y la Corona. Fue fundada por Jean-Baptiste Colbert, declarada por el rey Luis XIV, ese que nos dijo: el Estado soy Yo, registrada en el parlamento de París, con privilegios como el monopolio, la exención de impuestos, la facultad de nombrar embajadores, declarar guerras, firmar acuerdos de paz, todo con el aval del tesoro real.

Así pues, el siglo XVII fue en el que los mercaderes, al amparo de las coronas, comenzaron la conquista del mundo, tal y como sigue siendo el esquema del siglo XXI; todo ello al amparo de la llamada libre competencia, con esa extraña idea que nos enseñó Adam Smith, de que fomentar e impulsar el egoísmo, de alguna forma, podría traer bienestar colectivo.

La idea de Smith se complementa con el supuesto de que la libre (y honrada) competencia beneficia a todos, tanto a empresarios como a consumidores, y por crecimiento económico a la población en general; a menos claro, y eso no lo señaló Smith, que uno pertenezca a ese 80 por ciento del mundo que está siendo conquistado y saqueado.

Pero desde luego que la competencia nunca fue muy libre y mucho menos fue honesta. La ética en la que supuestamente debería estar basado el capitalismo liberal jamás apareció. Finalmente, cada gobierno otorgaba derechos monopólicos a sus empresas, sobre las mismas rutas y los mismos productos…, y con el derecho de hacer guerra. Eso significó guerra de los europeos contra africanos y asiáticos, y guerras entre ellos por dominarlo absolutamente todo.

Y como las vilezas en un estado perpetuo de guerra nunca terminan, la competencia comercial siempre era complementada con competencia bélica. Es decir que si un competidor, Dinamarca por decir algo, está haciendo las cosas mejor que Inglaterra, y obteniendo más beneficios, entonces los ingleses bombardean y destruyen los puertos daneses, y así de fácil se acabó la competencia. Cabe señalar que las dos guerras mundiales del siglo XX fueron exactamente lo mismo, y que no es casualidad que Estados Unidos haya dividido Alemania y soltado bombas nucleares sobre Japón, sus dos competidores industriales más cercanos. Así el mundo de la libre competencia.

Desde entonces hasta hoy, y en realidad desde antes, la competencia económica siempre ha estado unida estrechamente a la guerra, desde Inglaterra destruyendo el Imperio chino por negarse a comprarles opio hasta Estados Unidos destruyendo Irak para abastecerse de petróleo, y Afganistán para construir oleoductos.

Las compañías de Francia, Dinamarca y Suecia no sobrevivieron al siglo XVIII, ése en el que en Inglaterra y Escocia comenzó la

Revolución Industrial, y la neerlandesa sucumbió oficialmente en 1800. A partir de ese año, sólo las compañías británicas, porque para entonces ya eran varias, se dedicaron a la conquista, saqueo y destrucción del mundo, siempre con un rey o una reina como aval y garantía.

Fue a partir de 1612 cuando la Compañía Británica de las Indias Orientales se transformó en una sociedad anónima; ricos comerciantes, nobles y aristócratas poseían acciones de la empresa y recibían beneficios, aunque sus nombres nunca figuraban, dado el anonimato de la sociedad. La Corona no estaba directamente involucrada ni poseía acciones, aunque los monarcas sí las tenían a título personal o a través de terceros. No hubo nada nuevo en el escándalo de los *Panama Papers*, o en su nueva versión conocida como *Pandora*.

La idea de sociedad anónima y las acciones surgió en los Países Bajos, y fue una creativa solución al problema de capitalizar proyectos. El comercio entre las Indias y Europa, incluyendo barcos, marinos, armas, guerras y demás, era lucrativo pero excesivamente costoso; era difícil conseguir a quien quisiera arriesgar, por decir algo, un millón de florines, pero era mucho más sencillo conseguir mil inversionistas dispuestos a arriesgar mil cada uno. Vender acciones es básicamente dividir el negocio, los riesgos y los beneficios.

Al principio, esta división o venta de acciones se hacía entre comerciantes que se conocían, pero el concepto se amplió a que cualquier persona con dinero pudiera participar. Cuanto más crece el negocio es posible vender más acciones y cuantas más acciones sean adquiridas más puede crecer el negocio.

El anonimato también tiene una razón de origen, quizá razonable. Nadie es dueño, la empresa es de todos, las acciones están siempre en compraventa y cambian de manos, por eso los títulos no tienen el nombre de nadie. Hoy eres parte de la empresa porque posees acciones, mañana ya no porque las has vendido…, esto también genera que de pronto sea posible hacerse rico dedicándose tan sólo a comprar y vender títulos en tiempos oportunos, sin importar si el negocio principal de la empresa va bien o mal.

Pero el anonimato, entonces igual que hoy, sirve para paliar la consciencia. La empresa tiene administrativos y accionistas en Inglaterra o en Holanda; ellos nunca van a las Indias, ellos no saben, o prefieren no saber, todas las bajezas, robos, asesinatos y guerras que hay que llevar a cabo para que el negocio crezca, y siempre podrán escudarse detrás de una deliberada ignorancia.

Del mismo modo, los accionistas sólo reciben informes financieros, sólo saben si el negocio va bien o mal, si las acciones suben o bajan; poco se enteran, porque poco les interesa, de los medios empleados. Así pueden mantener la teoría ética de que el fin no justifica los medios, al tiempo que se ponen una venda en los ojos para no enterarse de los medios necesarios para conseguir su fin.

Empleando medios terribles, como esclavitud, guerra, asesinato y tortura, los ingleses lograron su fin: la supremacía naval y comercial en todo el planeta. Su Compañía de las Indias Orientales surgió para establecer comercio con la India, territorio que terminaron sometiendo, conquistando, saqueando e incorporando a la Corona.

Para el año 1821 la empresa había crecido hasta significar la mitad del comercio mundial en productos como pimienta, sal, canela, vainilla, salitre, guano, algodón, seda, té y opio; lo cual se logró a través de someter, destruir y dominar islas del Caribe, del Atlántico, del Pacífico y del Índico, Australia y Nueva Zelanda, Malasia, la India, la mitad de África y China.

En el año 1698, la Compañía Británica de las Indias Orientales perdió su monopolio, y el parlamento autorizó el nacimiento de otra empresa que compitiera en las mismas rutas y con los mismos productos; nació así la Compañía Inglesa de Comercio para las Indias Orientales que, tras competir salvajemente entre ellas, llegando incluso a hundirse barcos, se percataron de que más les valía unirse y competir contra las empresas de otros países.

Fue así como hicieron más grande el monopolio: se fusionaron en 1702 bajo el nombre de Compañía Unificada de Mercaderes que Comercian con las Indias Orientales. Ésta fue la empresa que comenzó la conquista de la India en 1757, hasta que la propia Corona le confiscó el territorio para crear, en 1858, el Raj británico. En compensación, a dichos mercaderes se les autorizó comerciar con China, aunque ésta no quisiera, e inundarla de opio.

La Compañía Británica de las Indias Orientales tuvo recurrentes problemas financieros a lo largo del siglo XIX, ya que, por más lucrativo que sea el negocio de expoliar medio planeta, el gasto de un estado perpetuo de guerra y la manutención de ejércitos privados en tres continentes es incosteable con el tiempo.

Así las cosas, la compañía fue disuelta oficialmente en 1874 por medio de una ley de rescate aprobada en el parlamento (tampoco es novedad que el dinero de todos se use para rescatar la opulencia de pocos), y el gobierno británico asumió las deudas y obligaciones, así como los territorios, ejércitos y beneficios. Para ese año, y siempre a través de sus empresarios, el Imperio británico había conquistado un territorio que abarcaba 30 por ciento del planeta.

La revolución celeste

Todo comenzó mirando el cielo y admirando su misterio, como tantas cosas en la historia de la humanidad. Todo comenzó con una pregunta y el intento de encontrar una respuesta, como todos los grandes descubrimientos. Todo comenzó cuestionando lo establecido, paso fundamental para que avance el conocimiento. Pocas revoluciones movieron tanto el mundo moderno como la llamada revolución científica, que comenzó en el cielo.

El 25 de diciembre del año 1642 nació en Inglaterra Isaac Newton; en enero de ese mismo año había falleció en su casa de Toscana el astrónomo Galileo Galilei. Murió bajo arresto domiciliario por haberse atrevido a sostener, y publicar, que la Tierra era redonda, giraba sobre su propio eje y también alrededor del Sol, tal y como ya había señalado Nicolás Copérnico. Nuestro planeta no era, por tanto, el centro del universo, y eso podía llevar a concluir que el ser humano podría no ser el centro de la creación. Ese año puede considerarse el nudo central de la llamada revolución científica.

Newton es famoso por la ley de la gravitación universal, la de la termodinámica, expuestas en su célebre *Principia Mathematica*, además de por sus extensos trabajos y estudios sobre óptica; pero Newton, desde luego, se nutrió del pasado, particularmente de genios precedentes como Copérnico, Kepler y Galileo.

En la primera mitad del siglo XVI, en Polonia, Copérnico propuso una idea rebuscada y herética: la Tierra no estaba fija en el centro del universo, como se había sostenido a lo largo de la Edad Media, sino que giraba sobre sí misma y alrededor del Sol. Hoy, una idea simple, en aquel entonces, una auténtica revolución; aunque en su libro *Revolución de los cuerpos celestes* no usa el término *revolución* en dicho sentido, sino refiriéndose al ciclo de los planetas en torno al Sol.

Copérnico fue clérigo católico, pero también un hombre muy curioso que se dedicó a ramas como las matemáticas, la astronomía, la física, las leyes, la economía y la diplomacia. Trabajó durante unos veinticinco años en la creación de un nuevo modelo del universo, y sin embargo, no lo publicó en vida por temor al desprestigio académico que sabía que le acarrearía, y a las represalias de la Iglesia católica, que era el principal sostén del modelo aceptado: la Tierra, plana e inmóvil, era el centro del universo y el Sol giraba a su alrededor.

En el segundo siglo de la era cristiana, el astrónomo griego Claudio Ptolomeo había postulado un sistema sobre el movimiento de los planetas en el universo, entendiendo como totalidad del universo el sistema solar. En su modelo, la Tierra estaba inmóvil en el centro, mientras que todo lo demás giraba a su alrededor, incluyendo al Sol en calidad de planeta. Más arriba estaban las estrellas fijas, y todo ello rodeado por la bóveda celeste. Dicho modelo, conocido como geocéntrico, fue el que sostuvo la Iglesia a lo largo de todo el Medioevo.

En el año de su muerte, 1543, Copérnico publicó *La revolución de los cuerpos celestes*, en el que plantea un modelo alternativo al que llamó *heliocéntrico*, pues postulaba que el Sol, y no la Tierra, era el que estaba fijo en el centro del universo, y que nuestro planeta y los demás, redondos por cierto, giraban a su alrededor.

Cuál cuerpo gira alrededor de cuál puede parecer una cuestión baladí y una discusión absolutamente bizantina, máxime si estamos arguyendo en torno a vericuetos teológicos, pero por aquellos oscuros ayeres la Iglesia no se ostentaba tan sólo como autoridad religiosa, sino como máxima autoridad en cualquier asunto relacionado con el entendimiento humano. La Biblia, por añadidura, no pretendía limitarse a un texto sobre lo sagrado, sino que ambicionaba abarcar todos los rubros de la actividad humana.

Más aún, la Iglesia había sostenido un modelo geocéntrico amparándose en su autoridad absoluta emanada de la revelación divina. Por lo tanto, si cualquier aspecto del conocimiento sostenido por la Iglesia era refutado, eso podía poner en tela de juicio todo lo demás. Poco había de teología o religión en la disertación sobre los asuntos celestes; era, como fue y ha sido todo el conflicto entre ciencia y religión, un asunto de poder.

Dos décadas después de la muerte de Copérnico nació el que resultó ser la gran némesis de la autoridad religiosa en términos del conocimiento del universo: Galileo Galilei. Galileo y su juicio ante la Inquisición es quizás el más publicitado, y también tergiversado caso de la religión contra la ciencia, sintetizado en una frase que el astrónomo italiano nunca dijo, pero que resume su pragmatismo: "Y sin embargo, se mueve".

Cuenta la leyenda que, frente a los inquisidores, cuando Galileo sostenía, con pruebas empíricas el modelo de Copérnico, el tribunal lo obligó a retractarse, a lo que en primera instancia se negó. Amenazado con la muerte por herejía, Galileo recapacitó: juró que la Tierra está inmóvil. "Y sin embargo se mueve" es como entender con toda claridad que el movimiento de la Tierra no dependía de sus declaraciones ni de las sentencias inquisitoriales.

Fue en 1610 cuando Galileo se asomó al universo, con una versión mejorada por él mismo del telescopio inventado por Hans Lippershey. Con dicho invento y horas enteras de dedicación, descubrió los anillos de Saturno, las lunas de Júpiter, las manchas solares y la inmensidad del universo, además, desde luego, de reconfirmar la redondez de la Tierra, por si el viaje de circunnavegación de Magallanes no hubiera bastado.

Galileo aportó pruebas empíricas y experimentales para demostrar la veracidad del modelo heliocéntrico propuesto por Copérnico, pero, a pesar de eso, la Iglesia seguía defendiendo el modelo ptolemaico: la Tierra está inmóvil en el centro del universo y todo gira a su alrededor.

A pesar de la gran controversia, Galileo, que mantenía buena relación con el papa Urbano VIII, a quien conocía desde antes de que fuera nombrado como tal, obtuvo el permiso de la Iglesia para publicar un libro con sus teorías heliocéntricas, siempre y cuando las presentara sólo como teorías y expusiera también el modelo geocéntrico defendido por la religión.

Fue así como en el año 1623 publicó su libro *Diálogo entre los dos máximos sistemas del mundo, el ptolemaico y el copernicano*, en el que ciertamente presenta ambos modelos, pero siempre asumiendo uno como incorrecto y el otro como verdadero. La Inquisición romana citó a Galileo a juicio, y el 22 de junio de ese año fue declarado culpable de desobediencia y herejía, además de enseñar ideas contrarias a las escrituras. Gracias a su amistad con el papa, su condena a muerte sería permutada por arresto domiciliario de por vida.

Menos suerte tuvo otro astrónomo, filósofo y místico que murió quemado en Roma en el año 1600: Giordano Bruno, declarado hereje por señalar que ni la Tierra ni el Sol eran el centro del universo, pues éste era de hecho infinito y, por lo tanto, no tenía centro ni límites ni tamaño. Agregó que, al ser infinito, eran también infinitas sus posibilidades, por lo que deberían existir otros soles con otros mundos orbitándolos, y que en varios de ellos también habría vida inteligente preguntándose por la dimensión del universo.

Copérnico no publicó su obra por miedo a la Iglesia, Bruno murió en la hoguera y Galileo pasó sus últimos diez años de vida en arresto domiciliario; es evidente que el entorno católico no fomentaba mucho el pensamiento científico; es por eso por lo que dicha revolución se desarrolló en países protestantes, donde pensar y tener ideas dejó de ser peligroso.

Entre Copérnico y Galileo nació y trabajó otro genio que resultó ser de bastante utilidad para Newton y toda la revolución científica: Johannes Kepler, quien nació y vivió en el norte del Imperio germánico, en la zona protestante, entre 1571 y 1630. Su contribución más importante fueron las leyes sobre el movimiento de los planetas alrededor del Sol, que tiempo después fueron esenciales en los trabajos de Newton.

Desde niño fue un genio de las matemáticas, aunque con grandes inclinaciones religiosas que lo llevaron a estudiar teología y astronomía en un seminario luterano donde terminó dando clases de matemáticas; a partir de ahí las vicisitudes de la vida lo llevaron a dedicarse por completo a la ciencia. Fue un fiel defensor del modelo de Copérnico y estaba convencido de que todo en el universo guardaba una armonía y un equilibrio perfectos, lo que hacía posible descubrir las leyes cósmicas, las cuales siempre entendió como la lógica de Dios.

Al igual que Newton más adelante, nunca vio un enfrentamiento o contradicción entre la ciencia y la religión. En 1596 escribió *El misterio cosmográfico*, donde plantea que su modelo cosmológico era una celebración de la existencia, sabiduría y elegancia de Dios, que podía ser ensalzado de igual forma por la teología o por la astronomía.

Sir Isaac Newton fue un hombre tímido, retraído, colérico, rencoroso y sumamente vengativo. Además de todo eso fue un genio, dedicado con igual pasión a la filosofía, la física, las matemáticas, la alquimia y la religión. De hecho, dedicó más horas de su vida a la lectura y estudio de la Biblia que a su trabajo científico; y aun así fue el mayor genio científico de la humanidad hasta la llegada de Albert Einstein.

Hablar de la genialidad de Newton es redundar, se trata de una de esas mentes privilegiadas, aunque sumamente atormentadas, que han guiado a la humanidad en su búsqueda de la verdad. Expuso su ley de la gravitación universal en la que reafirmó las teorías de Kepler y explicó el movimiento del sistema solar casi con exactitud…, siempre tuvo pequeños problemas con Mercurio. Todos tenemos problemas con Mercurio, dirían los astrólogos.

Estableció las bases de la mecánica clásica, es decir, el modelo que rigió la física hasta la llegada de la física cuántica; explicó la naturaleza de la luz y desarrolló el cálculo diferencial e integral, al mismo tiempo, a la par y en salvaje competencia con Gottfried Leibniz.

Para exponer sus teorías, Newton tuvo que crear sus propias matemáticas, agregando símbolos, ecuaciones, fórmulas y abstracciones inexistentes en sus tiempos. Explicó que la luz está hecha de partículas (lo que hoy es cierto y no a la vez); estudió la velocidad del sonido y demostró que las leyes naturales que rigen en la Tierra son las mismas que en los cuerpos celestes. También calculó el día de la creación en el año 4004 a. C., y el del juicio final que, según sus cálculos, y para tranquilidad del que escribe y el que lee, no ocurrirá antes de 2060.

Muchos grandes genios de la ciencia contribuyeron a la llamada revolución científica, prácticamente todo ellos en países que se habían separado de la Iglesia de Roma, en naciones que, de hecho, promovieron y financiaron la actividad científica, no por un apoyo al conocimiento, sino por la visión de que la ciencia y la tecnología desarrollada por sus métodos contribuían al desarrollo de armas, transportes, herramientas e instrumentos. Como nos dijo Foucault, todo gira en torno al poder.

La revolución científica y la del capital van de la mano y se alimentaron mutuamente. Los mercaderes, conquistando el mundo y alimentando la economía, fueron esenciales para generar una economía boyante y próspera que permitiera financiar a los grandes genios, sus experimentos y sus viajes de exploración e investigación. El conocimiento y la tecnología generados por dichos genios permitieron a los mercaderes disponer de más y mejores herramientas, armas, instrumentos de navegación y barcos en su empeño por conquistar el mundo.

Prácticamente todos los viajes de exploración y conquista de los grandes mercaderes incluían misiones científicas, mismas que con el tiempo generaban conocimientos y tecnología que permitía mantener la expansión imperial que posibilitaba seguir financiando los conocimientos científicos. Los grandes genios en general buscan conocimiento; los poderosos que los apoyan siempre han anhelado el poder, desde la elaboración de la pólvora hasta el proyecto Manhattan.

La revolución científica fue fundamental para que, en los países donde prosperó, surgieran las grandes mentes del siglo XVII, las ideas y descubrimientos que generaron nueva tecnología, más y mejores armas, herramientas y transportes; con ello, mayor actividad bélica y comercial, y con ella, al paso del tiempo, una revolución industrial. La Europa católica quedó fuera de toda esa dinámica revolucionaria.

Grandes genios científicos como Galileo Galilei, Johannes Kepler, Isaac Newton, Edmund Halley, Robert Boyle, Blaise Pascal, René Descartes, Gottfried Leibniz... fueron los pilares de la ciencia moderna, y ninguno de ellos encontró un choque entre la ciencia y la religión. Ese conflicto fue una creación de los que en el siguiente siglo desarrollaron las llamadas ciencias sociales, y fue un discurso político para derrocar a las monarquías, sustentadas en la religión.

La Reforma protestante permitió una revolución del capital y una de la ciencia; estas dos, juntas, permitieron que el siglo XVIII fuera el de la tecnología y el inicio de la Revolución Industrial. Esto hizo a los mercaderes, banqueros y comerciantes, y a los burgueses más poderosos que nunca, a grado tal que a la larga pudieron enfrentarse a las monarquías y derrotarlas. La mayor revolución social aún estaba por llegar.

8

La frontera entre dos mundos

El mito de la libertad

¿Cuál es el gran cambio, la gran revolución que nos hace establecer la frontera de la modernidad? En términos generales, se relaciona con la caída de las monarquías y el advenimiento de la democracia; pero ¿será que un simple cambio de élite en el poder y de discurso legitimador es suficiente para establecer un cambio de era?

En lo profundo, muy poco ha cambiado la vida humana desde la revolución agrícola. Todas las estructuras que determinan y limitan la maravillosa mente humana fueron surgiendo y evolucionando en las sociedades que se establecieron a causa de dicha revolución, que marca, de hecho, el inicio mismo de la civilización. Muchos cambios en la superficie, pero son diversas formas de hacer cada vez más compleja la misma estructura: un sistema de dominio sobre el humano y la naturaleza, donde muy pocos mandan, piensan y deciden, y la inmensa masa humana sigue la inercia.

No es agradable leer esta idea, mucho menos lo es analizarla, comprenderla y asumirla, pero si penetramos en lo profundo de nuestra mente y nuestras estructuras ahí está esa tajante realidad: siempre hemos sido esclavos, nunca hemos sido libres; siempre hemos sido propiedad de algo o alguien; nunca hemos dejado de seguir símbolos y tótems; nunca hemos dejado de matarnos por defender ideas que sólo heredamos, y de luchar en guerras que no son nuestras sino de los poderosos.

La estructura de dominio es cada vez más compleja, porque la característica fundamental de la mente humana es crear complejidad, y cuanto más compleja es la estructura, más sutil es la dominación.

La diferencia entre el esclavo del mundo antiguo y el ciudadano del mundo moderno radica en que el esclavo era consciente de su esclavitud, mientras que cada humano moderno vive prisionero en una idea de libertad que lo enajena más que nunca.

El mundo moderno es, entre otras cosas, la supuesta construcción de esta libertad, que tiene su momento históricamente icónico en la Revolución francesa, que no es más que el símbolo de cuando los mercaderes tomaron el poder y, claro, los mercaderes convirtieron el mundo en un mercado y a todo y a todos en mercancía. El empoderamiento de los mercaderes es, de hecho, la esencia del llamado mundo moderno.

Desde el origen de la civilización eras el productor de mercancías. Hoy eres la mercancía. Ésa fue la gran revolución del mundo antiguo al moderno; eso y hacerte creer que eres libre, el fundamento falaz de la civilización occidental. Lo que es imprescindible comprender es cómo pasó eso. Cayeron las grandes monarquías que, según hemos aprendido, eran el símbolo de la opresión; en su lugar nacieron las democracias que, como se nos inocula a diario, es el gobierno de los hombres libres. Podemos votar y comprar, pensar y opinar…, pero poco ha cambiado en el fondo.

9

La revolución de los mercaderes

La caída de las monarquías

Hay pirámide social desde que existe la sociedad; es de hecho el cimiento de la sociedad. La sociedad y la civilización no son otra cosa que el trabajo y esfuerzo organizado de muchos para dominar el entorno. Ese esfuerzo descomunal requiere de un orden, y ese orden precisa que pocos manden y los demás obedezcan.

Que grupos pequeños de personas trabajen en conjunto por el bien común es relativamente fácil, siempre y cuando el grupo sea suficientemente pequeño como para que todos se conozcan, y el bien común, así como la aportación de cada uno para lograrlo, resulte evidente. Si eso es así no hace falta jerarquía, ni pirámide, ni líder, ni desigualdad. Eso ha sido imposible desde la revolución agrícola.

Si pensamos en los países actuales, resulta que son comunidades de decenas de millones de personas que nunca se conocerán entre sí, ni sabrán la parte que cada uno lleva a cabo en la búsqueda del bien común. Sin embargo eso es la civilización: grupos grandes de personas que no se conocen, que no se han visto, que viven en aldeas o ciudades distintas y que, sin embargo, trabajan en comunidad.

Esto es posible únicamente gracias a los órdenes ficticios; al hecho de que, gracias a nuestro pensamiento abstracto y nuestra capacidad de crear símbolos y tótems, podemos concebir comunidades ficticias, donde no se conozcan todos sus integrantes. Como nos dijo Ernst Cassirer, el hombre es ante todo un animal simbólico, todo lo demás se deriva de esa realidad.

Toda comunidad moderna es ficticia, y su cohesión depende de símbolos, mitos, tótems, banderas, creencias o ideologías que den a los individuos la idea de ser parte de un mismo todo. Toda comunidad ficticia tiene una pirámide social, que en resumen es siempre la misma: pocos que mandan y muchos que obedecen, y junto a la cúpula de los que mandan, los que inventan las historias en que se sustenta dicho sometimiento, y los que te someten por la fuerza si no estás de acuerdo. Eso no ha cambiado en catorce mil años.

En el antiguo Egipto, por ejemplo, tenemos en la cúspide al faraón, que manda porque es un dios. Debajo del faraón y su élite gobernante, en este caso la familia, están los religiosos, los cuentacuentos, los que escriben y sustentan las historias que te dicen que el faraón es un dios. Más abajo está los guerreros, los que te someten si no te crees el cuento de los cuentacuentos, que son el garante del orden social.

Desde el origen de la civilización, la cima de la pirámide son los que mandan, los que sostienen los mitos que explican por qué manda el que manda, y los que te golpean si no obedeces, lo cual incluye trabajar para mantener a esa mitad superior de la pirámide. Primero el sometimiento sutil, único sustentable a largo plazo y que funciona para casi todos; y después el sometimiento burdo, el que en cada época se ha aplicado contra las mentes libres y verdaderamente revolucionarias.

La mitad de abajo es casi inalterable: comerciantes, artesanos y campesinos; desde tiempos inmemoriales, los que trabajan para mantener a reyes, religiosos y guerreros. Ahí está la pirámide completa: reyes, sacerdotes y guerreros son la mitad de arriba, que cumplen diversos roles en el ejercicio del poder y que son mantenidos por la mitad de abajo; invariablemente: comerciantes, artesanos y campesinos. Pueden cambiar los nombres a lo largo de la historia, pero no la estructura y su función.

Apliquémoslo a cualquiera de los imperios antiguos: el chino, el persa, el babilonio, el romano, el otomano…, siempre es lo mismo: el que manda, los cuentacuentos que explican por qué y la fuerza de golpeo que te somete. Abajo, y como siempre, comerciantes, artesanos y campesinos. Así fueron también los imperios de América; como el tolteca, el mexica o el inca; así fueron los imperios africanos como el de Malí o Abisinia, así fueron los reinos del Indostán y así fue el Tíbet. Civilización es sinónimo de desigualdad.

Viajemos a la Edad Media, los restos del Imperio romano donde tan sólo la Iglesia católica sobrevivió al desmoronamiento imperial y se convirtió en la máxima institución de poder. Aquella Europa estaba fragmentada en lo político, pero finalmente fue lo mismo: hasta arriba había reyes, seguidos por una casta sacerdotal, ahora exclusivamente católica, y por guerreros. Debajo estaban los de siempre y, hasta arriba, a veces de manera práctica y otras veces sólo simbólica, estaba el papa.

El mundo moderno, ese que en términos generales comienza con la era de las exploraciones, el desarrollo de la imprenta y el descubrimiento de América se caracterizó en Europa por ser la era de la monarquía absoluta. Surgen los reinos poderosos con los grandes reyes famosos de la historia; los Felipes de España y los Luises de Francia, las dinastías Tudor y Estuardo en Inglaterra, los Hohenzollern de Prusia, los zares de Rusia, los Habsburgo y los Borbones.

Con escuetas y nimias diferencias, la estructura fue siempre la misma: hasta arriba un rey, y el mito que lo sustenta: el derecho divino, junto con la familia real y la alta nobleza que son la élite gobernante. Debajo de ellos está el clero: arzobispos, obispos y curas en general sosteniendo el mito que sustenta al régimen, y por debajo, los siempre presentes guerreros, la fuerza de choque, reforzada en este caso por la Inquisición, el tribunal que te quema vivo si no crees el mito que consolida al régimen. La mitad de abajo tiene a los comerciantes, artesanos y campesinos trabajando para mantener a sus opresores.

Sin embargo, en la era de la exploración y el germen del liberalismo, poco a poco los grandes mercaderes fueron enriqueciéndose y empoderándose…, hasta que vino el cambio definitivo, lo que realmente simboliza la Revolución francesa: por primera vez en la historia los comerciantes accedieron a la mitad de arriba, y poco a poco fueron subiendo hasta tener la capacidad de derrocar a los monarcas y tomar su lugar.

Bienvenidos al mundo moderno, el del capitalismo, la libertad, el nacionalismo y la democracia. Nuevas historias, tótems y mitos para mantener las mismas estructuras de sometimiento que hemos desarrollado en los últimos catorce mil años.

El espíritu de los siglos

En los últimos quinientos años pareciera que cada siglo ha estado impregnado y dominado por un espíritu de su tiempo, una esencia, una fuerza de cambio que va encauzando los acontecimientos del devenir histórico. Esto no debe interpretarse como algo místico o esotérico, bien nos dijo Marx que lo que mueve todo es el motor invisible de la historia, cuyo gran combustible es la lucha de clases. La historia lleva su propio impulso, y los individuos, sumergidos como suelen estar en la inconsciencia y guiados por el impulso ciego que los lleva a crear más y más complejidad, son más espectadores que escritores del drama histórico.

El motor de la historia es la lucha de clases, pero hasta antes del siglo XV no existía nada cercano al concepto de clase social, quizá por eso el motor giraba mucho más despacio. En el mundo antiguo la sociedad estaba dividida en estamentos, y dicha posición social era algo adquirido por nacimiento y no podía ser cambiado. Fue así alrededor de todo el orbe y en todas las civilizaciones.

Pensemos en la católica Edad Media. La división fundamental era binaria: noble o plebeyo, esa condición la otorgaba Dios, era inamovible y, de hecho, resignarte a la condición de plebeyo, sin atisbo alguno de descontento, era uno de los caminos para ganar el cielo. Similar a la sociedad hindú, donde toda condición social era de nacimiento y determinada por el karma acumulado en vidas pasadas; era por lo tanto algo absolutamente justo, y no lamentarse de la condición era la forma de generar buen karma para una mejor oportunidad en otra vida. Sobra decir que en ambos casos hablamos de una prostitución del sentido original de sendas religiones.

Noble o plebeyo, así naciste y así morirás. Los nobles mandan porque Dios les dio esa prerrogativa, y los plebeyos pueden tener la tranquilidad de que serán menos exigidos en el juicio final. Nada tiene que ver el dinero, aunque, entre otras cosas, toda riqueza proviene de la tierra, y la posesión de tierra era potestad exclusiva del noble, con lo que la inmovilidad social estaba asegurada. No hay clases sociales y por lo tanto no hay lucha para ascender. Simplemente no hay a donde subir.

Contrario al estamento, que es una condición de nacimiento, la sociedad de clases se caracteriza precisamente por ser dinámica. Tu estatus social o clase está relacionado con tu capacidad de producir y acumular riqueza, y sin importar tu estrato de origen, la riqueza lo purifica. Claro que era imposible que los plebeyos generaran riqueza con las leyes medievales, por lo que un grupo de plebeyos adinerados, los llamados burgueses, simplemente fueron cambiando las reglas e inventado sus propios juegos económicos, su revolución del capital.

Ubiquémonos en el siglo XV. Europa no sólo ha salido del gran pasmo que resultó la peste negra, sino que se ha fortalecido y está en camino de reinventarse. Las rutas comerciales vuelven a funcionar con más dinamismo que nunca, y el hecho de que los turcos dominen las rutas del Mediterráneo oriental ha obligado a los europeos a buscar otros derroteros. Esto los llevó a descubrir América y a comenzar una larga conquista de todo el mundo, una conquista que enriqueció principalmente a los grandes mercaderes.

El espíritu del siglo XV fue la exploración, y la riqueza que generó comenzó a cambiarlo todo socialmente. El siglo XVI se caracterizó por la ruptura religiosa de Europa, y contra el predominio de la Iglesia católica surgió la Reforma protestante. Europa quedó escindida en lo religioso, que en aquel tiempo era lo mismo que lo político, y en aquellos reinos separados de la Iglesia romana, surgieron los Estados modernos, los grandes comerciantes comenzaron a enriquecerse y a enriquecer a sus monarcas, y con ese exceso de riqueza se patrocinó, entre otras cosas, el desarrollo de la ciencia.

La ciencia fue el espíritu del siglo XVII: Galileo, Kepler, Halley, Newton, entre otros. Pero floreció principalmente en los países que habían roto con la tradición católica, en los que el poder económico de los burgueses podía patrocinar viajes de exploración por el mundo, facultades de ciencias, experimentos y demás. Los monarcas apoyaron la ciencia porque vieron en ella una ventaja competitiva contra los otros reinos europeos en su nueva obsesión: conquistar territorios en todo el planeta.

Y así llegamos al siglo XVIII, cuyo espíritu fue la luz de la razón. En aquella Europa de la centuria de 1700, España era la potencia en decadencia a nivel mundial, Francia la potencia dominante e Inglaterra la emergente. Otros reinos como Prusia, Austria y Rusia se disputaban el rol de potencia dentro del continente, pero sin el gran poderío que otorgaba ser dueño de un imperio global. En términos generales, el sistema político dominante era la monarquía absoluta, en la que el rey y su voluntad eran la única ley, sin ningún tipo de contrapeso y sin que el pueblo tuviese voz, mucho menos voto, en los asuntos políticos.

El siglo XVIII fue conocido como la Era de las Luces, precisamente porque toda la centuria estuvo dominada en lo intelectual y filosófico por el movimiento conocido como la Ilustración. El espíritu de dicha Ilustración era la fe absoluta en la razón humana como camino al progreso; se había superado la época del oscurantismo religioso, del mito y el dogma, y se vivía un nuevo amanecer de la humanidad, una era de luz, de lógica y de método científico. Contrario a casi cualquier época anterior, el ánimo general era de confianza en la humanidad y en el futuro.

Los ilustrados, como se llamaban a sí mismos los pensadores de la época, sostenían que la razón podía combatir la ignorancia, la superstición y la tiranía, y construir un mundo mejor. Su lema era disipar las tinieblas de la humanidad mediante las luces de la razón. El siglo anterior había visto florecer las ciencias exactas: la física, la química y las matemáticas; los pensadores del Siglo de las Luces intentaron estudiar, conocer, clasificar y controlar a la sociedad aplicando el método científico al estudio de lo social. Nacieron la psicología, la sociología, la pedagogía y, quizá por encima de cualquier otra disciplina, la filosofía política.

Las teorías políticas no eran necesarias antes del siglo xv, cuando Dios era la explicación a absolutamente todo y, desde luego, el discurso legitimador de todo poder. Dios era el amo y señor, el único verdadero soberano, y Él depositaba esa soberanía divina en la realeza y la nobleza. Eso no se argumentaba, simplemente se establecía. Pero la gran ruptura religiosa que fue la Reforma protestante, sumada al auge de la burguesía y a una sociedad cada vez más compleja, hacía cada vez más difícil el ejercicio del poder, y era cada vez más necesario estudiar y comprender dicho fenómeno.

La Ilustración fue en sí misma una revolución del pensamiento. Usar la razón en una búsqueda desesperada de la verdad, porque, como nos dijo Jesús, la verdad nos hará libres; aunque la verdad señalada por el maestro no sea de carácter racional y la razón, tan dialéctica como lo indicó Hegel, se convierta finalmente en una rueda sin fin donde toda conclusión racional puede ser negada por la razón misma.

En todas las épocas el conocimiento es poder, y durante el Medioevo, la creación y conservación del conocimiento quedó en manos de la Iglesia. ¿Quién hacía filosofía? En la Antigüedad grecorromana, en general, los aristócratas ricos y con esclavos, con alguna excepción como Diógenes y Epicteto; tras la caída de Roma fue una actividad circunscrita a los monasterios y poco después limitada a las universidades, que pertenecían al ámbito eclesiástico.

Dedicar la vida a generar, conservar y transmitir conocimiento, hasta antes de la era del libre mercado, era una actividad que sólo podía ser sostenida por instituciones como la Iglesia. Pero la imprenta generó un mercado de lecturas y lectores que es en realidad un mercado de ideas libres, pues no dependen del poder. Ésa es la esencia más profunda de la democracia: el ideal de una sociedad donde cada individuo pueda generar riqueza y conocimiento de manera independiente al poder. Eso fue lo que hicieron los ilustrados; pensadores burgueses libres que tomaron en su mano la labor de la generación de conocimiento.

Siempre han existido discursos para legitimar el poder, es el quid de la civilización, y en la Europa medieval y la era monárquica ese discurso era Dios. Pero la burguesía, cada vez más empoderada en lo económico, más rica de hecho que muchos reyes y nobles, aspiraba ahora al poder político, y el discurso del derecho divino no le favorecía, pues por más adinerada que fuese no dejaba de ser plebeya, y sólo en los nobles estaba la facultad de mandar.

Pero dado que toda estructura política es una configuración ficticia, basada en símbolos y mitos que son invención humana, y eso lo sabían bien los ilustrados, todo lo que había que hacer era crear nuevas teorías, construir nuevas estructuras y nuevos símbolos que justificasen que un plebeyo pudiera gobernar.

Nació así la idea de la soberanía popular: el poder no lo otorga Dios al soberano, sino que éste lo recibe del pueblo a través de un pacto social, como nos señaló Rousseau. Contra un poder sustentado en mitos religiosos, nació el supuesto poder del pueblo sostenido en mitos nacionalistas: la democracia, un nuevo discurso para legitimar que pocos manden sobre muchos, con esos muchos como pretexto. La Ilustración terminó siendo el marco teórico de las revoluciones burguesas del siglo XVIII: la estadounidense y la francesa.

Las revoluciones ilustradas

Al amparo de las grandes monarquías se llevó a cabo la exploración y la conquista del mundo por un puñado de países; fue también bajo el cobijo de las Coronas como surgieron las primeras grandes empresas capitalistas y transnacionales, y fue por lo tanto dentro de ese esquema de absolutismo real donde nació y germinó el capitalismo, y donde los burgueses comenzaron a amasar grandes fortunas.

Es hacia el siglo xv cuando las primeras familias burguesas adineradas empezaron a valorar el conocimiento y a pagar por él, así como a patrocinar a artistas y pensadores para que no dependieran de la Iglesia. Nacieron los llamados mecenas y sembraron la semilla del pensamiento libre. Desde entonces y hasta hoy, el pensamiento libre siempre se ha enfrentado al esfuerzo de las cúpulas de poder por controlarlo, desde el púlpito hasta los medios de comunicación masiva, o abiertamente la censura.

El siglo xvii pudo ser el de la ciencia porque había libros e imprentas, porque pensar dejó de estar prohibido en ciertos países, porque la innovación de ideas comenzó a ser bien recibida por algunos monarcas, porque se fundaron clubes científicos y filosóficos... En resumen, porque el conocimiento y su progreso fueron altamente apreciados por los burgueses, que además disponían de recursos para contratar maestros privados y educarse.

Así se llegó al Siglo de las Luces, el xviii, con la monarquía absoluta como la norma de casi toda Europa. Inglaterra, que precisamente a principios de dicha centuria unió su parlamento con el de Escocia para crear el reino de Gran Bretaña, era la vanguardia política con una monarquía parlamentaria donde los burgueses tenían voz y voto en el gobierno; eso, por cierto, después de que le cortaron la cabeza al último rey con afanes absolutistas, Carlos I, en 1649.

Comenzaba a nacer el Imperio británico, y muy claro tenía la Corona que los comerciantes, banqueros y burgueses eran el cimiento imperial, por lo que su participación en el gobierno resultó indispensable. Con el tiempo, la Corona británica fue asumiendo papeles cada vez más simbólicos, pues el imperio se fue convirtiendo en un corporativo transnacional, un gobierno de burgueses para burgueses, donde la Corona y sus símbolos se mantienen hasta la fecha, precisamente porque son los símbolos a los que la gran masa ya está acostumbrada a someterse.

Fue el gran auge económico de las monarquías, y la revaloración del conocimiento, lo que permitió un fenómeno como la Ilustración. En países como Inglaterra, Francia, Holanda o Prusia, comenzaron a popularizarse las tertulias intelectuales, donde los burgueses se reunían a pensar, a debatir, a leer a los grandes filósofos, a crear teorías..., y con el paso del tiempo, sobre todo en Francia, a conspirar contra el poder.

La Ilustración fue todo un movimiento intelectual que giraba en torno a la literatura y la filosofía, pero casi siempre con una vertiente política. El barón de Montesquieu nos habló de la división de poderes en ejecutivo, legislativo y judicial, que hoy es esencial en la política occidental; Voltaire nos habló de laicismo, de tolerancia religiosa, de la esencia opresiva de la sociedad y de la alienación del individuo, de ética y moral, y quizás encima de todo de la libertad de expresión. Fue el hombre que nos dijo: "No comparto lo que dices, pero defenderé hasta la muerte tu derecho a decirlo".

Denis Diderot y Jean d'Alambert encarnaron el espíritu de su siglo al ser los creadores del más descomunal proyecto intelectual generado por la humanidad hasta entonces: la Enciclopedia. Hoy nos parece normal que existan colecciones de libros o plataformas de internet donde uno pueda tener acceso, literal, a todo el conocimiento generado por la humanidad, pero se lo debemos a esos dos grandes pensadores, primeros en concebir tan titánica tarea: compilar y organizar todo el conocimiento acerca de todo. Ambos personajes consideraban el acceso al conocimiento como un paso fundamental hacia la libertad de los individuos.

D'Alambert, genio de las matemáticas, prosiguió su camino intelectual por ese sendero, mientras que Diderot se mantuvo en el camino de la política, como un férreo y fanático enemigo de la monarquía y la Iglesia. En algún momento nos dijo que ningún hombre será libre hasta que el último rey sea colgado con las tripas del último sacerdote; con lo que dejó claro que era igual que la Iglesia y la monarquía a las que tanto criticaba, y que nunca hubo una verdadera revolución en su mente.

Diderot es la síntesis de la Ilustración. La esencia de su pensamiento, por liberal y humanista que se presuma, sigue siendo el que ha predominado en la historia humana: hay una justificación para asesinar al que no piensa como yo. Esa justificación siempre es la venganza, aunque se disfrace de justicia, y es la esencia del eterno sufrimiento humano.

En esa misma época tenemos a Kant en Prusia, dedicado sobre todo a la ética, basada en la razón y que no dependiera de Dios como garante, aunque él mismo fuese un firme creyente; una ética humanista basada en la idea de jamás, en ninguna circunstancia, despojar al ser humano de su dignidad, tratarlo siempre como un fin y nunca como un medio. Ese cambio de mentalidad es otra revolución mental que la humanidad aún no ha llevado a cabo, pues vive en un eterno competir por llegar a un arriba que no existe, sin importar a quién deba utilizar como medio en su frenética carrera a ningún sitio.

En Inglaterra y Escocia, unidas en un solo reino desde 1707 (Gran Bretaña), el pensamiento de tipo ilustrado había germinado desde antes, llegando quizás a su máxima expresión en John Locke, quien nos habló de derechos individuales, de libertad de credo, expresión y pensamiento, de republicanismo y de contrato social desde el siglo anterior. En tiempos de la Ilustración quizás el pensador más importante de Gran Bretaña fue el escocés Adam Smith, gran defensor del liberalismo económico.

Es importante señalar que las teorías de Smith, tan mal aplicadas y entendidas hoy, hablan de libertad para el individuo de buscar su felicidad, bienestar y riqueza sin que nadie, ni siquiera un rey, pueda interferir en ese crecimiento personal, que debe tener un solo límite que nunca tiene que ser traspasado: la ética comunitaria. Ésa es la parte del liberalismo de Smith que se olvidó por completo en el siglo XXI, cuando el propio sistema capitalista liberal, absolutamente antikantiano, se basa precisamente en usar al ser humano como un medio.

Y quizá por encima de todos, simbólicamente, tenemos a Jean-Jacques Rousseau, ya que es el célebre autor de *El contrato social*, el texto donde se expone la teoría básica que legitima el derrocar a un monarca, o a cualquier sistema tiránico de gobierno. La sociedad, nos dijo Rousseau, es un contrato entre el gobernante y los gobernados, un acuerdo de civilidad donde unos mandan y otros obedecen, unos están más arriba y otros más abajo, pero todos, absolutamente todos, deben recibir un beneficio, y, ante todo, la posibilidad del desarrollo individual en búsqueda de la felicidad.

El hombre, bueno por naturaleza según Rousseau, y dotado de la maravillosa facultad de la razón, tiene la capacidad de autolegislarse, de imponerse límites morales y de ser soberano de sí mismo, como nos señaló Kant. Este individuo, racional, bueno y libre es el único soberano de un país, y es a través de un contrato social que dicho individuo deposita sus derechos y soberanía en un Estado y un gobernante. Así pues, el poder no emana de Dios sino del pueblo, y el pueblo puede entregar el ejercicio del poder a quien sea, no necesariamente a un noble, sino también a un plebeyo; es decir, a un burgués.

El hermoso discurso ético y racional de Rousseau fue la piedra angular de lo que después será la Revolución francesa; aunque hay que acotar que el pensador murió en 1778, antes de los conflictos, dejó sembrada una semilla de rebeldía, y, sobre todo, el nuevo discurso legitimador que justificaba incluso el derrocamiento de un monarca.

Si el poder es de Dios, y es Él quien lo otorga a un monarca, no hay revolución posible, sobre todo si el pueblo cree en esa teoría del derecho divino. Pero si se asume que la soberanía reside en el pueblo, y que el ejercicio del poder es un pacto entre el gobernante y el pueblo, cualquiera puede ser el depositario de dicho poder. Ese pensamiento será la columna vertebral de la Revolución francesa y de todo movimiento antimonárquico.

Todo es ilusión excepto el poder

No importa si el faraón cree que es un Dios, si el rey cree en su derecho divino, si el noble cree en su sangre azul, si el político cree en la democracia o el líder estadounidense cree en el Destino Manifiesto, lo que importa es que el pueblo lo crea. Así se mantiene el poder.

En todas las especies animales existe el poder, es parte de la naturaleza, desde el bullicioso hormiguero con su rígida estructura jerárquica hasta los mamíferos evolucionados, entre ellos los primates; y por encima de ellos, ese primate que adquirió la facultad única de la consciencia de sí mismo: el *sapiens*.

El universo en su totalidad tiende a la destrucción, a la disipación de la energía, al caos originario; es la ley básica de la entropía, todo tiende al caos. No obstante, la vida requiere cierto orden. Orden y caos viven en eterno conflicto y, en términos de civilización, para que el orden exista debe existir el poder, entendido en su versión más básica: el hecho de que uno, o muy pocos, mandan, y todos los demás obedecen. Al ser nosotros la única especie con consciencia, somos los únicos que conocemos este delicado hecho y convertimos el dominio en una ciencia y un arte. Entre las hormigas o abejas obreras, a falta de consciencia, nunca ha surgido un insecto marxista.

Los mamíferos luchan por el poder como algo programado: macho alfa joven contra macho alfa viejo, una generación contra otra, y siempre para asegurar la mayor fortaleza y protección del grupo. Entre los primates, esta lucha es particularmente violenta, pero también es simple, a falta de consciencia priva la ley del más fuerte; un gorila vence al otro, se consolida como líder de la manada y ninguna regla cambia, todo sigue como en los últimos siglos o milenios, con un nuevo "espalda plateada" al mando. Únicamente un primate conspira por el poder: el *sapiens*, y lo asume siempre de manera egoísta.

Pero como entre el resto de los mamíferos, hay cosas en las que no negamos nuestra animalidad: sale uno del poder y llega otro, pero no hay más cambio, siempre habrá alguien en el poder y siempre se valdrá de medios para conservarlo mientras otros intentan removerlo. Pero el primate humano se da cuenta de que es sometido y lucha por dejar de ser el último eslabón de esta cadena. Somos el único primate que hace revoluciones.

Nos matamos por el poder, sea uno contra uno como en los tiempos antiguos, o sea masas contra masas como en los tiempos modernos; finalmente, siempre hay alguien detrás del que pelea, alguien que controla y manda, el que tomará el poder después de la batalla.

En nuestro caso, detrás de la lucha por el poder no está sólo la programación natural, también hay ideas. Nuevas ideas sociales sobre economía, justicia, derechos, soberanía y demás…, detrás de todo ello tenemos sólo teorías del poder. El ser humano ha luchado por él incluso desde antes de establecer la civilización, la lucha es la misma, cambian las formas. Hace ochenta mil años mandaba el que conocía el secreto del fuego, hoy manda el que conoce el secreto de la comunicación, de la persuasión de masas, del manejo de la imagen y los medios.

La estructura social de los alces, de los antílopes o de las avispas ha sido la misma por miles de años, en el caso del ser humano siempre cambia; pero cambia sólo la estructura con la cual se organiza el poder, el discurso que se da al súbdito para que obedezca, los medios que se usan para someterlo, los métodos y herramientas que sirven para convencerlo. Puede ser república o imperio, monarquía o democracia…, todo aquello son sólo formas. En el fondo, todo es ilusión excepto el poder, ninguna revolución ha cambiado eso.

Y así ocurrió con las revoluciones burguesas. Nuevos símbolos, distintos mitos, otros tótems, diferentes discursos legitimadores, ideas diversas que justifican la caída de un régimen en aras de otro. Nunca cambia el hecho del poder y nunca se modifica su estructura fundamental. Como nos dijo George Orwell, nadie toma el poder con la intención de dejarlo, y nadie toma el poder por el bien de los demás. No importa si el discurso gira en torno a los demás y su felicidad, no importa siquiera si el revolucionario se lo cree; los que luchan por el poder sólo quieren una cosa: el poder en sí mismo.

El pueblo oprimido de la Francia de Luis XVI no mejoró sus condiciones de vida, ni salió de la opresión, ni experimentó libertad, igualdad y fraternidad una vez que rodó la cabeza del monarca y se estableció un sistema republicano. Robespierre ejecutaba, al estilo Inquisición, a todo aquel que tuviera la más mínima idea en su contra, y no tuvo reparo alguno en masacrar a los *sans-culottes*, las grandes turbas de desposeídos que fueron pieza clave en el proceso revolucionario, desde la toma de la Bastilla en 1789 hasta la ejecución del rey en 1793.

La Revolución francesa

Había opresión, injusticia, miseria y monarquía absoluta en prácticamente toda Europa; sin embargo, la revolución que se alzó contra todo eso se dio en Francia, y es importante saber por qué. Una vez más la respuesta es el motor ciego de la historia de Marx, el hecho de que son las fuerzas económicas, mucho más que los individuos, las que mueven los hilos de la historia.

En el siglo xv fueron los castellanos los que llegaron a América. Fueron ellos, en competencia con Portugal, y ningún otro reino, porque era en la península ibérica donde las condiciones económicas, políticas y sociales prácticamente arrojaron a los aventureros. No dependió de un Colón o de los Reyes Católicos, sino del espíritu del tiempo. En el siglo xvi se dio la Reforma protestante en Alemania, porque era ahí, en ese medieval imperio germánico, donde los abusos de la Iglesia habían llegado a su máxima expresión, y donde todas las circunstancias exigían una transformación.

Con la Revolución francesa ocurrió lo mismo. Fue en Francia donde se reunieron todas las condiciones necesarias para un estallido social. Viajemos brevemente a 1589, en ese año, y tras décadas de conflictos sociales, Enrique de Borbón, rey de Navarra, tomó el trono francés como Enrique IV, el primero de la dinastía Borbón, que en el año 1700 tomó el poder también en España, donde se mantienen en pleno siglo XXI en la persona de Felipe VI.

Enrique IV reinó hasta 1610 y con él comenzó la grandeza y la bonanza de Francia. Su hijo, Luis XIII, tomó el trono en 1610 y fue rey hasta su muerte en 1643. Es la época en la que el cardenal Richelieu fue primer ministro de Francia, y para cuando murió, en 1642, había convertido a Francia en una potencia naval con una economía sólida y finanzas públicas sanas.

Con cinco años, en 1643 comenzó el reinado de Luis XIV, conocido por la posteridad como el Rey Sol, y cuyo reinado se extendió hasta su muerte en 1715. Las finanzas públicas de Francia se habían dañado en la Guerra de los Treinta años (1618-1648) y quedaron absolutamente devastadas por la opulencia desmedida de Luis XIV, representada perfectamente en la construcción del palacio de Versalles. El Rey Sol ejerció como nadie un poder absoluto, lo cual es en general muy costoso, además de que vivió en un constante estado de guerra contra Inglaterra.

Su reinado terminó con una Francia en bancarrota y sumida en la miseria, con campesinos, comerciantes y artesanos viviendo una terrible pobreza que contrastaba con el lujo de los grandes burgueses, de la nobleza y, sobre todo, de la casa real y sus dispendios.

El bisnieto de Luis XIV tomó el trono en 1715 con el nombre de Luis XV, y aunque la economía francesa era desastrosa y las condiciones del pueblo infames, la realeza, la nobleza y la gran burguesía siguieron con una vida de lujo y ostentación que se sostenía con los impuestos sobre un pueblo cada vez más empobrecido. Para colmo, durante su reinado Francia perdió ante Inglaterra todas sus colonias en América y la India.

Luis XV fue rey hasta su muerte en 1774. Francia era para entonces la sombra de lo que había sido, despojada de su imperio colonial por Inglaterra, con la crisis económica que eso significaba. Era un reino pobre con un pueblo pobre y una nobleza insultantemente rica. Todo el contexto francés era perfecto para la rebelión, había burgueses adinerados e ilustrados que aspiraban, no a derrocar a la monarquía, pero sí a controlarla, al estilo inglés, y un pueblo hastiado que se convertiría en el gran combustible de la revolución. La Revolución francesa, como toda revolución social, fue un movimiento político simple: los de en medio convenciendo a los de debajo de luchar contra los de arriba. Los de en medio suben y todo queda igual.

Así pues, en 1774 sube al trono Luis XVI en un ambiente de pésimas condiciones económicas, grandes despilfarros en la corte, un pueblo hambriento y una nobleza privilegiada sin carga fiscal. Urgía una reforma hacendaria y el rey nombró ministro a un banquero burgués, Jacques Necker. Su propuesta de reforma era quizá la única sensata y lo que el país necesitaba, pero la única que el rey no estaba dispuesto a aceptar: cobrar impuestos a la Iglesia y a los nobles.

Las reformas de Necker eran amplias y complejas, pero implicaban una reestructuración de todo el aparato fiscal que perjudicaba a muchos poderosos de la época, además de que no creía en que el liberalismo económico generara bienestar social, como decían las teorías de Adam Smith. Él era partidario de un Estado fuerte y poderoso que debía ser el garante del bienestar, cuando en aquel tiempo era más bien el garante de la inequidad y la pobreza. Así lo dijo: corresponde al gobierno, intérprete y depositario de la armonía social, hacer para esta clase desheredada todo lo que el orden y la justicia permitan.

En 1781, presionado por las clases más privilegiadas, el rey destituyó a Necker, pero incapaz de ordenar las finanzas tuvo que volver a llamarlo en 1788. Fue entonces cuando el ministro llevó a cabo lo que con el tiempo sería el inicio de la revolución: convocó a los Estados Generales, es decir, el parlamento del reino, que no había sido emplazado en casi dos siglos, por lo que tardaron, tanto convocatoria como reunión, un año en llevarse a cabo. Finalmente, quedó constituido con mil doscientos representantes; trescientos del clero, trescientos de la nobleza, y 600 del llamado tercer estado, es decir, el pueblo…, principalmente los burgueses.

Con esa relación de fuerzas, los diputados del pueblo estaban seguros de poder ganar en cualquier debate, pero el rey anunció que la votación no sería por cabeza sino por estamento; es decir, los trescientos diputados de la nobleza emitían un voto, los 300 del clero otro, y los 600 del pueblo uno más. Tres votos, dos son mayoría, y resultaba evidente que el pueblo jamás iba a ganar.

Así las cosas, en 1789 los diputados del tercer estado se separaron de los Estados Generales, se nombraron Asamblea Nacional y se asumieron como únicos representantes legítimos de Francia. El monarca desconoció ese movimiento y clausuró el salón de sesiones, por lo que los diputados comenzaron a reunirse en el edificio conocido como el Juego de Pelota y se autoproclamaron como Asamblea Constituyente, precisamente con el objetivo de redactar una constitución que estableciera y limitara los poderes del rey.

Luis XVI comenzó a reunir tropas en París y en Versalles para oponerse a los diputados considerados rebeldes, pero también de París y otras ciudades empezaron a llover mensajes de apoyo a la Asamblea. El rey se enemistaba con la gente, y los representantes más radicales, que buscaban reformas sociales profundas, comenzaron a azuzar al pueblo en las calles de París. Dato cultural: los diputados de tendencias más socialistas se sentaban del lado izquierdo del salón de sesiones y los más favorables al rey se situaban a la derecha, desde entonces esas palabras de ubicación espacial pasaron a formar parte del léxico político.

Presionado por los nobles, el rey destituyó a Necker el 11 de julio de 1789. Muchos interpretaron esto como un claro mensaje del rey en contra del pueblo, de la Asamblea y de las reformas, y con ese descontento como combustible se dio el icónico acontecimiento conocido como la toma de la Bastilla, el 14 de julio de 1789.

Como siempre que una multitud amorfa actúa, hay una mente detrás moviendo los hilos, en este caso la del periodista radical Camille Desmoulins. A partir de ese momento histórico, la prensa sería una pieza clave en los juegos de poder; los gobiernos comienzan a depender de la percepción de la gente, y por eso es necesario controlar esa percepción. La realidad quedó fuera del interés político.

No es que la revolución comenzara ese día, ni que fuera una gran batalla o un gran golpe al rey. Ese día fueron liberados los únicos cuatro prisioneros de la cárcel real, y se capturaron armas y municiones, pero simbólicamente representó el momento en que el pueblo, movido por sus pasiones por encima de creencias como el derecho divino, se rebeló abiertamente contra el monarca.

La toma de la Bastilla no es un acontecimiento relevante en cuanto a acto revolucionario; no tiene nada que ver con una victoria de los rebeldes, ni está relacionado con la caída de la monarquía…, no en la realidad, pero sí en la mente del colectivo. Como se ha señalado en todo este viaje de la revolución humana, la mente vive de símbolos y nada tiene más poder que los símbolos. La toma de la Bastilla, tanto entonces como hoy es, antes que nada, y por eso es fundamental, un acto simbólico.

Mientras las calles eran un hervidero, los políticos seguían con lo suyo, los asambleístas lograron incorporar a representantes del clero y de la nobleza, hasta que el propio rey no tuvo más remedio que aceptar el hecho de que los representantes del pueblo, sus súbditos, redactarían un documento que estipulaba dónde comenzaba y terminaba el poder del rey. Muy pocos poderes se le quitaban, pero eso no era lo importante, lo realmente relevante fue que el pueblo, que debía callar y obedecer, le decía al gobernante cómo gobernarlos.

En 1791 el rey Luis XVI juró la Constitución que le presentó la Asamblea Constituyente, que a partir de ese momento se convirtió en legislativa, y al parecer todo terminaba bien y con relativa civilidad. Pero al tiempo que las cosas parecían normalizarse en Francia, ya comenzaba a formarse una coalición de países europeos listos para invadir al país; en 1792, Gran Bretaña, España, Austria y Prusia comenzaron los ataques. Esta guerra multinacional duró hasta 1797, y fue sólo la primera de siete coaliciones contra Francia entre 1792 y 1815.

Hay muchas razones y se esgrimen diversas teorías sobre la razón de que toda Europa entrara en guerra contra Francia. La más común es sostener que el conflicto no era contra el país como tal, sino contra el gobierno revolucionario. Es decir, en una Europa donde predomina la monarquía absoluta como forma de gobierno, el hecho de que triunfe un movimiento revolucionario en un reino genera miedo en los demás monarcas, que deciden atacar Francia para dar un ejemplo a sus propios movimientos ilustrados y liberales con potencial de rebelión.

En la primera coalición participó España que, además de monarquía absoluta, era la dinastía Borbón, es decir, la misma familia gobernante de Francia. Austria y Prusia, con los Habsburgo y los Hohenzollern, también intervinieron, también eran monarquías absolutas y en ambos reinos proliferaban movimientos ilustrados y liberales. Pero también concurrió Gran Bretaña, una monarquía moderna y parlamentaria, cuyo ejemplo de hecho es lo que inspira en gran parte a los franceses.

Visto con tiempo de por medio, podemos recordar que Francia era la potencia dominante hasta mediados del siglo XVIII, cuando precisamente Inglaterra la despojó de su imperio colonial. Inglaterra se disputaba el papel de potencia hegemónica con Francia, y los conflictos revolucionarios fueron su gran oportunidad para hundir a su competidor en veinte años de guerra. Lo que hoy está claro es que Inglaterra fue el único país que participó en todas las coaliciones, el que las promovió, en muchos casos las financió, y en algunos incluso sobornó a gobiernos de varios países para declarar la guerra.

En la segunda coalición, además de Inglaterra, Austria y Prusia, se sumó Nápoles, Portugal, el Imperio otomano y Rusia, y en términos generales, Austria, Prusia y Rusia, grandes reinos absolutistas, siempre estuvieron presentes.

No hay que olvidar otro factor, y es que los monarcas de Europa no sólo se conocían entre ellos, sino que, a base de constantes alianzas dinásticas, todos eran parientes en algún grado, y tiene sentido pensar en el apoyo entre monarcas contra movimientos liberales. En el caso de Francia, todo parece indicar que el propio Luis XVI, al tiempo que aceptaba la Constitución y parecía estar de acuerdo con el nuevo sistema, dirigió diversas cartas a reinos europeos pidiendo ayuda y hasta indicando cómo y dónde atacar.

Eso último, por lo menos, fue uno de los argumentos de mayor peso cuando el gobierno revolucionario juzgó a Luis XVI por traición, lo declaró culpable y lo guillotinó en enero de 1793. Cuando la cabeza de un rey nombrado por derecho divino rodó por la tierra, la monarquía absoluta estaba simbólicamente acabada. Eso es lo más relevante de la Revolución francesa.

La revolución tomó rumbos catastróficos, tras la abolición de la monarquía hubo gobiernos aún más tiránicos, como el de Robespierre, intentos de restaurar la monarquía, y un Napoleón que, tras comenzar con el republicano título de cónsul, terminó designándose a sí mismo como emperador en 1804. En algún momento nos dijo que en las revoluciones hay dos tipos de personas: los que las hacen y los que se aprovechan de ellas. Qué bien lo sabía. Tras su caída en 1815, la monarquía volvió a Francia y no hubo elecciones democráticas hasta 1848, cuando el pueblo francés eligió al sobrino de Napoleón, que se eternizó en el poder con el título de Napoleón III hasta 1870.

Es decir que en Francia no hubo una democracia y una república funcional hasta 1871, casi un siglo después de su revolución, y que desde luego no hubo libertad, igualdad y fraternidad…, quizá sigue sin haberla. Pero en términos simbólicos, la Revolución francesa representa el fin de una era, el principio del fin de la monarquía absoluta y el lento advenimiento de la democracia, las constituciones y los sistemas parlamentarios.

La guillotina cayó y la cabeza de Luis XVI rodó. Eso significa que había caído el mito que sostenía al régimen, esto es, la idea de que Dios nombra al rey. Por lo menos quiere decir que los burgueses ilustrados habían dejado de creer ese mito, que intentaban cambiarlo por el mito de la soberanía popular, y que el pueblo comenzó a apoyar ese vital cambio ideológico.

Así pues, la revolución comienza simbólicamente con la toma de la Bastilla en 1789 y llega a su momento álgido en 1793, cuando no sólo fue decapitado el rey, sino que se declaró oficialmente la abolición de la monarquía. Se formó entonces un nuevo gobierno supuestamente republicano y popular conocido como la Convención, aunque cabe decir que nadie votó por él, y su líder, Maximilien Robespierre, cortaba cabezas de contrarrevolucionarios con la misma facilidad que la Inquisición quemaba herejes, hasta que su propia cabeza se separó de su cuello en 1794.

Fue entonces cuando incluso muchos de los rebeldes en el parlamento vieron con buenos ojos restaurar la monarquía, pues el experimento republicano era un caos. En 1795 hubo un intento de restauración, apoyado por varios sectores del pueblo que fueron masacrados por los militares revolucionarios, por uno en particular que estuvo a cargo de sofocar la manifestación popular: Napoleón Bonaparte. Es decir que la soberanía y voluntad popular sólo era válida si concordaba con los planes de los líderes.

A partir de ese momento, Napoleón, hasta entonces un teniente de artillería sin tropa ni mando, fue ascendiendo en lo militar y lo político. Se puso al mando de la defensa de Francia contra las coaliciones invasoras, y también quedó a cargo del nuevo gobierno, conocido como el Directorio. Bonaparte conquistó Austria e Italia, sometió a Rusia y a Prusia, y prácticamente se fue haciendo amo y señor de Europa.

En 1799 ocurrió un hecho insólito que según el acuerdo de los historiadores significa el final de la revolución: Napoleón dio un golpe de Estado contra el propio gobierno del que formaba parte y se nombró cónsul. Para 1802 decidió que su cargo de cónsul debía ser vitalicio y hereditario, así tipo rey, y para 1804 le quedó chico el título y se proclamó emperador.

La figura de Napoleón es en extremo polémica. Se le acusa de traidor a la revolución por dar el golpe de Estado y más tarde proclamarse emperador, pero hay que decir que sólo así logró evitar que la familia Borbón, con apoyo de todas las casas reales europeas, recuperara el trono. Y aunque parece que hay poca diferencia entre tener un rey o un emperador, lo cierto es que Napoleón fue un hombre ilustrado que instauró las estructuras republicanas, la igualdad ante la ley, la división de poderes, y estableció códigos legales en lo civil, lo penal y lo laboral.

Por encima de todo, un plebeyo que se eleva a emperador gracias a sus dotes individuales es el símbolo perfecto de ese nuevo mundo. Un plebeyo de provincia, de una isla, de una familia burguesa ilustrada que aún no había tenido un gran éxito económico. Por nacimiento, y según las leyes, costumbres y tradiciones de la época, estaba destinado a no ser nadie, y terminó siendo el hombre que marcó el cambio de la centuria, el que llevó las ideas de la Ilustración por toda Europa, el que hizo tambalear todas las monarquías y destruyó todo el orden existente.

Se le acusa de sumir a Europa en quince años de guerra, pero también es cierto que dicha acusación bien se podría verter sobre Gran Bretaña, el reino que espoleó todas las guerras del continente para provocar un estado general de guerra que debilitó a todos, mientras ellos se lanzaban a la conquista del mundo. Ante todo, Inglaterra aprovechó para atestar el estoque de muerte a la potencia en declive y ser de manera indiscutible el nuevo poder hegemónico.

Más allá de la Revolución francesa, de Ilustración y de monarquías, Napoleón lideró a Francia en su último periodo de guerras por la hegemonía europea y mundial contra Inglaterra. Francia había emergido como gran potencia en 1648, tras la Guerra de los Treinta Años. Desde 1600 y hasta 1750 estuvo conquistando territorios por todo el planeta y creando un gran imperio colonial; todo lo perdió contra Inglaterra tras la Guerra de los Siete Años, que culminó en 1763 y en la que Gran Bretaña despojó a Francia de dicho imperio.

La Francia de la revolución era por lo tanto una Francia recién humillada por Inglaterra, eso explica ese gran ánimo antibritánico entre los franceses y que era tan notorio en la figura de Napoleón. Inglaterra tenía una monarquía parlamentaria con representación de los burgueses, era el sistema más liberal de su tiempo y hubiese tenido sentido que simpatizara con la ideología de la Revolución francesa. Pero las guerras nunca son por ideologías, son por poder; las ideologías son sólo discursos para espolear al pueblo. Nuevamente: todo es ilusión excepto el poder.

Los burgueses toman el poder

Eso es lo que representa la Revolución francesa, los burgueses, es decir, los plebeyos adinerados, los mercaderes, los banqueros, los empresarios…, se hicieron más ricos que los monarcas, y finalmente cambiaron las reglas medievales, y con el laicismo, la democracia y la soberanía popular como pretextos, tomaron el poder y siguieron explotando al pueblo.

Hay que decir que los burgueses ya habían tomado el poder en Inglaterra un siglo atrás, y también a través de una revolución, pero el movimiento social inglés no se extendió por toda Europa como lo hizo el francés, y eso fue así porque tan sólo en Inglaterra se había desarrollado una burguesía poderosa capaz de desafiar a su monarca; es decir, no existían las condiciones revolucionarias en el resto de continente.

En Inglaterra, igual que en Francia, no hubo propiamente una revolución sino todo un proceso revolucionario con diversas etapas, ideologías y justificaciones; un proceso donde necesariamente diversas facciones del pueblo se enfrentan entre sí, con lo que hay que decir que, eso a lo que los historiadores llaman revoluciones, son guerras civiles. Cuando dichas guerras civiles devienen en un cambio en la estructura política o de la clase dominante, se les termina llamando revolución, y hasta la escriben con mayúscula.

El periodo revolucionario inglés comenzó en 1642, cuando estallaron los conflictos entre el parlamento, opuesto a las políticas absolutistas del rey, contra las fuerzas monárquicas. Fue básicamente una guerra entre un ejército real y uno subvencionado por el parlamento, es decir, por la burguesía que pujaba por espacios en el poder público y leyes económicas más liberales.

Esa guerra civil terminó con la decapitación pública del rey en 1649, y la instauración de la República a manos de Oliver Cromwell, líder del parlamento, quien se dio el título de Lord Protector, en una república en la que evidentemente no votaba nadie. Ya sin rey y con una república teórica, Cromwell siguió en guerra contra Irlanda y Escocia, partidarios de reinstaurar la monarquía en el heredero del decapitado Carlos I.

En Inglaterra ocurrió lo que con el tiempo aconteció en toda revolución hasta el siglo XX; que siempre estuvo seguida por guerra civil y por dictadura. Toda revolución destruye una estructura ya existente y aceptada, y para instaurar otra es necesario usar la represión y la violencia. Así como Robespierre, y después Napoleón, tuvieron que ejercer una dictadura tras la Revolución francesa, un siglo y medio antes, Oliver Cromwell estableció la suya tras la guerra civil inglesa.

Cromwell fue Lord Protector hasta su muerte en 1658, y el título fue heredado por su hijo, Richard Cromwell, quien fue obligado a dimitir al año siguiente por las fuerzas monárquicas, que restablecieron la monarquía en la persona de Carlos II, en 1660.

Carlos II murió en 1685, y su sucesor, Jacobo II, era abiertamente católico, situación que no fue tolerada por la élite burguesa mercantil de Inglaterra y Escocia, que llevaban ya siglo y medio probando las ventajas económicas de estar separados de la Iglesia de Roma. Fue por ello por lo que nació una nueva rebeldía que ofreció la Corona a William de Orange, en 1688, en lo que se denomina la Revolución Gloriosa.

Con esa nueva revolución se estableció la monarquía parlamentaria bicameral que existe hasta la fecha en el Reino Unido, donde el poder del rey y la nobleza se hace cada vez más simbólico, y son los grandes burgueses, a través de la Cámara de los Comunes, los que en realidad manejan al gobierno.

En resumen, Inglaterra tuvo un proceso revolucionario entre 1642 y 1688, en el que la élite comercial tomó el poder real en Inglaterra, pero mantuvieron la estructura y símbolos monárquicos para seguir sometiendo con ellos al pueblo. Inglaterra, el país en el que más se desarrolló y enriqueció la burguesía, fue el primero donde esa clase social tomó el poder. Esto no se extendió al resto de Europa a falta de una burguesía poderosa.

La Revolución francesa es por eso más simbólica, pues fue el inicio de la caída o remodelación de las monarquías de casi toda Europa, que se convirtieron en gobiernos representantes de sus burgueses. Al otro lado del Atlántico, comenzó en 1776 otra gran revolución burguesa: la que con el tiempo dio origen a los Estados Unidos de América. La historia es muy curiosa: fueron las ideas francesas las que inspiraron a los colonos británicos a liberarse, lo hicieron ellos antes que los propios franceses derrocaran su monarquía, y fue el éxito norteamericano uno de los factores que inspiró a los franceses.

El siglo XIX fue absolutamente revolucionario; por un lado, se siguieron dando todo tipo de revoluciones a lo largo y ancho del continente, muchas burguesas, pero desde 1848 comenzaron también las revoluciones proletarias, las de esos que no fueron incluidos en la libertad, igualdad y fraternidad.

Estos dos tipos de revoluciones se dieron a lo largo de una centuria marcada por la Revolución Industrial, ese proceso de descubrimiento de combustibles y creación de máquinas que hicieron más ricos y poderoso a los burgueses, y más miserables y oprimidos a los proletarios.

La Revolución Industrial suele ser vista como un símbolo del progreso humano, pero ese progreso ha tenido un costo humano altísimo y un terrible lado oscuro. El mito del progreso, base del mundo moderno, justifica todo en aras del precio del avance, pero la triste realidad es que el progreso siempre lo han disfrutado unos, y el precio lo han pagado otros.

10

La Revolución Industrial

El lado oscuro del progreso

El siglo XIX constituyó para la humanidad una revolución maravillosa y fascinante. Para 1900, la luz de la razón nos llevó a construir un mundo dinámico, creativo, estético, generoso, abundante, y, sobre todo, libre. El futuro era promisorio y la vigésima centuria sólo podía traer cosas buenas. Arte, cultura y literatura estaban al alcance de todos sin excepción, la ciencia aliviaba las carencias de una humanidad agradecida, y el manto protector de Europa se extendía por todo el mundo, llevando la civilización y el progreso a los rincones alejados de la mano de Dios.

¡Qué gran época para vivir! La Belle Époque, le decían. Las promesas de la Revolución francesa y la Ilustración se cumplían. La razón sería el faro para indicar el camino al futuro. Las nuevas monarquías, parlamentarias y democráticas, que se fueron construyendo al servicio de la burguesía, organizaban de manera científica y armónica a la sociedad. Así lo creía, sin muchos cuestionamientos, esa dinámica clase social que construía y disfrutaba de su bella época. El quince por ciento de la población europea era próspera y feliz, todo lo que tenían que hacer para mantener el sueño era no voltear demasiado lejos, no al resto de la propia Europa y mucho menos alrededor del globo; afortunadamente, el mundo estaba diseñado justo para eso.

El optimismo del cambio de siglo es un tópico común, dentro de una narrativa evidentemente eurocentrista; pero finalmente Europa se había convertido en el centro. Tenían razones para pensar que su civilización era superior, ya que finalmente eran ellos los que conquistaban el mundo y no al revés; además, no era tanto invadir como llevar la civilización y sus evidentes bondades a pueblos atrasados que no tardarían en agradecer que los hombres blancos les cambiaran sus supersticiones por verdades absolutas. Una absoluta ceguera cultural, que es propia de todas las culturas; pero nunca antes una civilización había abarcado todo el mundo.

Lo cierto es que sólo Europa desarrolló ciencia y tecnología de la manera en que lo logró; esos elementos hicieron surgir y prosperar la industria, base de la nueva riqueza europea; y esa industria, aplicada a lo bélico, le daba a Europa la posibilidad de conquistar el mundo, que en lo económico necesitaba dominar para seguir moviendo las ruedas de su industria. Europa necesitaba mercados y recursos y los obtuvo robándolos del resto del planeta; pero como siempre hacemos los humanos, contándonos un discurso legitimador que ayude a paliar las culpas.

¿Europa estaba más desarrollada que cualquier otro rincón del mundo? Eso es un hecho contundente. ¿Eso la hace una civilización más avanzada? Dudoso. Cada cultura es altamente creativa y aplica dicha creatividad a la resolución de sus propios problemas, con base en sus propias circunstancias y usando los propios recursos. Otras civilizaciones no desarrollaron la industria porque no la necesitaban, eso es todo, al igual que otros reinos, imperios o continentes no salieron a saquear el resto del mundo, exactamente por la misma causa.

Occidente (para incluir Norteamérica y Australia) desarrolló más capacidad que nadie de construir máquinas movidas por combustibles, y de producir todo de manera desmedida. Como la base de la riqueza comenzó a ser el intercambio comercial, también crearon mejores métodos para vender necesidades inexistentes. Producir y vender más que nunca y más que nadie, y lograr que el concepto de compraventa quede relacionado con la idea de la libertad.

Todo lo anterior no es otra cosa más que el mito del progreso, el cimiento ideológico, ético y moral en el que se sostenía esa naciente civilización industrial, y que fue construido e inculcado a lo largo del siglo XIX.

En 1815 fue derrotado de manera definitiva Napoleón Bonaparte, y con su exilio en la isla de Santa Elena, Europa comenzó a vivir una época sin precedentes de paz y estabilidad. Hubo conflictos y conatos de revolución; pero en términos generales, de 1815 a 1914 hubo una sola guerra grave en el Viejo Mundo; la franco-prusiana, que, como su nombre lo indica, se limitó a una frontera. El panorama era venturoso.

Ya no habría guerras en el siglo xx, era el comentario generalizado en la Exposición Mundial de París del año 1900. La humanidad lo había logrado; quedaban pendientes, pero ya era sólo cosa de tiempo para que la ciencia y la razón extendieran los beneficios a todo el planeta. No tenía caso estudiar física, pues todo estaba descubierto, y había que cerrar las oficinas de patentes puesto que todo estaba inventado.

Catorce años después comenzó la guerra más terrible de la historia europea y humana. Treinta años de guerra, ciento ochenta millones de soldados recorriendo el continente, la tercera parte de la población era una máquina bien adoctrinada para matar y morir por ideales abstractos; ochenta millones de muertos, discursos de odio, regímenes asesinos, campos de concentración, persecuciones religiosas, quema de libros y una bomba que mató a ochenta mil personas en pocos segundos. ¿Cómo fue que la razón nos condujo a esa locura?

Burgués y proletario

Hay dos tipos de protagonistas en la historia decimonónica europea: los grandes actores globales que fueron los nacientes Estados nacionales, y los actores sociales, los millones de engranes que con su trabajo cotidiano movían a esos inmensos leviatanes, motivados por un nuevo dogma: la competencia. Ya no había estamentos designados por Dios, y la sociedad piramidal se convertía en una gran escalinata en la que había que estar siempre subiendo, siempre persiguiendo cosas, éxitos pasajeros que nada más obtenidos debían ser sustituidos por nuevos retos.

Todo como una inmensa carrera a ningún lado en la que cada individuo era un compatriota y un adversario a la vez. El mecanismo del deseo del que tanto nos advirtieron el Buda, Lao-Tse, Pitágoras, Platón, Epicteto o Francisco de Asís, se convirtió en el motor mismo de toda la estructura burguesa. Siempre correr y nunca llegar, en una azarosa y material vida sin sentido y sin Dios, donde sólo quedaban los consuelos del hedonismo y el consumo. La era comercial no es mejor que la agrícola, como ésta no fue mejor que la vida nómada; pero en su incesante creación de complejidad, los seres humanos nos vamos metiendo en nuevas y más estresantes estructuras que constituyen siempre un punto sin retorno.

Tratemos de comprender a los dos grandes protagonistas sociales del siglo XIX: la burguesía y el proletariado. La burguesía fue la inventora del mundo moderno, con todo lo bueno y todo lo malo: la ciencia, la filosofía, el arte, la democracia, los derechos civiles..., la destrucción del ambiente, la producción irracional, la industria de la guerra, la desigualdad. Ese mundo financiado por el burgués fue construido con las manos, el sudor y el trabajo de la clase social surgida de la Revolución Industrial: el proletariado.

El proletario es el que paga el precio del progreso que el burgués disfruta. Ésa es la principal contradicción social del mundo moderno. Pero el mito del progreso es pilar de los Estados nacionales, y por eso desde el poder siempre se ha inculcado el mito a través del sistema educativo, hasta que la población de todo un país, comenzando por los de hasta abajo, queda convencida de que los logros de la burguesía son objetivos nacionales alcanzados que benefician a todos. Es como el campesino que celebra la llegada del hombre a la Luna.

El mundo moderno fue fabricado como todos los productos en el mundo capitalista: unos ponen el dinero y otros ponen el trabajo. Eso es bastante lógico, pero sólo una de las dos partes, igual de importantes en la producción de riqueza y el progreso social, está disfrutando de los beneficios. Ésa podría ser la principal crítica a un capitalismo que, por otro lado, cuando está bien administrado es el sistema que mejor garantiza el entorno de creatividad y libertad que el individuo humano necesita para desarrollar sus más altas necesidades espirituales.

¿Quiénes son los dos antagonistas que protagonizan la construcción de la modernidad? Para entenderlo es importante recordar una reflexión que nos ha venido acompañando entre líneas a lo largo de todo este periplo humano: causalidad e intercausalidad. En la historia no existe la generación espontánea, nada surge de pronto ni de la nada; todo es la lenta evolución de estadios anteriores, todo es la síntesis del pasado, la suma de todos los efectos resultado de todas las causas. Es la inmensa marea del ayer que no puede ser detenida ni encauzada por el libre albedrío del individuo. Es el motor ciego del que nos habla Marx, la dialéctica que nos explica Hegel, la voluntad de poder que nos señala Nietzsche. Es la fuerza de la historia.

Es decir que la burguesía es la consecuencia del devenir de siglos. Siempre han existido los comerciantes, siempre han viajado por el mundo, unieron culturas y contribuyeron con la formación de imperios, siempre han movido la economía, y de alguna manera han logrado participar del poder en casi todas las estructuras de cualquier época y civilización, ya que su fuerza económica ha sido siempre necesaria. Pero en la vieja Europa cristiana habían desaparecido, y su vertiginoso renacer significó el gran impulso que Occidente estaba necesitando.

Los comerciantes hacen democracia de forma natural; o, visto al revés, la democracia no es otra cosa que un mercado del poder. Todos los que hacen comercio, en todos los eslabones y niveles de esa cadena, dependen unos de otros y lo saben. Son mercaderes, llegan a acuerdos, presionan según sus posibilidades y se busca compartir beneficio. Se organizan en gremios y cofradías, ejercen poder colectivo, se refugian y se hacen fuertes en el grupo y desde esa fortaleza negocian con el poder, al que buscan hacer más horizontal que vertical. Negociar el poder es una forma de hacerlo más justo.

Al comerciante no le importa tu religión o tu ideología, tus creencias no te dejan fuera de su cadena de producción económica. Es decir que al comerciante no le interesan los sistemas de pensamiento que aglutinan a la sociedad, y busca una estructura donde se administre mucho y se imponga poco, que se respete la propiedad y brinde seguridad. Los campesinos no construyeron la democracia. Todos los grandes imperios del pasado son agrícolas y casi inamovibles en sus estructuras; el que trabaja la tierra responde de alguna u otra forma al dueño de la tierra. El hombre de campo obedece, el comerciante negocia. En todo.

Persia fue un imperio agrícola, las polis griegas eran confederaciones de ciudades de comerciantes, cuyos recursos eran necesarios para el gobierno y las guerras, y por eso exigían participar. Donde hay libre comercio hay democracia. En el sistema feudal funcionaba igual en la parte de arriba de la pirámide, una democracia de señores donde los nobles eran iguales a su rey, que se veía obligado a negociar con ellos, los guerreros indispensables para sostener el reino.

Bien lo dijo Rousseau: es un contrato social donde todos necesitan de todos, y que, si lo reducimos tan sólo a un arriba y un abajo, cada parte depende de la otra. Pero comprender que la sociedad es un contrato, un constructo y no algo natural, depende de que existan las condiciones de pensamiento que ningún sistema monolítico de poder estimula. Lograr imponer un sistema ficticio como un orden natural es uno de los mayores actos de poder.

El pensamiento libre no sólo no fue nunca bien visto en el pasado, era de hecho peligroso para sociedades basadas en la tradición y la repetición de procesos ancestrales; pero el mundo industrial de la burguesía necesitaba la innovación y la creatividad. La libertad de las mentes individuales comenzó a ser vista como un activo social, como capital; con el consabido problema de que un sector social educado para ser innovador y creativo en lo laboral y económico, con el tiempo lo será también en lo político. El que sabe pensar sabe cuestionar y sabe exigir; la democracia se enfrentaba a su primer reto en cuanto nació.

Roma era un imperio; pero su poder, cimentado en sus legiones, dependía por completo de su actividad comercial. Los gremios de productores eran poderosos y lo sabían. Negociaban y comerciaban con el poder, como han hecho siempre los mercaderes. Pero la caída de Roma y los sucesivos siglos de oleadas migratorias invasoras sumergieron a Europa en el marasmo feudal. Sin poderes centrales que garantizaran paz, sin hombres fuertes, sin seguridad ni certeza, sin caminos, sin sistemas monetarios, y por lo tanto sin comercio.

Noble y plebeyo, manifestado en guerrero y siervo del campo, fue la división fundamental del Medioevo. Con artesanos, pero sin comerciantes que se arriesgaran por los caminos. Poco a poco lo que fue el imperio comercial más rico del mundo se fue convirtiendo en una serie de pequeñas unidades de autoconsumo con muy poco contacto entre ellas. El rey parlamenta con los señores, y éstos se imponen sobre sus siervos. No hay contrato sino ley de Dios.

Pero la Europa que comienza a construirse tras la peste negra, la del Renacimiento, es una en la que comienza a aflorar el comercio y a prosperar las ciudades, a florecer las universidades y a consolidarse los poderes monárquicos que, al centralizar el poder, unifican también los recursos fiscales, y pueden por vez primera comenzar a tener visón de Estado, y construir pensando en el futuro. Poco a poco los monarcas pasan de simplemente poseer y gobernar a administrar; siempre en apoyo de la economía del burgués que mantendrá saludables las finanzas del reino.

Pero alguien tiene que mover los engranes desde abajo, y no está considerado en la ecuación del poder: el proletario. La realeza manda, el clero adoctrina, los comerciantes mueven mercancías y los banqueros dinero…, pero alguien tiene que echar a andar las ruedas de la industria. Todo se mueve solo en ese nuevo mundo de energéticos, pero alguien tiene que sacar el carbón de debajo de la tierra y perforar sus entrañas para obtener petróleo; alguien debe calentar los altos hornos y construir los gigantescos barcos, alguien debe limpiar por debajo de las ciudades.

El colapso del mundo feudal en medio de la peste hizo renacer a los comerciantes en una época en que se comenzaba a navegar alrededor del mundo y a construir redes comerciales globales. Surgieron inventores de innovaciones tecnológicas, constructores de barcos, aventureros, inversionistas, banqueros. La gente que vivía en las ciudades, en los burgos, comenzó a crear una economía basada en la producción e intercambio de mercancías e información.

Por supuesto que eso a lo que llamamos burgués se va transformando con el tiempo. Si lo queremos imaginar en el siglo XVI, debemos pensar en burdos aventureros del mar, o intrépidos viajeros de caminos, un poco ilustrados y entendidos, un poco rústicos y guerreros, civilizados y salvajes, valientes y astutos, tramperos probablemente. Audaces llamados a cosas grandes, convencidos de que les toca jugar un papel en la historia; es el hombre común que protagonizará el progreso del mundo que está por nacer.

En el siglo XVII el mundo es ya una inmensa red comercial con sus nodos en Europa. La burguesía es grande y disímbola; desde los banqueros que financian los viajes de un lado a otro del planeta y que quizás nunca hayan visto el mar, los constructores de los barcos, sus pilotos y navegantes, los cartógrafos, los aduaneros, los cargadores y transportistas, los dueños de grandes almacenes y los de pequeñas tiendas. Burgués no es sinónimo de rico, es el hombre libre de las ciudades que depende de sus conocimientos, su talento, su creatividad y su audacia.

Para el siglo XVIII tenemos también al comerciante refinado, al banquero y al abogado, al promotor y el distribuidor; en el siglo XIX tendremos al científico y al ingeniero, al técnico, al administrador y contador, al emprendedor, al socio corporativo, al inversionista. Todos trabajan y mueven la sociedad siguiendo el mito del progreso y motivados por la certeza más importante del mundo industrial: la confianza en el futuro.

El mito del progreso, basado en la confianza depositada en la razón, nos dice que todo tiempo actual es mejor que el pasado, que la historia es una línea recta evolutiva, que siempre estamos mejor que ayer, que hay un destino dorado esperando por la especie. Nos dice que vale la pena seguir adelante y, como prueba, nos muestra resultados científicos, médicos, artísticos y tecnológicos, reales e imaginarios, siempre aderezados con nacionalismo, para despertar el orgullo ante el inminente logro colectivo. Toda la humanidad puso su pie en la Luna, y el pequeño paso de Armstrong hizo grande a toda la humanidad.

Hay bancos, créditos, préstamos y acciones porque hay confianza en el futuro; en que ese dinero regresará multiplicado. En el sistema agrícola la tierra es el límite de la economía; el capitalismo inventado por el burgués no tiene límite alguno. El dinero genera más dinero; eso es el capital.

El desarrollo de la burguesía es una gran revolución en sí misma. Todo se fue transformando en Europa desde 1492, con estructuras económicas creativas y simbólicas que podían ver más allá de la tierra como fuente de riqueza. La burguesía se arriesga, innova, se lanza a la aventura, circunnavega el globo, hace ciencia y crea tecnología, escribe y publica libros, busca nuevas rutas y productos, inventa desde la imprenta hasta los medios de comunicación y descubre desde la termodinámica hasta la relatividad. Crea riqueza, cultura, filosofía, conocimiento.

El dinamismo económico de la burguesía, administrado por poderes centrales en la monarquía absoluta, generó riqueza y prosperidad. Si bien los de hasta abajo, los trabajadores que movían las ruedas eran los menos beneficiados; la utopía del liberalismo, tan ilusorio como el posterior comunismo, establece que, con tiempo, y desde luego paciencia, los beneficios les llegarán a todos, en una cascada de prosperidad que comienza en el rey, y que tarde o temprano llegará a los desposeídos. El ser humano persigue símbolos, y los símbolos nacionalistas generaron una fuerte idea de comunidad en todos los estratos sociales.

El tema es que la mano invisible del mercado, que es siempre la derecha, crea una abundancia que no distribuye, y de la que nada beben los obreros de la colmena. Ante esa acumulación arriba, el comunismo plantea arrebatar al burgués la fuente de la riqueza, que son los medios de producción, y entregarlos a un Estado social que deberá administrarlos por todos, con lo que sólo crea diferentes arribas y abajos. Esto incluye revolución social y destrucción de la democracia por ser una estructura burguesa.

Pero hay dos factores, y no uno, con los que el burgués genera riqueza: los medios de producción, que pueden ser arrebatados, y el conocimiento, el talento, la creatividad y la ciencia, que no lo son. Es más sencillo enseñar a ser burgués que quitarle lo que tiene. Con el tiempo surgirá una opción intermedia, una democracia social que promueva el enriquecimiento del burgués, con una mano visible del Estado, la izquierda desde luego, que vele por una correcta distribución y que construya, a través de la educación, la igualdad fundamental de una democracia incluyente: la de oportunidades.

Alguna vez nos dijo Victor Hugo que lo que mueve al mundo no son las máquinas, sino las ideas; y nunca una clase social había aportado tantas ideas como la burguesía. Pero para perseguir ideas sí es necesario mover máquinas, y ésas las mueve el proletariado; ésa es la dinámica del mundo moderno. Con ideas, el burgués crea grandes empresas, y con dinero, sea del propio burgués, de los banqueros inversionistas, o a través de la participación en el negocio a través de acciones. Hay pues, un capital creativo que es origen de todo, un capital financiero que funciona como combustible, y un capital vivo, humano, el músculo que hace girar todo lo anterior. Sólo los dos primeros ven verdaderos beneficios.

Y es que con las reglas del libre mercado aplicadas a todo, los trabajadores pasaron a ser mercancía en un mercado laboral, y quedaron sujetos a una ley de oferta y demanda en la que necesitan convertirse a sí mismos en mercancía valiosa, un mejor producto que el trabajador de al lado; pero todos quieren, o más bien necesitan, trabajar; y no hay ocupación para todos. El costo del producto llamado trabajador, baja. Nace el desempleo como la contradicción más inherente al sistema: sería ideal que todos trabajasen, pero eso es muy caro; el desempleo hace más barata la producción.

Cada sistema genera la semilla de su propia destrucción, nos señaló Marx; y así como el desgaste del sistema feudal engendró al burgués que buscó y creó las nuevas oportunidades, el sistema creado por el burgués generaba ahora a su propio antagonista: el proletario, el que a falta de capital y medios de producción sólo se tiene a sí mismo para ofrecer su propia fuerza laboral, indispensable pero malbaratada.

El campesino va dejando sus tierras en busca de la prosperidad de la ciudad, donde se hace obrero, vive en sucios y oscuros barrios hacinados y no cuenta con nada que no sea consigo mismo y sus hijos. Su prole.

El fenómeno de la revolución social es exclusivo del llamado mundo moderno y se circunscribe a la civilización occidental. Para que haya una revolución tiene que existir una clase social revolucionaria, lo cual no ocurrió hasta el surgimiento de la burguesía, la clase social revolucionaria por excelencia, causante de la revolución inglesa, norteamericana y francesa, de la científica y la industrial. Pero así como el burgués fue descubriendo lo indispensable de su participación económica y comenzó a exigir libertad, igualdad y fraternidad, el proletario no tardó en abrir los ojos y darse cuenta de que había quedado fuera de un progreso del que también era actor clave.

El ser humano es egoísta por naturaleza, como nos señaló Hobbes, y en la búsqueda de la felicidad, a la que nos conminó Jefferson, no entiende que dicho estado de plenitud y bienestar nunca es real ni completo si no se desarrolla en colectividad. Hacemos teorías de libertad cuando los oprimidos somos nosotros, pero las diferencias sociales comienzan a parecernos lógicas y hasta necesarias cuando estamos en la parte de arriba, lugar desde el que tampoco parece ser tan molesta la desigualdad. Todos los revolucionaron enarbolaron nobles banderas en las que sin duda alguna creían; pero una vez que se llega al poder, el humano queda cegado y sólo quiere poder.

El revolucionario presenta una alternativa a la sociedad, es así desde el príncipe Siddhartha y el maestro Jesús. Una opción para vivir diferente, un espacio de disensión basado en utopías e idealismos. Pero el poder es hegemónico en su esencia misma y nunca podrá ser una alternativa hacia sí mismo; es decir, una vez que la revolución se hace poder deja de ser alternativa para ser el nuevo *statu quo*, deja de ser la opción diferente para ser la visión impuesta. La revolución muere en cuanto triunfa, no puede ser de otra manera. Por eso la revolución se ha traicionado a sí misma, desde la Iglesia católica hasta el sistema soviético.

El desarrollo del capitalismo como forma de producción y de la idea liberal que lo hace aún más productivo, fue fundamental en el progreso de toda bondad que disfrutemos en el siglo XXI, pero también de cada vicio e injusticia. El burgués del siglo XVIII, al igual que el camarada del siglo xx, lucharon por grandes ideales que nunca generaron una sociedad justa, sino formas diversas de administrar la injusticia y lucrar con ella. El burgués llegó con rencor y el proletario también, y cada uno estableció sistemas tan bellos en la teoría como radicales y destructivos en la práctica.

¿Quién es, hoy en día, el burgués? Es, como en su origen, el ciudadano; el individuo humano independiente del poder en lo intelectual y lo económico. Pero el concepto se ha ampliado tanto como la economía y la sociedad misma, y su generalización está cargada de ideologías y discursos de odio. Siguiendo los parámetros del siglo xix, la burguesía abarca desde el banquero transnacional y multimillonario hasta el comerciante dueño de su propio negocio que está endeudado con dicho banquero.

Hoy al burgués promedio se le llama clase media. Son las mujeres y hombres que estudian y se preparan, que llenan y mueven los negocios, empresas y corporativos, que buscan trabajos y persiguen sueldos. Algunos son empleados, otros son empleadores, y muchos son las dos cosas. Es el pequeño burgués que depende del gran burgués, hoy llamado capitalista. Está tan oprimido por él como el proletario, pero su opresión es un poco más cómoda. Su vida es más cercana a la del obrero, pero sus aspiraciones se acercan más a las del empresario. Es un engrane bien aceitado girando en una rueda sin fin con la aspiración como aliciente.

La boyante burguesía y el incipiente proletariado del siglo xviii lucharon juntos en la Revolución francesa contra el opresor común: el monarca. Tras un convulso periodo que va de la toma de la Bastilla en 1789, pasando por el asalto al palacio real en 1792, la decapitación del rey en 1793, el terror de los jacobinos hasta 1794 y los sueños de grandeza de Napoleón, desde su consulado en 1799 hasta su imperio en 1804 y su caída en 1815, la paz volvió a Europa. Nadie en ese año quería saber de revolución.

Napoleón se traicionó a sí mismo, pues el antimonárquico y comecuras se coronó emperador en presencia del papa. Él y toda su familia eran finalmente aspiracionistas como todo humano; los plebeyos republicanos comenzaron a darse títulos de nobleza y a llamarse príncipes. Siglo y medio después, no hubo un solo camarada comunista que no imitara en cada detalle al burgués al que tantas diatribas dirigiera en el pasado; cuando era el rebelde y no el poderoso. Ésa es la historia de cada revolución. Todos los líderes comunistas usan relojes de oro marca Rolex.

Pero el poder monárquico que volvió a Europa en 1815 tuvo que ser en una versión modernizada. Cada monarca quería poder absoluto, pero cada uno se enfrentó a dicha imposibilidad; poco a poco los parlamentos se hicieron la norma y se fue consolidando una era de monarquías fuertes y sólidas, ricas y poderosas gracias a los recursos fiscales obtenidos de una burguesía que participaba del poder a través de dichos parlamentos.

Se le llamó democracia, aunque el *demos* no estaba invitado a votar; como en la antigua Grecia, el voto era para los hombres libres con cierto nivel de renta. El burgués que guio al proletario contra la monarquía se alió a los monarcas para oprimir al proletario. La restauración de la paz sólo pudo conducir a nuevas revoluciones.

Restauración y revolución

El 18 de junio de 1815 Napoleón fue derrotado en las llanuras de Waterloo, en la actual Bélgica, mientras los poderosos de Europa ya estaban reunidos en el Congreso de Viena, una asamblea internacional convocada por el príncipe canciller austriaco Klemens von Metternich, para restablecer fronteras y monarquías. Al resultado se le llamó la Europa de la Restauración, y fue una profunda reacción conservadora contra las ideas liberales de la Revolución francesa.

Veinte años de guerra continua y cinco millones de muertos hicieron conservadores a todos. Nadie quería pelear. Los descamisados ya habían atestiguado que su papel en el nuevo mundo propuesto era el mismo de siempre, y comenzaron a preferir la estabilidad de la monarquía. Todo parecía igual, pero la industrialización seguía su curso, la economía continuaba revolucionándose, y en lo profundo todo estaba cambiando.

Los monarcas volvieron. Fernando VII, prisionero en París, volvió a un trono español que no hizo nada por merecer, y restableció el absolutismo. Lo mismo ocurrió en Portugal, donde el rey João VI había huido de Napoleón y contempló todo desde Río de Janeiro; sólo que ahí el rey tardó seis años en volver. El hermano de Luis XVI se colocó la corona francesa con el título de Luis XVIII, y el archiducado de Austria, ascendido a imperio, dominaba el centro y este de Europa, donde hacía frontera con el Imperio ruso más grande de la historia.

Todo parecía igual en las formas: monarcas señalados por el dedo de Dios; pero el fondo se transformaba. Los reyes comenzaron a ser coronados con una adaptación en su juramento, pequeña pero gigantesca: rey por el designio de Dios y el consentimiento del pueblo. Poco o nada significaba para el plebeyo común, pero era todo para el burgués empoderado que de pronto también se hizo conservador. Si el pueblo es necesario para que se haga la voluntad de Dios, es el Todopoderoso quien ha perdido el poder. Aún no lo comprendía la multitud, pero sí que lo veían los monarcas y sus gobiernos. Dios había abdicado en el pueblo y faltaba un nuevo discurso legitimador del poder para llenar el espacio que fue dejando la religión. Comenzó a nacer uno de los discursos de odio más poderosos de la historia, pero también de los más eficientes: el nacionalismo, una nueva religión en la que el Estado ocupa el lugar de Dios, pero era igualmente venerado.

Dios, único amo, señor y soberano de todo, designaba según su capricho al rey, depositario temporal de la soberanía. A partir de ahí había una jerarquía social que no era sino reflejo de la jerarquía angélica en la corte celestial. Todo era perfecto, aunque el de abajo no fuera capaz de ver la perfección. Pero desde la Reforma protestante comenzó a decaer el discurso religioso, y el laicismo de la Ilustración lo dejaba totalmente deshabilitado.

Ahora la sociedad era un contrato. El pueblo, amo, señor y soberano, cedía voluntaria y racionalmente esa soberanía en un gobernante, que debía administrar los recursos y regular a toda la sociedad, coordinar el esfuerzo colectivo para hacer grande y poderosa a la patria. El nuevo Dios.

Con base en la lengua se fue estableciendo esa estúpida idea de la raza, y con base en la lengua y raza se fue cimentando la nación: el colectivo eterno del que somos parte, como algo superior y trascendente a nosotros. Moriremos como individuos, pero seremos inmortales a través de la nación y los esfuerzos que hagamos por ella, principalmente morir, sea en las minas de carbón o en los campos de batalla.

La teoría de la revolución siempre es hermosa cuando el revolucionario no busca el poder sino los ideales de libertad, igualdad y fraternidad. Pero para que los ideales de la revolución vivan, para que la causa triunfe y construyamos un mundo mejor con base en los idealismos propios del rebelde, es necesario tomar el poder. Luego, es más importante aún conservarlo, y entonces los ideales son sacrificables con vistas a un bien superior: el poder mismo, que debe ser conservado a toda costa, como señaló Maquiavelo, para establecer los grandes ideales en algún futuro no muy lejano, cuando el poder esté asegurado, y los nuevos oprimidos con sus nuevos ideales puedan ser debidamente reprimidos.

El discurso legitimador debe ser inoculado en la mente de cada individuo para que exista el sometimiento sutil en que se fundamenta toda sociedad. A Dios como garante lo impuso la Iglesia a lo largo de siglos y por todo lo ancho de Europa a través de los templos; pero ¿cómo introyectar en las masas el discurso nacionalista? La respuesta fue el sistema educativo.

Que toda la sociedad estudie está lejos de ser algo común en el devenir histórico, es de hecho uno de los principales fenómenos del mundo moderno. Las sociedades fueron bastante inmóviles desde el origen de la civilización hasta la era de la burguesía; el fundamento de todo era el campo, y el campesino nunca ha tenido que estudiar para conocer los secretos de la tierra; éstos se aprenden de los padres, al igual que los oficios de los artesanos, cuyos conocimientos se resguardan en los gremios. No es necesario estudiar para ser una réplica exacta de milenios de pasado.

Pero la nueva sociedad se movía de manera vertiginosa, y cada día nacían nuevas ideas, se inventaban nuevas máquinas, se proponían más innovaciones, se construían nuevos entramados jurídicos, se necesitaban más vendedores y mercadólogos, administradores y contadores. Elegir qué estudiar es un fenómeno del siglo XX, antes no existía tal cosa como la vocación, determinada por la tradición. Una nueva forma de trabajar requería de una nueva forma de aprender.

Fue en la Prusia del siglo XVIII cuando Federico el Grande estableció un sistema donde la educación era laica, gratuita y obligatoria. Laica para que la Iglesia no la usara como adoctrinamiento, labor que ahora recae en el Estado; gratuita, porque se entiende como una inversión, no para el individuo sino para el Estado, que es a partir de ahora una gran empresa en competencia con otras; y obligatoria, porque a través de ella serán inculcados los nuevos valores que la sociedad necesita.

En esos templos laicos llamados escuelas se comenzó a educar la nueva doctrina donde Dios y la fe eran una opción, pero el Estado era incuestionable. Los santos de la religión cambiaron por héroes nacionales, las cruces por banderas, los cantos por himnos y los dogmas bíblicos por historias nacionales atiborradas de mitologías nacionalistas que, como en tiempos politeístas, hacían competir a los nuevos dioses que eran los Estados nacionales. Lo primero que se enseñaba, desde luego, era a callar y obedecer.

Pocos años de descanso tuvo Europa tras la derrota de Napoleón, pero las nuevas injusticias generaron nuevas revoluciones, y la primera oleada de descontento vino en 1820; aún no por parte del proletario, sino del pequeño burgués, y siempre inspirado en el liberalismo y el nacionalismo. En España se le impuso una Constitución al rey, y esa influencia se extendió a Portugal y Nápoles. El nuevo poder resultado de la unión de la alta burguesía y las coronas terminó contendiendo el nuevo impulso revolucionario.

Una nueva oleada comenzó en 1830, en Francia, donde tras Luis XVIII había sido coronado su hermano Carlos X, y la dinastía Borbón, en el trono desde 1589, fue finalmente derrocada. La burguesía organizó una monarquía parlamentaria en la persona de Luis Felipe de Orleans, conocido como el Rey Ciudadano. Bélgica, que había quedado atada a los Países Bajos, nació como reino independiente con un rey alemán, Leopoldo I, y ayuda de los ingleses; igual que en Grecia, donde el dinero inglés sentó en el trono al alemán Otón I.

Hubo revueltas en Polonia, que fueron aplacadas por su dueño el zar Nicolás I, y en el norte de Italia, donde fueron reprimidas por el austriaco Metternich. En el espacio alemán comenzaron las revueltas nacionalistas que buscaban la unificación, que no convenía para entonces a ninguno de los poderes alemanes, como los Habsburgo en Austria o los Hohenzollern en Prusia.

En febrero de 1848 comenzó a circular por toda Europa, y en todos sus idiomas, un libelo político que encendió nuevamente al Viejo Mundo: el *Manifiesto del Partido Comunista* de Karl Marx, un gran análisis de la historia capitalista, con vicios y virtudes, y que contenía de principio a fin una invitación abierta a la revolución proletaria internacional, una que buscaba destruir por medio de la violencia todo el orden establecido, y en la que el proletario no tenía nada que perder como no fueran sus cadenas.

Para marzo y abril hubo levantamientos en París, Berlín, Viena, Fráncfort y Roma. Todos los intentos revolucionarios fueron aplacados, pero generaron cambios importantes en Europa. Luis Felipe I abdicó del poder en Francia, donde se proclamó la república cuya presidencia quedó en manos de Luis Napoleón Bonaparte, quien fiel a sus genes ya era emperador Napoleón III para 1852, y lo fue hasta 1870, cuando nuevamente se proclamó la república.

En Austria cayó el poderoso Metternich, y el emperador Fernando I abdicó en su sobrino de 18 años, Francisco José, quien estaría a la cabeza del poderoso imperio de los Habsburgo, primero austriaco y luego austrohúngaro, hasta 1916. Poco cambio parece haber en la caída de un canciller y cambiar a un emperador por otro, pero el hecho de que el movimiento se haga por presión popular deja ver el nuevo espíritu del tiempo.

El proletariado no era aún lo suficientemente fuerte, pero la relación simbiótica entre obreros y burgueses hacía que el crecimiento económico de los segundos les diera mayor fortaleza a los primeros. Los trabajadores comprendieron que el éxito de las revoluciones burguesas residió en el conocimiento y la organización, así es que procedieron a ilustrarse y coordinarse. Comenzó una revolución internacional.

Un fantasma recorre Europa

Un fantasma recorre Europa: el fantasma del comunismo. Contra este espectro se han conjurado en santa jauría todas las potencias de la vieja Europa, el papa y el zar, Metternich y Guizot, los radicales franceses y los polizontes alemanes. No hay un solo partido de oposición a quien los adversarios gobernantes no motejen de comunista, ni un solo partido de oposición que no lance al rostro de las oposiciones más avanzadas, lo mismo que a los enemigos reaccionarios, la acusación estigmatizante de comunismo...

Dichas líneas son probablemente el principio más famoso de la historia de los libros, sólo por debajo de *En el principio creó Dios los cielos y la tierra,* y para los creyentes del comunismo, la otra religión laica que comenzó a competir con el nacionalismo tiene un carácter igual de sagrado.

Marx tenía 30 años cuando la liga comunista de Baviera le encargó un texto donde se expusiera el tema del capitalismo y la alternativa comunista, de forma que cualquier obrero con habilidades lectoras promedio pudiera comprenderlo. Quizá la mejor y más triste forma de exponer la involución que han tenido la sociedad y el pensamiento crítico sería entregarle ese texto al obrero o burgués promedio de hoy. En ese año Marx publicó dos libros; el que estaba preparando, conocido hoy como *Manuscritos económico-filosóficos de 1848*, y el que hizo por encargo, el *Manifiesto*, que es como una síntesis de aquel. Es donde Herr Karl expone por vez primera aquella máxima de que la historia de la civilización es la historia de la lucha de clases, una eterna guerra entre explotadores y explotados. Cambian los nombres de dichos antagónicos, así como la estructura en la que se desarrolla su batalla, pero nunca la relación de explotación.

Históricamente, los explotados han luchado por dejar su posición. Ésa es la lucha de clases, que es motor de la historia; los de abajo hacen todo lo posible por subir, y los de arriba usan todas sus herramientas para mantenerse. Ha sido un dogma poco cuestionado y que parte de la falacia de que el humano común busca el poder. La doctrina de la lucha de clases sólo explica la sociedad desde el punto de vista del revolucionario, que sigue viviendo del engaño de que la paz se obtiene a través de la guerra.

La realidad más allá del dogma que toda sociedad se compone de explotados y explotadores; es decir, los que trabajan y generan la riqueza, y los que detentan el poder y tienen bajo su control la administración de los recursos y la riqueza generada. Desde tiempos antiguos, cuando hay amos y esclavos, o un sistema feudal donde el campesino depende de una tierra que es propiedad del noble feudal. Ya en el sistema capitalista, dirá Marx, es lo mismo con el obrero, que para trabajar y sobrevivir depende de fábrica e industria que no son suyos.

Es decir que existen fuentes de riqueza, sea la tierra, el barco, la mina, la empresa; éstos son los medios de producción. Pero dichos medios son propiedad privada del capitalista, quien por lo tanto establece las reglas y lo hace siempre a su favor, para pagar salarios de subsistencia y tener una ganancia por cada trabajador, la llamada plusvalía que hace rico al capitalista y mantiene al proletario en el límite de la subsistencia.

Lo más importante es conocer por qué se da esa situación, esa relación de desigualdad, ya que la gran masa trabajadora es una gran mayoría que es además productora de la riqueza; mientras que la élite explotadora sería una minoría para colmo holgazana. Ésa es, desde luego, una simplificación de Marx, ya que el objetivo de su discurso es la revolución abierta, pero describe en términos generales la situación.

Según el *Manifiesto*, los explotadores tienen dos herramientas a su favor: la propiedad privada de los medios de producción; es decir que son dueños de aquello con lo que se produce la riqueza, lo cual les podría ser arrebatado por la fuerza si no tuvieran también el control de la ideología, el conjunto de ideas que rigen a la sociedad, por ejemplo, los discursos legitimadores de poder, como el derecho divino, y que son base del sometimiento sutil.

El gobernante es Dios, o hijo de los dioses, o señalado por Dios. Eso es la ideología dominante, y no fue idea de los de abajo sino de los de arriba; un discurso que no debe ser creído por los de arriba sino por los de abajo. Ésos de arriba tienen a su vez los recursos que hacen posible imponer ideologías desde el poder, sea el control del dogma religioso, o del sistema cultural y educativo. Cortarle la cabeza a Luis XVI es el mayor símbolo de una burguesía que se ha liberado del discurso divino…, y que ahora construirá el nacionalista para seguir ejerciendo dominio sutil sobre las masas trabajadoras.

En su análisis histórico, Marx deja claro que la burguesía fue la primera clase social revolucionaria, y que su inventiva y dinamismo fue crucial para acabar con los poderes del antiguo régimen, Iglesia y nobleza, pero también expone que, conforme los burgueses se fueron apropiando del poder y de los medios de producción, terminaron por establecer la misma pirámide de explotación cimentada en mitos distintos. Lo que no señaló y no alcanzó a ver Marx es cómo los que tomaron el poder con su discurso como pretexto y el pueblo como bandera, terminaron por hacer exactamente lo mismo. La falla del sistema es el elemento humano.

Dentro de las críticas al sistema, afirma Marx que el burgués —que sólo quería ser como el noble— inventó, promovió y globalizó el consumo; y que la burguesía convirtió en sus servidores asalariados al médico, al jurista, al poeta, al sacerdote, al hombre de ciencia, a la vez que fue aglutinando cada vez más los medios de producción, la propiedad, los recursos, y poseyendo incluso a los habitantes en un sistema salarial a veces peor que el esclavismo.

Además, el capitalismo extiende sus más terribles consecuencias al resto del mundo; pues esa bonanza que viven los reinos europeos está sustentada en la conquista, dominio y explotación que se ejerce sobre el resto del mundo. Es una maravilla ver que el té, el café y el chocolate, por decir algo, son cada vez más baratos y están al alcance de mayor parte de la sociedad, obreros incluso; pero es así gracias a las condiciones de esclavitud y semiesclavitud que predominan en los imperios coloniales.

Si bien Marx expone magistralmente el problema, no es igual de claro en las soluciones; pero al parecer sí establece la necesidad de una revolución comunista en la que los trabajadores, coordinados por el partido comunista, se apoderen del Estado, que a su vez debe apoderarse de todos los medios de producción para ponerlos al servicio del pueblo. Su postura contra la propiedad privada fue y ha sido criticada, a lo que él mismo señaló: *Nos reprochan querer eliminar una forma de propiedad privada, cuya condición necesaria es la inexistencia de propiedad para la mayoría.*

Marx escribió en una época en la que la monarquía sigue siendo el poder vigente. No hay que olvidar que la democracia no llegó en realidad hasta el siglo xx y hasta después de las guerras mundiales. Pero esas monarquías estaban ya al servicio de la alta burguesía, y su función real, señala, es proteger los intereses de la clase en el poder. Desde la óptica comunista, democracia, república y nacionalismo son construcciones ideológicas para dominar a la población; un mito que oculta la realidad: que la clase pudiente controla el proceso político y moldea las creencias. Eso es tan cierto, como lo es también que ningún régimen socialista o comunista ha podido escapar a esa misma crítica.

Sin importar cuánto repitamos que el fin nunca justifica los medios, todo revolucionario, desde el burgués hasta el comunista, ha utilizado los medios más deplorables en aras de algo que consideran un fin justo; que ellos tomen el poder, ya que no lo hacen por un interés egoísta sino por el beneficio de los demás; la mentira que cada revolucionario se repite a sí mismo hasta creerla.

Quinientas páginas de ética kantiana en su *Crítica de la razón práctica* son resumidas por el mismo autor al señalar: actúa de modo tal que el ser humano sea para ti siempre un fin, y nunca un medio. Pero el quid del sistema capitalista, aunque esté administrado por comunistas, es la utilización del ser humano como herramienta para lograr un fin; de hecho, es la base de toda revolución. El revolucionario puede estar muy interesado en los seres humanos, pero más le interesa el poder, y al final siempre usará a los primeros para obtener lo segundo. El final del *Manifiesto comunista* es tan célebre como su principio: *los comunistas no tienen por qué guardar encubiertas sus ideas e intenciones. Abiertamente declaran que sus objetivos sólo pueden alcanzarse derrocando por la violencia todo el orden social existente. Tiemblen, si quieren, las clases gobernantes, ante la perspectiva de una revolución comunista. Los proletarios, con ella, no tienen nada que perder, como no sea sus cadenas. Tienen, en cambio, un mundo entero que ganar.* ¡Proletarios del mundo, uníos!

Ninguna revolución de 1848 tuvo un verdadero éxito, pero dejaron sembrada la semilla de la rebelión proletaria en Europa, y con el tiempo en sus colonias; semilla que floreció en Londres en 1864, cuando diversos sindicatos y grupos de obreros anarquistas fundaron la Asociación Internacional de los Trabajadores, que se conoce popularmente en la historia como la Primera Internacional.

Desde la Primera Internacional hasta el Foro de São Paolo, siempre han existido organizaciones políticas globales, de partidos políticos que dicen representar al obrero, aunque sus dirigentes nunca lo han sido, y que nunca han beneficiado al obrero si llegan al poder. Dios, la patria, la libertad, la democracia, el pueblo…, las abstracciones por las que más millones de seres humanos han luchado y muerto inútilmente. Siempre trasformar a la sociedad y al otro, nunca a uno mismo. No hay revolución en eso.

La Primera Internacional agrupó a sindicalistas ingleses, anarquistas y socialistas franceses y republicanos italianos. Sus fines eran la organización política del proletariado en Europa y el resto del mundo, así como un foro para examinar problemas en común y proponer líneas de acción. Colaboraron en ella Karl Marx, Friedrich Engels y Mijaíl Bakunin, y desde aquella primera reunión fue que las llamadas izquierdas comenzaron a separarse a causa de las diferentes interpretaciones que han hecho sobre las ideas de Marx.

Los marxistas se asumían como parte de un socialismo científico y proponían la formación de una asociación internacional de partidos obreros, fuertemente centralizados, con un programa basado en la lucha por conquistas sociales y laborales; a la vez que se buscaba la conquista del poder del Estado a través de la revolución. Los anarquistas, seguidores de Bakunin, postulaban un modelo revolucionario de destrucción del Estado para crear una organización federal de cooperativas. Los conflictos internos fueron debilitando a la Internacional, donde todos tildaban a todos de traidores, y finalmente la organización fue disuelta en 1876.

En esta historia comunista es importante recordar que en el siglo XIX no existía Alemania. El Sacro Imperio, que había existido de Carlomagno a Napoleón, fue convertido por el emperador plebeyo en la Confederación del Rin, que a su vez fue trasformada en la Confederación Germánica por los poderosos del Congreso de Viena. Pero existía un fuerte movimiento nacionalista alemán que buscaba la unificación en un solo país y, contagiados por las corrientes liberales de su propio tiempo, se asumía que dicho Estado alemán debería ser comunista.

Al final son los poderosos y no los pueblos los que fundan los Estados, y la unificación alemana, como imperio y muy conservador, se consumó en 1871, de la mano miliar de Otto von Bismarck, y bajo el mando de la casa Hohenzollern, gobernante en Prusia. Nació el Segundo Reich Alemán, que murió tras la Primera Guerra Mundial, y el nacimiento de esa Alemania monárquica asestó un duro golpe a los sueños de los comunistas.

Pero los partidos laboristas, socialistas y comunistas de Europa siguieron apostando por la organización política, y en 1889 fundaron la Segunda Internacional. Marx y Bakunin ya habían muerto, y Lenin era aún demasiado joven. No hubo un líder fuerte y se evitó que lo hubiera para no caer en la discusión de ideologías, sino en búsquedas más pragmáticas; no hubo un consejo general que tuviera la dirección, sino un foro de partidos independientes que aplicarían las estrategias conducentes según sus realidades nacionales.

Sus acciones más determinantes fueron declarar fechas que aún se conmemoran, como el Día del Trabajo y el Día de la Mujer. En realidad, poco más lograron, puesto que, pasado el año 1900, las tensiones entre los países fueron dejando claro que una guerra se avecinaba y contra el internacionalismo obrero que se propugnaba desde la ideología pura, fue ganando en la mente de los trabajadores el discurso nacionalista inoculado por sus propias burguesías.

Ya en el siglo xx, en la Segunda Internacional chocaron principalmente dos posturas: la socialdemocracia libertaria y el socialismo autoritario. La primera fue fuertemente acusada por Lenin de querer acercarse a las posturas burguesas, que es justo lo que hacían, mientras que los segundos seguían pugnando por la revolución armada como única guía. Es decir que los socialdemócratas decidieron que no era necesario destruir el Estado burgués desde sus cimientos, sino tomar el poder en él y poner sus estructuras al servicio de los trabajadores; mientras los socialistas seguían buscando la destrucción total, y un poder no compartido.

Para 1905, Vladimir Ilich Uliánov, ya conocido como Lenin, y como un conspicuo saboteador y revolucionario, vivía exiliado en Suiza tras un intento fallido de revolución en el Imperio ruso, y desde su cómodo ostracismo redactaba a diario artículos sobre la realidad internacional, donde ya vaticinaba una guerra mundial. El tema no era si habría guerra, sino cuándo, pero era obvio que los capitalistas se enrollarían en una guerra de magnitudes nunca antes vistas, y ése debería ser el momento en que los comunistas tomasen el poder.

El único camino de Lenin era la revolución internacional armada. Los capitalistas se aniquilarían entre sí en su intento de conquistar el mundo —casi lo logran— y entonces los trabajadores tomarían el poder para siempre. No funcionó así en todo el mundo, pero fue precisamente lo que ocurrió en Rusia.

La muerte de Dios y el descenso al inframundo

Dios ha muerto y nosotros somos sus asesinos. Quizá la más profunda crítica al pensamiento y legado de la Ilustración. Un proyecto racional de una minoría que confundió espiritualidad con política, y en su búsqueda desenfrenada de poder, y discursos legitimadores, mataron a Dios para la totalidad de los europeos.

Ningún científico del siglo xvii encontró un conflicto entre descubrir las leyes del universo y la existencia de Dios. Dios crea a través de su Palabra, su Logos; esto es, de su pensamiento. El universo es una creación racional, y esa razón, ese Logos que impregna toda la existencia, como nos dijo Plotino, está depositada en cada ser humano para que pueda acercase a Dios y su creación a través de la razón. No le hizo a ruido ni a Newton ni a Kepler ni a Leibniz.

Pero los filósofos de la Ilustración no estaban en una búsqueda de la verdad a través de la razón pura, sino en la construcción de argumentos a través de una razón más bien instrumental. Su discurso no es contra Dios sino contra le religión, no es tanto contra la religión como contra la Iglesia, y no es tanto por la verdad como por el poder. Su laicismo no busca eliminar el adoctrinamiento sino apoderarse de él; contra el discurso de poder basado en Dios establecen el discurso del poder basado en el pueblo, tan abstracto como Dios.

Los Ilustrados liberaron al pueblo de las terribles garras de Dios, aunque el pueblo nunca lo pidiera; lo despojaron de religión y espiritualidad y le entregaron a cambio el conocimiento científico, exacto y perfecto para entender los asuntos del mundo, pero absolutamente limitado para entender todo lo que va más allá, como el misterio divino. El pensamiento de los ilustrados cae en una de las más arrogantes trampas del ego: si yo no lo entiendo, no existe.

Así comenzó la muerte de Dios que Nietzsche simplemente denuncia. Dios dejó de ser fundamento, y la pura razón resulta no ser satisfactoria, pues somos mucho más que sólo un animal racional. Todo fue positivismo y ciencia en el siglo XIX, por eso todo parecía estar inventado para 1900, pero también estaba el profundo vacío existencial que irán dejando claro Kierkegaard y Schopenhauer, el propio Nietzsche, y más adelante Sartre o Cioran. Despojamos al mundo de la cadena de su ser.

Por su propio devenir histórico, Occidente es la única civilización que comenzó a basarse en la negación de Dios hasta llegar a su absoluta desaparición, circunscrito al rincón de libertad individual que cada uno debe tener en privado, casi de forma vergonzosa, como una adolescencia colectiva que fue superada por la adultez científica. El conflicto entre ciencia y fe es la batalla más falsa de la historia de nuestra civilización, una construcción política de los ilustrados, una falacia que parte de asumir que la razón y fe buscan lo mismo.

Cada Estado nacional del siglo XIX no fue más que una fábrica en competencia con otras, máquinas de producción y de conquista, cuyos engranes eran el total de la población movida con discursos nacionalistas. Todos querían disfrutar del progreso, el nuevo signo de los tiempos, pero pocos veían el precio a pagar: la voracidad, la violencia, la destrucción. El capitalismo industrial sólo puede llevar al imperialismo, había vaticinado Lenin, y eso fue justo lo que ocurrió.

La burbuja de bienestar de cada país se sustentaba en sus imperios, en sus dominios en África o el sureste asiático, en la producción desmedida y sin fin, en el despojo de recursos. Los reinos de Europa ya no peleaban entre sí por sus limitadas fronteras continentales; ahora su zona a disputar eran los continentes y los mares. Mientras quedó mundo por repartir, los poderosos siempre lograron acuerdos de paz; cuando todo estaba repartido y cada uno seguía queriendo y necesitando más, bastó cualquier pretexto para desatar el infierno. Entonces un serbio mató en Bosnia al archiduque de Austria y descendimos al inframundo.

Todos en 1900 veían con esperanza al futuro, ese año murió Nietzsche, y Freud publicó *La interpretación de los sueños*, donde nos habló de los deseos ocultos y oscuros que se esconden creativamente en los recovecos del inconsciente y nos asaltan por sorpresa. Nos explicó que la mente es como un iceberg, y que cuando colapsa es por todo lo que se esconde bajo la superficie. Así como se hundió el Titanic y se llevó todo el progreso de la época, con su ilimitada confianza, al fondo del océano.

Todos decían querer la paz. Entonces se organizó una gran guerra para tener paz. La guerra que acabaría con todas las guerras. La última discusión a golpes de los poderosos de Europa, el último ajuste de cuentas entre cárteles que llevaban cinco siglos arrebatándose el mundo. Todos querían paz, pero hubo guerra. Nadie estaba dispuesto a ceder, todos tenían la razón. Comenzó el siglo más violento de la historia.

11

La revolución de las masas

De la Bastilla a la era soviética

El 28 de junio de 1914 un nacionalista serbio asesinó en Sarajevo, capital de la provincia de Bosnia Herzegovina, al archiduque heredero de Austria, Franz Ferdinand. Todos en la gran familia que gobernaba Europa querían la paz, y entonces, con el magnicidio como pretexto, todos se declararon la guerra.

La Europa de 1914 tenía unos 440 millones de habitantes entre Moscú y Lisboa y de Escocia al Mediterráneo, en un mundo donde la población total giraba en torno a mil setecientos millones, el doble que cien años atrás. La población se triplicó en Europa, y dado que la aristocracia seguía siendo en torno al 2 por ciento de la población, quiere decir que lo que creció fue el pueblo llano; el pueblo donde residen desde el campesino hasta el banquero, pasando por el artesano, el comerciante y el burgués, el empresario.

Del 14 de julio de 1789 al 28 de junio de 1914 se construyó el mundo de los mercaderes con la nación como nuevo discurso y el proletariado como nueva maquinaria. La burguesía descubrió su propio poder y guillotinó a Luis XVI; en el largo siglo XIX el proletariado fue descubriendo el suyo. En 1215, los nobles ingleses, sabedores de su indispensabilidad para las guerras del rey Juan, lo obligaron a firmar una carta de derechos; los burgueses del siglo XVII, al comprender su papel fundamental, derrocaron a la dinastía Estuardo. Se llama consciencia de clase y es lo que Marx esperaba despertar en el proletariado, y lo que cada poder dominante necesitaba adormecer.

La Bella Época fue esplendorosa para la burguesía. Todo fue un sueño entre 1871 y 1914, porque nadie se asomaba a los sótanos donde se vivía el lado oscuro del progreso; desde el proletariado miserable de las capitales europeas hasta las condiciones infrahumanas de los nativos de las colonias que Inglaterra, Francia, Alemania, Bélgica y Holanda tenían repartidas por el planeta.

Lenin siempre tuvo razón, los grandes capitalistas de Europa, buscando siempre crecer, tener siempre más, obtener más recursos, conquistar más territorios, terminaron recurriendo a la guerra. No sólo cada uno tenía la razón, sino que cada país tenía claro que ganaría aquella contienda que únicamente duraría unos meses. Se prolongó casi cinco años y de alguna forma todos perdieron.

Los burgueses ilustrados buscaban el derecho a la vida, la libertad y la búsqueda de la felicidad; los revolucionarios que tomaron el poder buscaban eso, poder; y libertad de enriquecerse a través del comercio. Las monarquías renovadas del siglo xix sólo tuvieron que darle poder y comercio al burgués; y juntos, pudieron olvidarse de la búsqueda de la felicidad del proletario.

En 1789 los burgueses exigieron sus derechos al sistema monárquico; para 1917, los proletarios estaban dispuestos a arrancarle los suyos por la fuerza a la burguesía que los fue oprimiendo a partir de 1789. La Bella Época fue radiante para los creadores del mundo moderno, generó más riqueza que nunca, pero descansaba en la mayor opresión de la historia humana hasta el momento. Sólo faltaría el comunismo, que llegó a demostrar que cuanto más liberador es el discurso rebelde, más opresora será la realidad cuando la rebelión sea sistema.

Hacia la guerra capitalista

El mapa diseñado en Viena en 1815 era perfecto para garantizar el equilibrio de poderes y por añadidura la paz…, si ya nada cambiaba. Todo comenzó a cambiar, porque ésa es la condición fundamental del mundo. Alemania nació en 1871, cuando Wilhelm I de Prusia fue coronado káiser en Versalles. Todos los Estados alemanes, coordinados ahora por la casa Hohenzollern, nacieron como una Alemania industrial, rica y poderosa, que ingresaba tarde al juego de las potencias y al reparto del mundo, pero que de inmediato comenzó a buscar cómo despojar a otros para tener sus propias colonias.

Las grandes potencias ya no peleaban por mover fronteras en Silesia o Galitzia, en Alsacia y Lorena; ahora se disputaban grandes extensiones del África oriental, rutas del océano Índico, concesiones en China, islas del Pacífico. Cuando más de dos quieren lo mismo y ninguno está dispuesto a ceder, habrá guerra; ésa fue la historia de Europa desde sus orígenes, pero a causa de su gran evolución bélica industrial ahora su campo de batalla era el mundo entero.

Alemania nació en 1871 y para 1900 ya había desplazado de su lugar tradicional a las potencias decimonónicas que habían aprendido a estar conformes cada una en su sitio. Inglaterra era la número uno, Francia la dos y Rusia la tres. El nuevo imperio competía ya por el primer lugar en el cambio de siglo, y entonces los poderosos comenzaron a sentirse amenazados. A la larga, y no por casualidad desde luego, ese uno, dos, tres declararon la guerra a los empoderados alemanes.

El poder de cada reino dependía del tamaño de sus economías, que a su vez dependía del tamaño de sus imperios. Para ese momento Inglaterra controlaba el 30 por ciento de las tierras del planeta y Francia el 20 por ciento. Los ingleses poseían casi toda la mitad oriental de África, el canal de Suez y el mar Rojo como camino al Raj británico del Indostán, que llegaba desde Afganistán hasta Malasia, tenían Australia y Canadá. Los franceses eran dueños de gran parte de África occidental, de Madagascar y de la Indochina.

Rusia era diferente. Era el imperio de tierras contiguas más grande del mundo, que abarcaba desde Polonia hasta el Pacífico, pero no era un imperio de corte industrial sino más bien tradicional; el 95 por ciento de su población seguía siendo de campesinos, aunque el 80 por ciento de sus territorios estaban casi despoblados, y el 80 por ciento de los súbditos vivían en el 20 por ciento del país. Apenas comenzaba a nacer la industria y no tenían imperio colonial ni menester de tenerlo, porque no les apremiaba esa necesidad económica producto de la industrialización, y porque Siberia era en realidad su gran colonia.

¿En qué chocaban los intereses de las tres grandes potencias tradicionales y los de la naciente Alemania? En poco. En 1885 se reunió un congreso en Berlín para repartir África y reconocer colonias a los alemanes; todo interés alemán estaba lejos de Francia, aunque en su unificación de 1871 le habían arrebatado los territorios, a su vez despojados previamente, de Alsacia y Lorena; pero no había choques fronterizos desde entonces, ni en Europa ni en el mundo. Rusia tenía en la recién nacida Alemania un cliente más de recursos naturales y tampoco tenían intereses encontrados. Pero el mundo moderno era una competencia entre países por el primer lugar, y ahí es donde llegó el conflicto con Inglaterra.

Los ingleses tenían la más grande y moderna flota del mundo; y los alemanes aspiraban a lo mismo, lo que condujo a la primera carrera armamentista en forma de acorazados. Cada barco artillado de acero que construía Alemania ponía a Inglaterra a construir dos para no perder su hegemonía en los mares; y las armas sólo son buena inversión si se usan. El miedo termina siendo el combustible de todas las guerras.

Competían por la supremacía naval y bélica en lo particular, y por el predominio industrial en lo general, en una época en la que esa carrera sería ganada por el que dispusiera de más petróleo, recurso que no existía en ninguno de los dos países y que los arrojó a competir por los hidrocarburos del planeta. Esa guerra, con diferentes contrincantes, no ha terminado aún.

México, que estaba en plena revolución y era un hervidero de espías ingleses, norteamericanos y alemanes, apoyaba diversos bandos según creyera conveniente para mantener su dominio petrolero. Además, se extraía el oro negro en Persia, dominada por rusos y británicos, y de Mesopotamia, del Imperio otomano, donde extraían los ingleses…, pero precisamente comenzaban a llegar los alemanes.

El canal de Suez fue un proyecto francés, inaugurado en 1869 por la emperatriz Eugenia de Montijo, esposa de Napoleón III. Pero así de extraño es el mundo del capitalismo, y en 1875 el pachá otomano de Egipto, sumergido en deudas, vendió sus acciones del canal, que rápidamente fueron compradas por el gobierno británico, que en 1888 logró que el Imperio otomano lo declarara protector de canal. El camino a su joya de la corona, el Indostán, era más corto que nunca, pero también la vía a su principal fuente de petróleo: la Mesopotamia otomana.

Fue en aquella época cuando comenzaron a extraer petróleo del territorio que hoy se llama Irak, y desde entonces hasta hoy la ruta de transporte ha sido la misma y ha causado varias guerras: salir en barco del golfo Pérsico, rodear la península árabe, atravesar por Suez y navegar el Mediterráneo para finalmente llegar a Inglaterra. Entonces los alemanes comenzaron a planear el ferrocarril Berlín-Bagdad.

Así de pronto parece lejano e imposible, pero resulta ser una ruta tres veces más corta que el rodeo británico por mar. El trazo era de Berlín a Viena, de ahí por Belgrado y Sofía hasta Constantinopla para atravesar Anatolia y el Medio Oriente hasta llegar a Bagdad y sus campos petrolíferos, en una ruta casi en línea recta que aseguraría un flujo diario de trenes cargados de petróleo. Querían más barcos, querían más petróleo. Había que detenerlos.

Bosnia se había independizado del Imperio otomano en 1878 y aspiraba a aumentar su territorio, ambición con la que estaba de acuerdo Rusia, quien buscaba desesperadamente una salida al Mediterráneo y pensaba que podía obtenerla a través de los serbios. Todo el Imperio otomano se desmoronaba y perdía territorios en los Balcanes, que los poderosos tradicionales de Europa comenzaban a ambicionar.

Nació Grecia en 1830 (jamás existió antes algún país llamado Grecia) y siguió creciendo su territorio a lo largo del siglo xix. Para 1878 ya habían nacido, de las cenizas otomanas, Serbia, Bosnia, Montenegro, Rumania y Bulgaria. Cada uno de ellos luchaba contra sus nuevos hermanos y sus antiguos opresores por aumentar el territorio; los turcos trataban de no perder, los rusos de llegar al mar y los austriacos de expandir el imperio.

Detrás de tanto movimiento, dinero y estrategias británicas buscaban aniquilar el antiguo imperio musulmán, por lo menos arrebatarle los territorios del Medio Oriente, a la vez que trataban de evitar que los Habsburgo se hicieran más poderoso. El eterno juego del poder.

Un serbio mata en Bosnia al archiduque de Austria. El imperio de los Habsburgo había anexionado aquella provincia eslava, mitad cristiana, mitad musulmana, y Franz Ferdinand, heredero liberal, iba en viaje de promoción de la propia monarquía, a hablar de las bondades de ser parte de los dominios de la casa de Austria. Por el otro lado, los planes de expansión territorial de Serbia incluían Bosnia, y contaban con el apoyo de los rusos; y para los austriacos, Serbia ni siquiera debería de existir sino ser parte de su imperio.

Desde Viena se culpó al gobierno serbio de estar detrás del atentado. Nunca lo sabremos; Belgrado lo negó y los Habsburgo jamás pudieron comprobarlo; pero la guerra requiere pretextos más que razones reales, y el Imperio austriaco, que ya dominaba Bosnia, se quería extender por Serbia, situación que desde luego no pensaban permitir los serbios, pero tampoco los rusos.

Para comprender el estallido de la guerra es menester conocer los sistemas de alianzas sobre los que descansaba frágilmente la paz. Alemania nació en 1871 y buscó aliados desde entonces, por lo que en 1882 firmó una Triple Alianza con el Imperio austrohúngaro y el reino de Italia, recién nacido también, en la que se comprometían a defenderse entre los tres en caso de cualquier ataque a uno de los integrantes. Alemania se preocupaba por una guerra con Francia que sabían que se daría tarde o temprano. La respuesta a la alianza fue la Triple Entente, un acuerdo entre Inglaterra, Francia y Rusia con las mismas características: si uno era atacado, los tres responderían.

El objetivo del sistema de alianzas era en teoría evitar un conflicto, puesto que cada uno debería pensárselo no dos, sino tres veces antes de atacar; pero tenía un evidente punto frágil: el efecto dominó que se podría causar con una sola declaración. Eso fue lo que ocurrió.

Austria declaró la guerra a Serbia, aliada de Rusia, por lo que el zar Nicolás II, que no podía permitir la inminente anexión que Austria haría con Serbia, declaró la guerra a Austria. Tras intentos fallidos de negociación, Alemania respetó la alianza y declaró la guerra a Rusia; entonces Francia respetó su alianza y declaró la guerra a Alemania; por lo que Austria declaró la guerra a Francia. Tres días después Inglaterra se sumó a la declaratoria contra Alemania y Austria…, Italia fingió demencia, entró a la guerra años después y en el bando contrario.

Desde su exilio en Suiza, Lenin veía cómo todos sus vaticinios se cumplían, y el escenario quedaba listo para una gran revolución proletaria internacional. La élite capitalista de cada país se lanzaba al negocio de conquistar el mundo; cuando los intereses económicos chocaron, los gobiernos, representantes de las élites, como acusaba Marx, se declararon la guerra en nombre de sus capitalistas…, pero, como siempre señaló Lenin, en el momento de llegar a la guerra, que gobiernos y empresarios necesitan, los que son enviados a morir y matar son precisamente los proletarios. Los que perderán sin importar quién gane.

Un siglo atrás, Inglaterra organizó, espoleó y patrocinó quince años de guerra contra Napoleón para asegurarse de no perder su recién adquirida hegemonía. Cien años después, como imperio absolutamente dominante, no iban a permitir que Alemania amenazara esa supremacía, y nuevamente estuvieron dispuestos a la guerra para mantener el poder. El Imperio alemán, que decía no querer ni necesitar la guerra, finalmente no la detuvo; no dejaba de ser una alternativa para desplazar a Inglaterra.

La guerra que terminaría con todas las guerras, y que según todos los pronósticos duraría unos meses, se prolongó por años. Un serbio mató en Bosnia al archiduque de Austria, entonces Inglaterra invadió el Imperio otomano y se quedó con el Medio Oriente y su petróleo. No tiene relación alguna, y es que el atentado contra el heredero de Austria fue sólo el pretexto para iniciar una guerra que nadie quería, pero todos necesitaban.

La Gran Guerra de Europa, que fue mundial sólo porque Europa se disputaba el mundo, no porque todo el mundo la haya causado y luchado, dejó por lo menos veinte millones de muertos, semillas de futuros odios en los corazones, imperios destruidos, un continente devastado, y todas las condiciones necesarias para que de las cenizas de la paz de Versalles surgiera una nueva contienda.

Muerte y destrucción a lo largo y ancho de todo un continente; más terrible de lo que es, de por sí, comprender que en realidad fue una guerra entre seis personas: el káiser de Alemania, el zar de todas las Rusias, el sultán turco, el emperador austriaco, el rey de Inglaterra y el presidente de Francia. Cada uno de ellos, desde luego, representaba a una élite capitalista imperial, y disponían de muchos recursos para su guerra privada: tenían miles de caballos, metralletas, tanques, cañones, barcos… y millones de proletarios a los que estaban dispuestos a sacrificar; finalmente iban con un extraño regocijo en el alma derivado del odio nacionalista que anidaba en lo más profundo de su ser a causa del adoctrinamiento del sistema educativo.

Alemania no pudo derrotar a Francia en seis semanas, como era su plan, y se empantanó en una guerra de trincheras a lo largo de toda esa frontera por los siguientes cuatro años, situación que se replicó del lado ruso. Alemania iba ganando, pues los combates no eran en su territorio, pero luchaba una guerra en dos frentes que terminó siendo insostenible.

No es tema de este viaje por la experiencia humana explicar cómo se desarrolló la guerra, pero para 1917 era en gran medida de Inglaterra, Francia, Italia y Rusia contra Alemania. El frente ruso es de particular importancia; no había forma alguna de que un imperio agrícola derrotara a la mayor potencia industrial del continente, pero ésa no era su labor. El zar aceptó el terrible papel de poner los muertos.

Rusia no podía derrotar a Alemania, pero a fuerza de seguir mandando gente a morir, por millones, distraía a los alemanes en un frente que a ellos mismos no les interesaba, lo que permitía a Inglaterra y Francia llevar la guerra en el frente occidental. Todas las guerras son para robar; sea territorio o recursos, y el autócrata de todas las Rusias esperaba un botín fundamentalmente estratégico: Constantinopla.

En 1914 un serbio mató en Bosnia al archiduque de Austria; por lo tanto, para 1916, Inglaterra y Francia firmaron un pacto secreto en el que acordaban repartirse el Medio Oriente que pretendían arrebatarles a los otomanos. Rusia era parte de este reparto de botín, al imperio de los zares le tocaba Constantinopla; podría parecer poco en comparación con la Gran Siria que los otros se repartían; pero los rusos no necesitaban petróleo y sí su añorada salida al mar.

El anterior reparto tenía dos condiciones previas; la primera, desde luego, era ganar la guerra; la segunda, el compromiso entre los tres países de seguir juntos hasta el final, de aguantar, de no firmar la paz por separado. Era fundamental que Rusia siguiera poniendo muertos que distrajeran a los alemanes mientras Inglaterra en realidad no hacía nada para derrotar a Alemania, puesto que estaba más interesada en los otomanos. Rusia no tenía nada que hacer en esa guerra y el zar nunca lo entendió.

El Imperio ruso murió en la guerra. Entró en 1914 y para finales de 1916 tenía diez millones de muertos, heridos y desaparecidos; los alemanes llegaban hasta Estonia, el territorio de la madre Rusia estaba sembrado de cadáveres y Nicolás II, que nunca había sido un destacado militar, tomó la terrible decisión de trasladarse al frente y ponerse al mando. Nunca volvió a San Petersburgo en calidad de zar; en febrero de 1917, su propia élite militar lo presionó para abdicar. Su hijo, el heredero, era un débil niño de 13 años con hemofilia; y su hermano, el gran duque Miguel, no quiso el trono. Murió el Imperio ruso.

La Revolución bolchevique que no es rusa

Vladimir Ilich Uliánov fue ruso, pero su revolución no. La causa era internacional y lo sigue siendo. El proletario no tenía para él más patria que el mundo; por lo menos en el discurso, aunque la Unión Soviética que nacería de su revolución mantuviese prisioneros dentro de sus fronteras a todo su proletariado, sin posibilidad alguna de salir al mundo, supuestamente su patria. Su revolución, tal y como lo señaló Marx, era internacional. Como lo fue la francesa.

El hombre que con el tiempo se hizo llamar Lenin, nació en el Imperio ruso en 1870, y era una síntesis de aquel imperio multicultural. Tenía ancestros rusos, mongoles, tártaros, suecos y alemanes, ortodoxos, luteranos y judíos. Su padre era un funcionario de la baja nobleza imperial, y Vladimir creció y pasó su infancia en una hacienda. No tuvo carencias, fue a la universidad, no fue nunca un proletario ni tuvo jamás la necesidad del trabajo obrero; fue un genio intelectual que quedó seducido por las ideas marxistas y decidió que, por alguna extraña razón, él representaba a los proletarios del mundo a los que Marx conminaba a unirse.

A los 17 años ingresó a estudiar derecho, pero se dedicó más a ingresar en grupos rebeldes clandestinos, por lo que terminó sus estudios por correspondencia. En 1895, ya con 25 años, comenzó a viajar por Europa, y a pesar de no ser ni haber sido un obrero, fundó la Unión de Lucha para la Emancipación de la Clase Obrera. Más adelante en su vida declaró lo mismo que terminan por descubrir todos los revolucionarios comunistas: sin obreros frustrados y enojados no habría revolución; por eso termina siendo necesario arengarlos con el discurso si la realidad no los ha desilusionado lo suficiente. Son un fin para obtener un medio.

De vuelta en Rusia en 1897, fue considerado rebelde y enviado a Siberia, de donde escapó en 1900 para volver a viajar por Europa y entrar en contacto con grupos marxistas. ¿De dónde obtenía recursos para viajar por el mundo? Es el misterio de todos los revolucionarios de la historia, que suelen tener la posibilidad de dedicarse a viajar, escribir y discutir, sin trabajar nunca en su vida, mientras planean revoluciones para liberar a los trabajadores; revoluciones que normalmente comienzan en países pobres mientras el revolucionario está en Londres, Nueva York o Estados Unidos. Los revolucionarios de todas las épocas quieren el poder, lo demás son discursos.

En el cambio de siglo, Lenin era todo un intelectual revolucionario que seguía con atención los trabajos de la Segunda Internacional y era muy crítico con ellos. Acusó a los socialdemócratas de acercase a las posturas burguesas y traicionar la causa, ya que sólo les interesaba algo tan mundano como aumentar los ingresos y nivel de vida de los trabajadores; lo cual, si ocurre, le quita potencial revolucionario a los líderes que sólo buscan la revolución como fin en sí mismo.

Ésa fue su propuesta desde 1903: una revolución internacional que destruyera desde los cimientos todas las estructuras putrefactas del Estado burgués. Destruir todo lo anterior porque tengo la respuesta que no se ha encontrado en toda la historia de la civilización; ese pensamiento es todo menos revolucionario.

Desde ese año, Lenin señalaba que el sistema capitalista, convertido en imperialismo, no tardaría en declararse una guerra de magnitud mundial que debía ser aprovechada por los proletarios de todos los países para llevar a cabo la revolución, tomar el poder y establecer la dictadura del proletariado, que es, desde entonces, la alternativa que los comunistas plantean ante la democracia: un poder basado en un partido central y reducido donde un comité intelectual y científico tome todas las decisiones en nombre de toda la comunidad. Como hace con bastante funcionalidad el Partido Comunista Chino, y con bastante disfuncionalidad el resto de los partidos comunistas.

No hacen falta parlamentos ni partidos, y mucho menos discusiones, dado que no hacen falta ideas. Ya hay un grupo teniendo ideas en nombre y por el bienestar del pueblo, y cualquier crítica a ese sistema lo convierte a uno en contrarrevolucionario; alguien que debe morir porque no está del lado correcto de la historia. Es como dogma religioso. El propio Stalin nos dijo más adelante que las ideas son más peligrosas que las armas, y que, si no dejábamos a nuestros hijos tener armas, menos aún se les debería permitir tener ideas. El comunismo liberal es profundamente conservador.

Desde el inicio del siglo, Lenin ya tenía clara su doctrina: el capitalismo liberal sólo puede conducir al imperialismo, justo como ocurrió, y extender su sistema de explotación a todo el planeta, tal y como fue. Por consiguiente, los obreros deben hacer un frente unido mundial y luchar contra la burguesía a través de una "asociación" de trabajadores, un Partido Comunista que organice la lucha e inculque la consciencia revolucionaria.

Su modelo es parecido al del despotismo ilustrado del siglo XVIII en manos de los monarcas; el gobierno del pueblo y para el pueblo, pero sin el pueblo. Debe existir un solo partido creador de la ortodoxia; lo cual también se parece mucho al catolicismo y su Inquisición, regido por un "centralismo democrático"; es decir, en un pequeño centro se toman las decisiones democráticas de todos. El partido asume que la soberanía reside en el pueblo, pero no por ello preguntará al pueblo su opinión.

El objetivo de este gran partido mundial debe ser la destrucción del Estado capitalista a través de la revolución proletaria, y en reemplazar a ese Estado por la dictadura del proletariado. Arrebatar todos los medios de producción a la burguesía capitalista y ponerlos al servicio de todos bajo la administración del Estado, lo cual no acaba con la estructura de explotación, sino que cambia al explotador: el Estado que representa a los explotados mientras los explota, aunque los explota en su nombre y por su bien.

Siempre criticó que los trabajadores lucharan por mejorar su nivel de vida dentro del sistema al que, según él, deberían simplemente destruir. El objetivo no era vivir mejor, era la lucha, la revolución, la causa; nunca las personas. Al proletariado que, gracias a sus trabajos de presión política a través de partidos socialdemócratas, mejoraba su calidad de vida, lo llamaba despectivamente aristocracia obrera, los mayores traidores a la causa, pues eliminaban la inconformidad y por lo tanto el potencial revolucionario de las masas.

¿Por qué debe ser mundial la revolución? Por dos cosas. Primero porque dentro de un mundo que ya es global, sólo funcionará bien un sistema económico global; y segundo, mucho más importante para cada revolucionario, es la intolerancia propia de la revolución, tan parecida a la intolerancia monoteísta: sólo hay una ideología correcta y todo el mundo debe seguirla, aunque sea por la fuerza. Los obispos te queman, los camaradas te fusilan. Sólo hay una forma correcta de ver y comprender el mundo.

En 1903 se llevó a cabo en Londres el Congreso del Partido Obrero Socialdemócrata Ruso. Dos líderes con ideas distintas sobre lo mismo, generaron una ruptura. No hay diversidad en el pensamiento comunista. Una facción liderada por Yuli Mártov, conocida como los mencheviques (minoría) pugnaba por seguir un orden histórico y hacer una fase burguesa de transición al comunismo; ya que según el propio Marx el comunismo sólo podía instaurarse y funcionar en un país previamente desarrollado e industrializado por su burguesía. Los bolcheviques (mayoría) de Lenin hablaban de una destrucción revolucionaria y pase directo al comunismo.

Para Lenin era imperativo consolidar un partido reducido, centralizado e intelectual, sin acceso a las masas, que organizara un ejército revolucionario, donde las masas evidentemente sí eran recibidas; tomar el poder por la fuerza, destruir las estructuras aristócratas del Imperio ruso y establecer de inmediato la dictadura del proletariado..., claro, a falta de gran industrialización en Rusia, casi no había proletarios, por lo que sería necesario convencer al campesino con discursos para que sintiera la frustración proletaria, y se levantara en armas para morir por un partido que tenía, en los primeros puntos de su agenda, quitarle sus tierras al campesino.

Ya en el poder, el partido debería mantenerse reducido y centralizado para crear un gobierno de intelectuales que coordinara a los soviets, asambleas de trabajadores que teóricamente representarían las problemáticas y soluciones de los obreros..., difícil si el verdadero poder está en manos de un grupo reducido de intelectuales que ya saben que sus ideas son las correctas y únicas permitidas.

Una vez tomando el poder en un país, en este caso se buscaba que fuera en Rusia, comenzaba la parte más difícil del trabajo: exportar la revolución, financiar partidos y ejércitos, generar redes mundiales y apoyar los movimientos revolucionarios de otros países para llegar al poder, y que a partir de ahí ayudaran a otros que ayudarían a otros, hasta que todos los países fueran comunistas, coordinados todos por el primer partido comunista que tomaría el poder; es decir, mandados todos por Lenin. Lo que logró Stalin.

Según su análisis, lo mejor era tomar el poder en un país desarrollado y poderoso, como Alemania, para desde ahí patrocinar la revolución. Sin embargo, era consciente de que el mejor nivel de vida del proletario alemán y la mayor fortaleza de su burguesía hacían eso prácticamente imposible; lo que quedaba, entonces, era tomar el poder en un país subdesarrollado y pobre, donde el gobierno, su burguesía y sus estructuras serían más débiles, aunque también habría menor fuerza de choque obrera..., lo que se arreglaba engañando al campesino.

Tomado el poder, está el problema de que el socialismo no puede sobrevivir en un país pobre y subdesarrollado. Por eso la revolución debe ser mundial, para generar una red de apoyo de países comunistas. Si la revolución sólo puede llevarse a cabo en un país subdesarrollado, decía Lenin, ese país no será capaz de desarrollar un sistema socialista;

por lo que desde ese país debía fomentarse una revolución en un país capitalista y desarrollado, donde se establecería el socialismo y se ayudaría al país subdesarrollado a salir adelante. Tenía muy claro ese plan para Rusia y Alemania.

Si dicho plan no fuese posible, entonces hay que buscar que la revolución tenga lugar en numerosos países subdesarrollados al mismo tiempo; para que dichos países se junten en un Estado federal capaz de intimidar a las potencias capitalistas que quisieran derrocar al orden proletario. Es la misma receta que en la Revolución francesa, y es el origen de la URSS. Tomaron el poder en el Imperio ruso, convirtieron en países sus diversas provincias y crearon esa federación comunista que fue la Unión Soviética. En el supuesto que sea, el socialismo no puede sobrevivir solo. Por eso es necesaria la revolución mundial.

En 1905, un año de malas cosechas, un invierno con heladas y la derrota en una guerra contra Japón, hizo que el pueblo ruso se rebelara contra su zar. La multitud de San Petersburgo se puso sus mejores ropas, cargaron pendones con el rostro de Nicolás II y cruces de la Iglesia ortodoxa, y guiados por un sacerdote se acercaron en orden mientras cantaban Dios salve al Zar. Le pedían a su padrecito que los alimentara, la orden fue disparar contra la multitud.

La revolución quedó en conato, por más que Lenin la azuzó desde su chalé en Ginebra, con vistas al lago. La mecha no encendió y el régimen no cayó; pero la burguesía obligó al zar a crear una Duma (parlamento), y los obreros de ciudades como Moscú y San Petersburgo crearon los primeros soviets, declarados ilegales, pero que seguirían haciendo un trabajo de cohesión política proletaria que resultó fundamental en la revolución de 1917.

Lenin seguía en su exilio en Suiza para 1914 y desde ahí vio cómo el asesinato del archiduque encendía el polvorín de la guerra que tanto tiempo llevaba vaticinando. Escribió más que nunca y trató por todos sus escasos medios de guiar una revolución, lo cual era difícil; no sólo por estar en Suiza, sino porque entre él y Rusia se extendía la Alemania contra la que Rusia estaba en guerra, y él no tenía cómo cruzar. Además, aún calaba el nacionalismo, los proletarios rusos iban gustosos a matar a proletarios alemanes.

Diez millones de muertos después, el nacionalismo ruso se extinguió junto con la lealtad al zar, y las circunstancias llevaron a Lenin justo al epicentro de la revolución. En febrero de 1917 el zar de todas las Rusias abdicó el trono en su hermano Miguel, quien a su vez abdicó el poder en el parlamento, que se convertía intempestivamente en gobierno provisional. Había muerto el imperio ante la sorpresa de todos, y de momento no nació nada en su lugar.

Alemania quiso aprovechar la situación rusa y tratar de cerrar ese frente de batalla y concentrarse en Francia. Además de la guerra en dos frentes, otro problema aquejaba al káiser, y era que con el tiempo los Estados Unidos participaran activamente en favor de Inglaterra; era fundamental ganar la guerra antes de eso.

México estuvo lleno de espías alemanes desde 1910 que comenzó la revolución, siempre en búsqueda de petróleo. Los tuvo Madero y los tuvo Villa, rodeaban a Carranza y a Huerta. Fue el sistema de espionaje quien informó al káiser de la posibilidad de generar un conflicto entre los dos países americanos para evitar o retrasar la entrada de los norteamericanos en los eventos de Europa. Espías alemanes motivaron a Villa para atacar Columbus, y a través de dicho sistema de inteligencia se le propuso a Carranza declarar la guerra a Estados Unidos en favor de Alemania, a cambio de recuperar los territorios perdidos en 1848. Al final nada funcionó.

Al mismo tiempo que se inmiscuían en México para generar un distractor, los espías del káiser le notificaron un plan que giraba en torno a Lenin para sacar a Rusia de la guerra. El revolucionario siempre había hablado en contra de esa guerra capitalista, incitaba al proletariado a desertar y pugnaba por que aprovecharan el momento para el derrocamiento final de todo el sistema burgués; y desde luego, hablaba acerca de que Rusia no debería ser parte de esa guerra. El plan era simple: apoyar a Lenin con armas, dinero y logística, para que pudiera salir de Suiza, atravesar Alemania en tren y llegar a Rusia a encabezar la revolución, tomar el poder y firmar la paz. Funcionó.

Para abril de 1917 ya no había zar, el parlamento fungía como gobierno provisional, pero seguía en la guerra; y los soviets, aunque oficialmente sin poder alguno, ponían en jaque a un parlamento que no se atrevía a tomar una sola decisión sin consultarla con dichos órganos de trabajadores. Había una especie de duplicidad que de alguna manera funcionaba, pues el sistema de soviets hacía contrapeso al gobierno. Pero todo era confusión, nadie sabía qué era Rusia en ese momento, se asumía la dualidad de gobierno como una emergencia en lo que algo quedara establecido; y la mayor parte de los obreros asumían la caída del zar como una revolución triunfante. Entonces llegó Lenin.

En abril de 1917 llegó Vladimir Lenin a la estación Finlandia de San Petersburgo, en un tren alemán y con todo el apoyo de aquel gobierno. Lo recibieron con "La Marsellesa", que se entendía como un himno de la revolución; y ahí mismo en la estación declaró que el gobierno provisional era tan imperialista como el del zar, y que la revolución apenas comenzaba. Un mes después llegó Trotski, desde Estados Unidos vía Londres; se sumó a Lenin y declaró que todo el poder debía quedar en manos de los soviets.

Entre mayo y octubre, cientos de miles de soldados rusos que desertaban comenzaron a llegar a Moscú y San Petersburgo; ante el estado de confusión algunos eran leales al gobierno en su intento de poner orden, pero otros tantos se sumaban al impulso revolucionario de los bolcheviques. En junio, el presidente del parlamento Aleksándr Kérenski, proclamó oficialmente la República Nacional Rusa, con él al mando, y para ganar simpatía, apoyo y reconocimiento de Inglaterra y Francia ordenó un avance en la guerra para el mes de julio. Ahí se perdió su gobierno.

Lenin y Trotski comenzaron una rebelión abierta contra Kérenski, quien los declaró enemigos públicos; pero los soviets ganaban cada vez más popularidad, y para el mes de agosto el propio ejército comenzó a sumarse a estas asambleas y desconocer al gobierno provisional. Finalmente, en octubre, mientras se celebraba el Congreso Panruso de todos los Soviets, Lenin y unos cuantos hombres tomaron por asalto el Palacio de Invierno, el gobierno salió huyendo y los rebeldes asumieron el poder.

Al igual que en la Revolución francesa, la soviética no fue un levantamiento del pueblo oprimido contra el gobierno opresor; fue el levantamiento de un pequeño grupo, que, gracias al estado de opresión y con el pueblo como pretexto, logró tomar el poder. En ambas revoluciones, como en todas en la historia humana, lo que siguió fue la guerra civil, contra el resto de ese pueblo que, si bien no quería al gobierno opresor, tampoco quería al revolucionario.

La revolución, la que sea, siempre es ganada por radicales, por eso la guerra civil es inminente, así como los juicios sumarios y asesinatos de todo aquel que no comulgue en todo con el nuevo régimen empoderado. En Francia llegó el terror de Robespierre y un estado de guerra civil que Napoleón transformó en guerra internacional. En Rusia, cinco años de guerra civil siguieron a la revolución, hasta que finalmente fue proclamada de manera oficial la Unión Soviética, el 28 de diciembre de 1922, tras la muerte de un millón de personas, el asesinato del zar y su familia, y la participación de milicias llegadas de Polonia, Alemania, Hungría y diversas regiones del imperio. No era una revolución rusa, pues su objetivo no era Rusia; era una revolución mundial que por temas de azar comenzaba en los escombros del imperio zarista.

Los burgueses crearon su propio sistema en la Francia de 1789; era turno de los trabajadores establecer el suyo en la Rusia de 1917. La situación era que la francesa fue planeada y liderada, efectivamente, por la burguesía; mientras que la soviética fue planeada y liderada por intelectuales teóricos que nunca en su vida tuvieron contacto con una máquina; y muchas de las revoluciones comunistas inspiradas en ella fueron encabezadas por guerrilleros que no tuvieron contacto con la intelectualidad.

Los comunistas del siglo XIX y XX tenían un gran compromiso con la intelectualidad, la erudición y la elocuencia; eran grandes amantes del conocimiento y admiradores de los grandes pensadores de la tradición occidental. Sabían que el conocimiento es poder, y que además es necesario un proletariado capaz para construir la patria comunista. Pero la obsesión de sus sistemas fue siempre el conocimiento al servicio de la causa, y prácticamente todo gozo contemplativo y del espíritu fue estigmatizado.

Lenin tomó el poder en Rusia en noviembre de 1917, firmó la paz con Alemania a inicios de 1918 —demasiado tarde para los germanos— y dirigió una nueva economía que no podría estar al servicio del pueblo liberado, porque tenía que estar al servicio de la guerra civil que había que perpetrar contra el pueblo que no se quería liberar.

Se estableció una economía de guerra que se presentó como una etapa de transición al comunismo. Básicamente implicaba: restringir propiedad privada mediante el impuesto progresivo, altos impuestos a herencias, préstamos forzosos y expropiaciones; confiscación de los bienes de los enemigos del pueblo (que eran los que se negaban a los préstamos forzosos); centralización de créditos y bancos en manos del Estado, así como educación estatal desde que se pudiera prescindir del cuidado de la madre. El estudio, para que no fuera un lujo burgués, debía combinarse con trabajo en fábricas.

El nuevo gobierno del pueblo nació en guerra contra una gran parte de su pueblo, y los comunistas antiimperialistas comenzaron a construir un imperio. Bajo la óptica de Lenin, todo lo que hubiera sido Imperio ruso se convertía de manera natural en la nueva patria marxista. Los ucranianos, polacos, lituanos, estonios, letones, caucásicos y tártaros que ante la caída del imperio buscaban su independencia nacional, podían huir o morir.

En el comunismo de guerra de Lenin, la producción sería planificada y organizada por el gobierno, que tendría el control de todas las fábricas; las huelgas quedaron prohibidas y se estableció el servicio laboral obligatorio para las clases no obreras. Se procedió a la requisa de excedentes agrarios y al racionamiento de alimentos; toda empresa privada quedó ilegalizada y se estableció el control militar de los ferrocarriles.

El desastre no se hizo esperar. El campesino que era dueño de su pedazo de tierra, por pequeño que éste fuera, no comprendía cómo y en qué medida era mejor para él entregárselo al Estado y ser comunero de una granja colectiva en lo que había sido su parcela. Se negaron a cooperar y fueron parte del saldo contrarrevolucionario. Muchos prefirieron morir defendiendo su tierra que entregarla, y la mayoría de los campesinos eligió no trabajar si al final le iba a ser arrebatado el producto de su trabajo.

En un fenómeno sin precedentes en la era industrial, la población comenzó a abandonar las ciudades para migrar al campo, lejos del control de los camaradas. Entre 1918 y 1920, San Petersburgo perdió el 75 por ciento de su población y Moscú el 50 por ciento. El rublo se desplomó y los mercados volvieron al trueque: 90 por ciento de los salarios eran pagados con bienes, surgieron mercados negros de casi cualquier producto de subsistencia y mafias siempre relacionadas con el propio partido, que vendía por debajo del agua lo que ellos mismos prohibían. La hambruna y la guerra dejaron cinco millones de muertos entre 1917 y 1922. Eso, más los diez millones que dejaron su vida en la Gran Guerra, fueron el precio a pagar por el nuevo régimen.

Para 1922 se anunciaba el fin del conflicto civil y por lo tanto de la economía de guerra que sería sustituida por el proyecto que Lenin llamó Nueva Política Económica, y que él mismo definió como capitalismo de Estado. Las promesas de la revolución se cumplían, nunca más el pueblo ruso sería explotado por la aristocracia o la Iglesia. Ahora sería explotado por el partido.

Pero ese año en que la guerra quedaba atrás y el proyecto comunista quedaba asentado en la recién proclamada Unión Soviética, la salud de Lenin comenzó a decaer y nunca más volvió a ser el mismo. A lo largo de 1923 una serie de derrames cerebrales lo fueron dejando postrado e inutilizado, hasta que murió el 21 de enero de 1924. Comenzó un conflicto de poder entre Stalin y Trotski que terminó hasta que el largo brazo del primero logró sorrajar un piolet en la cabeza del segundo, en su casa de Coyoacán, en México, en 1940.

Los extremos que se tocan

La Gran Guerra de Europa significó la caída de los imperios burgueses, como bien vaticinó Lenin, pero no significó ni remotamente el fin del capitalismo; un sistema económico tan creativo, tan abstracto y tan basado en intangibles, que pudo comenzar a construir nuevos imperios, unos que no requieren territorio: los corporativos transnacionales. El mundo del burgués tuvo un colapso en 1914, pero sobrevivió, aunque la subsistencia costara treinta años de guerra y ocho millones de muertos.

Cayeron los últimos imperios relacionados con el antiguo régimen. Dejó de existir el Imperio otomano, el ruso, el austrohúngaro y el alemán, y se encumbró el británico en lo que sería su último periodo de gloria antes de pasar la estafeta a su relevo norteamericano. Terminó la guerra en 1918; Rusia ya no existía, Inglaterra y Francia se repartieron el Medio Oriente según lo acordado; de los despojos otomanos y austrohúngaros surgió una serie de países débiles y totalmente dependientes de los británicos. Alemania perdió su estatus imperial, más sus colonias en el mundo y territorios europeos llenos de gente y recursos, además de asumir una deuda impagable con Francia de doscientos mil millones de francos.

Todo era confusión. La democracia seguía siendo más un discurso teórico que una realidad. Francia era república desde 1871; nadie en el resto de Europa comprendía eso del voto. Los parlamentos de Suecia, Noruega, Dinamarca o la propia Inglaterra funcionaban con mucha representatividad, pero pocas elecciones; España y Portugal seguían tan absolutistas como siempre, y en el centro de Europa, docenas de pueblos que nunca habían votado y eran parte de imperios, tenían que salir a elegir un gobernante, o al parlamento que pondría límites al gobernante. Fue el caso de Estonia, Letonia, Lituania, Finlandia, Alemania, Polonia, Checoslovaquia.

La novedad democrática daba mucho miedo, más aún en ese mundo donde el comunismo soviético había triunfado y amenazaba con exportar la revolución. Fue germinando en Europa una silenciosa guerra de tres bandos que preparó el escenario para la continuación de la guerra en 1939: democracias, comunismo y fascismo. Eso dominó el panorama entre 1920 y 1939: la expansión del comunismo, temor, desconfianza y desencanto hacia la democracia, y el surgimiento de los regímenes conocidos como fascismos.

La democracia podía abrir el camino al comunismo, en cuyo caso era mejor sustituirla por dictaduras. En países recién nacidos tras la descomposición de imperios como el ruso, el otomano y el austrohúngaro, las democracias eran frágiles y endebles, y las economías débiles y volátiles. Estonia, Letonia, Lituania, Finlandia, Polonia, Hungría, Rumania, Checoslovaquia, y hasta Italia y Alemania, fuera como repúblicas o como monarquías parlamentarias, tenían partidos comunistas que se iban haciendo cada vez más populares.

El problema de tener partidos comunistas en las democracias es que los comunistas tienen un proyecto abiertamente antidemócrata. Exponían que la democracia era el engaño burgués para someter al pueblo, básicamente lo que era, y proponían el consabido esquema de dictadura del proletariado. Es decir que la plataforma política era algo así como votar por ellos democráticamente para que pudieran tomar el poder y aniquilar la democracia.

Ahí es donde los ingleses, los norteamericanos o los franceses tenían miedo de la democracia. Ante el temor de que una democracia incipiente entregara el poder a los comunistas, las élites locales —burguesía, aristocracia, clero, empresariado, comerciantes— prefirieron apoyar a los líderes populistas de derecha como Mussolini y Hitler; ambos tomando el poder dictatorial en medio de un estruendoso aplauso que aclamaba a los tiranos como salvadores de la nación. Desde la antigua Grecia, es el entorno caótico el que engendra a los tiranos carismáticos.

Mussolini tomó el poder en el reino de Italia en 1922 y Hitler fue nombrado canciller alemán en 1933. Entre los dos apoyaron a Franco en la Guerra Civil española, de 1936 a 1939, y a líderes fascistas de Europa oriental como Ante Pavelić en Yugoslavia, un país recién inventado por los triunfadores de la guerra. Ante el temor del comunismo los dictadores de derecha tomaron el poder.

¿Qué es izquierda y derecha a estas alturas de la historia? ¿Quiénes son los liberales y los conservadores del periodo entreguerras? ¿Quién es el revolucionario? Stalin es producto de una revolución comunista y nada pareciera estar más a la izquierda que eso, pero mantiene un poder vertical, unipersonal y autoritario; no existe la libertad de credo, pensamiento o expresión en su Unión Soviética; mantiene su postura autoritaria gracias a un ejército opresor, y desde el partido tiene un control absoluto del Estado. Es idéntico en cada detalle a Hitler, que hipotéticamente representaría a la derecha. El fascismo es abiertamente anticomunista, para eso nació; y el comunismo, por añadidura, es directamente antifascista.

Cuando una bota militar te restriega la cara contra el piso, te hace el mismo daño la bota izquierda que la derecha; ésa fue la única diferencia entre el comunismo y los fascismos: el discurso. Uno te oprimía en nombre del pueblo y el otro lo hacía en nombre de la patria. Había quema de libros en ambos regímenes.

Hitler, al igual que Mussolini, se asumía como líder de una revolución; así veía el nacionalsocialismo, como la revolución que salvaría a Alemania, tanto del comunismo como de la democracia liberal, ambos tachados por el Führer como sistemas cimentados en la degradación, la debilidad y la decadencia.

El periodo entre los dos episodios de la Gran Guerra mundial fue entonces una guerra de tres bandos; democracias, fascismos y comunismo. Son mucho más similares de lo que parece; en realidad, son tres productos de la Ilustración, tres diferentes formas de administrar la industrialización y organizar el trabajo de la sociedad. En ninguno hay verdadera libertad, sólo paliativos diferentes a la opresión.

La propuesta de la democracia funciona en las sociedades más desarrolladas; aquellas que por su nivel de industrialización han generado una estructura sólida de generación de riqueza, donde dicho nivel elevado de rentas ha auspiciado un proceso de ilustración en la población de la que emergerán los gobernantes, y en las que una correcta administración propicia el asistencialismo necesario para igualdad de oportunidades. ¿Qué significa esa democracia?

Contrario a la reducción al absurdo que se ha hecho en la actualidad, democracia no significa votar. Este reduccionismo de conceptos puede ser el primer enemigo de una verdadera democracia, o de que dicho sistema no sea más que una burda tiranía del 51 por ciento, tal y como nos advirtió Thomas Jefferson. Democracia significa que se reconoce la soberanía popular; eso es todo. Ésa es la esencia, el voto es sólo un mecanismo.

¿Cuál es entonces el espíritu de la democracia si no es votar? El poder le pertenece al pueblo; es todo. La totalidad del pueblo es depositario de la soberanía; por eso la democracia propone repúblicas, que el país es de todos. El problema es que ambos son conceptos abstractos que de nada sirven si no se encuentra la forma de convertirlo en una práctica. Si en un país se vota, pero el gobierno no respeta los derechos de sus ciudadanos, no hay democracia sino dictadura con voto.

Se asume que votar es una forma de preguntar al pueblo quién debe gobernar, con qué ideas y ceñido a cuál proyecto. Votar es una forma de encauzar la democracia; pero por encima del voto son importantes sus instituciones de poder, estructuras firmes y sólidas que impidan que el poder se concentre en la persona. Sin eso no hay democracia.

Más allá: voto para elegir persona y proyecto, e instituciones para que el poder descanse en estructuras y no en personas, en derecho positivo y no en caprichos; pero además, división de poderes para garantizar que ni personas, grupos e instituciones abusen del poder. Al haber división de poderes y fortaleza institucional, el voto termina por ser la parte menos relevante de la democracia, tal y como se puede ver en monarquías democráticas como la británica.

Por encima del voto, institución y división de poder, sigue estando el principio básico; esto es, que el pueblo, todo él, el ciento por ciento de la ciudadanía, es el depositario de la soberanía. Esto implica que, aunque cada individuo lleve a cabo renuncias personales que fortalezcan al Estado, éste a su vez debe garantizar los derechos fundamentales de cada individuo: pensar lo que quiera, creer en lo que elija, expresar sus ideas.

Si se entiende la democracia como la imposición de la mayoría, no sólo se sigue viviendo en medio de la violencia y un tipo de opresión, sino que cada elección sólo determinará cuál es el 49 por ciento de la población, que aunque sea soberana, verá vulnerados sus derechos por la unión del 51 por ciento. Por eso no puedes preguntar a las mayorías si están de acuerdo con los derechos de las minorías, y por eso un gobierno democrático debe ser lo menos ideológico posible.

En resumen, y más allá del voto, la democracia implica crear estructuras que permitan ejercitar al máximo las libertades individuales; y claro, en su versión utópica, esto debe lograrse sin menoscabo del interés colectivo, dado que sin una sociedad saludable y armónica es imposible el pleno desarrollo del individuo. La democracia es la más complicada de las opciones políticas de mundo moderno porque implica una construcción constante con participación activa y consciente de todos. El mundo del siglo XXI pareciera decirnos que nos gustan las libertades, entendidas como libertinaje, pero no la cocreación y cooperación social.

¿Cuál es la propuesta comunista? La democracia, para ellos, es un invento de la burguesía para someter al pueblo con la ilusión de que todos son partícipes del gobierno, mientras que los parlamentos representan en realidad los intereses de la burguesía. Hay varios partidos porque hay diversos grupos de intereses en la sociedad, y los partidos son simples grupos de presión política y negociación donde el pueblo, el proletariado que lo mueve todo, siempre queda fuera.

Es importante señalar que las críticas del comunismo a la democracia son contundentes porque son reales; por lo menos con la estructura democrática de aquel tiempo, donde las mujeres no votaban y los pobres tampoco, de migrantes ni hablar. Los parlamentos de entonces sí que eran los conciliábulos de los hombres blancos y poderosos de cada país. Era el gobierno más abierto e incluyente que hubiese existido en Europa desde tiempos romanos…, pero era absolutamente insuficiente en su inclusión. Esa democracia burguesa se fue transformando en la llamada democracia social.

Contra la democracia, el comunismo propone la dictadura del proletariado. El nombre quizás es desafortunado, pero al final implica un verdadero poder del pueblo; de ahí que el comunismo se asuma democrático, aunque no convoque elecciones ni permita la existencia de partidos. La idea base es: el proletariado es el pueblo, y el partido representa al proletario, y vela por los intereses comunes. No hacen falta partidos porque hay un solo interés: el pueblo, y un garante: el partido.

El partido forma al Estado y queda por encima de éste. Partido-Estado es administrador de todos los medios de producción de riqueza que teóricamente pertenecen al pueblo, con lo que supuestamente se evita la explotación. La producción no gira en torno a la irracionalidad de hacer todo lo que se pueda vender, sino todo lo que racionalmente se requiere para cumplir con las necesidades de todos. Antes de necesidades superfluas y suntuosas de ciertos grupos, hay que garantizar la satisfacción de las necesidades básicas para todos. A partir de ahí, el lujo, también para todos por igual.

El tema es que sigue siendo una estructura piramidal de producción industrial; lo que nos lleva a que necesariamente hará falta una gran masa obrera que mueva máquinas, seguirá siendo esencial una serie de niveles intermedios donde se gestiona; y desde luego, seguirá habiendo una centralización de la administración que recae en el Estado, que lo busque o no, lo diga o no su discurso teórico, se convierte en la nueva élite explotadora: la minoría que, sin trabajar, vive del trabajo de los demás. La única diferencia es que disfrutan de dicho privilegio con abnegación y ánimo de sacrificio, y no con la ambición egoísta del burgués.

¿Por qué daba miedo el comunismo? Quizá porque en el fondo se parece mucho a las monarquías recién abandonadas; un poder unipersonal y absoluto que no puede ser cuestionando so pena de muerte. O tal vez, y ahí está el verdadero fondo: es un sistema diseñado para garantizar que la nueva élite en el poder se quede ahí para siempre, sin la menor posibilidad de transformación y sin respetar la pluralidad de la mente humana. Al final el comunismo se parece mucho a la imposición cristiano-monárquica.

Los camaradas revolucionarios fueron en términos generales unos genios intelectuales, grandes estudiosos de la sociedad y la filosofía, profundos analistas de los movimientos económicos y sus consecuencias. Así descubrieron la esencia del poder revolucionario: hubo revoluciones burguesas justo porque surgió una clase social revolucionaria; independiente del poder en lo económico y lo intelectual, capaz de generar su propia riqueza y su propio conocimiento. Con la revolución llegaron al poder y con la revolución serían removidos.

Así pues, la fórmula para no perder el poder con otra revolución es hacer imposible el fenómeno revolucionario, lo cual se logra eliminando cualquier posibilidad de que emerja una clase social con potencial revolucionario, lo que a su vez se logra implantando un sistema que evite que alguien pueda generar riqueza o conocimiento de manera independiente. Todo recurso económico, y toda idea, debe quedar bajo control del partido.

Es decir, se trata de controlar todos los eslabones de todas las cadenas productivas, de modo tal que la riqueza generada sea siempre administrada por ese partido reducido y central, que a su vez creará e impondrá la nueva ideología, la única permitida; y controlará cada aspecto de la educación. Sólo la nueva élite será capaz de generar riqueza e ideas; el poder está asegurado, la causa del pueblo será eterna.

El temor de que las democracias débiles sucumbieran a la tentación del comunismo engendró los fascismos. Mussolini, Hitler y Franco son los más famosos. ¿Qué proponen? No hay que olvidar que nadie es el malo de la película; nadie se asume así: Hitler era el bueno como lo era Osama bin Laden. Los rebeldes que tomarán la más justa de las causas y a los que el tiempo dará la razón. Cada villano de la historia se ha visto de esta manera a sí mismo.

Hitler deja clara su propuesta: en contra de la democracia, en contra del comunismo y en contra de los judíos. El objetivo: buscar un Estado alemán, exclusivo para alemanes, donde dicho pueblo superior, mito fundamental de su propuesta, después de eliminar a las razas inferiores que lo degradan y de invadir los territorios que por naturaleza le pertenecen, pueda florecer y llegar a sus máximas alturas. No hay nada nuevo en el discurso de Hitler y es muy importante comprender eso.

La narrativa histórica ha querido dejar caer todas las culpas sobre Adolf Hitler; pero lo cierto es que él no inventó el nacionalismo, ni el antisemitismo, ni el racismo o los discursos de odio. No, Hitler no es un loco aislado. No es el problema sino el síntoma. Hitler es la síntesis de Europa, la suma de todos sus discursos intolerantes y excluyentes, el resultado de cinco siglos de conflictos en su rincón del mundo. Europa engendró a Hitler. Como nos dijo Mary Shelley, toda política llevada al extremo es producto de la maldad, al igual que el doctor Frankenstein; Europa había creado un monstruo.

Pero Europa siguió a su monstruo. También es común en la actual narrativa asumir que los nazis siempre fueron los malos, y que todos los vieron así siempre; la bondad natural de la era de la razón hizo que todos reconocieran desde el principio esa raíz del mal. Pero media Europa era nazi, y parte del mundo también lo era. Hitler no hizo nada que Europa no hiciera desde tiempos ancestrales, incluyendo invadir

Polonia y perseguir judíos; pero a través del perverso líder austriaco de los alemanes, el Viejo Continente se lava las manos. Hitler era atractivo. Proponía una construcción de Europa con base en fronteras nacionales; es decir, cada raza, porque creía en la estupidez de la raza, que debería estar circunscrita a su territorio; y dado que por naturaleza hay razas superiores e inferiores, era lo normal que unas estuvieran al servicio de otras. Europa llevaba cinco siglos haciendo eso en el mundo.

Cada pueblo en su lugar y todos trabajando por la construcción de una Europa guiada por la supremacía alemana..., tampoco dista mucho de lo que finalmente ocurrió y es realidad en el siglo xxi. Dentro de cada espacio nacional cada pueblo debería funcionar como cada ente colectivo prefiera; los alemanes, desde luego, eran la gran máquina de Europa y así deberían funcionar. Así lo hacen hasta hoy. Cambiaron los métodos, pero no los resultados.

El nacionalsocialismo de Hitler era nacionalista; esto es, parte de la base de que la unión de raza y lengua constituye la nación, de que las naciones luchan a causa de una inclinación natural a la supervivencia del más apto. Darwinismo social, uno de los engendros más terribles del siglo xix, que da el pretexto para arrancar toda compasión del espíritu humano, dado que los débiles simplemente deben morir.

Era socialista porque la maquinaria alemana debía estar perfectamente bien aceitada. Es decir, que su socialismo, entendido como una estructura asistencial para garantizar una vida digna al obrero, no es internacionalista como el de los comunistas, sino nacionalista. No nos importan los proletarios del mundo, sólo los de Alemania, no por ser proletarios sino por ser alemanes. Ese socialismo nacionalista catapultaría a los alemanes, y a otros pueblos germanos arios, como los ingleses o los neerlandeses, a las alturas que les correspondían.

A todos los colectivos les gusta sentirse superiores. El católico se salva, no como los otros cristianos; los cristianos comprendieron la verdad, no como los monoteístas equivocados: judíos y musulmanes. Los monoteístas conocen a Dios, no como los distraídos hindúes. O al revés, los ateos ilustrados son más inteligentes, no como los ingenuos de los creyentes. Mi pueblo es mejor que tu pueblo. Mi creencia es verdad, la tuya es un conjunto de supersticiones. La mía es religión, la tuya es secta. Cómo podría yo estar mal.

Pero al igual que el comunismo, los fascismos son monolíticos e intolerantes. Todo el pueblo es dueño de la soberanía, pero todos deben estar de acuerdo con el líder, que en general es algún tipo de iluminado que tiene todas las soluciones. Democracia, comunismo y fascismo eran las tres propuestas del periodo entre las guerras; es lo que había el 1 de septiembre de 1939, cuando Hitler invadió Polonia y, según los acuerdos, comenzó la Segunda Guerra Mundial.

Tres sistemas mutuamente excluyentes, tres propuestas distintas sobre la administración de la sociedad en la era industrial, fueron lo que chocó en el nuevo episodio de la guerra. Ninguna es buena o mala, cada una tiene sus discursos y sus mitologías. Pero la democracia resultó ser la única ideología que no necesita matar a los que piensan diferente. Ante el desconcierto provocado por el nuevo mundo industrial y de masas, con sociedades calientes, dinámicas y abiertas, el comunismo y el fascismo proponen formas del pasado donde hay un solo discurso de identidad aceptado y todos los supuestos individuos deben ser intrínsecamente iguales.

La democracia, y eso es quizás lo más importante, resultó ser más productiva económicamente hablando. Al final eso determina a los ganadores de las guerras; las economías más dinámicas son las que triunfan. Comunismo y fascismo coartan las libertades, y en su intento de organizar a la sociedad aniquilan bastante su creatividad; en ambos casos se procura controlar el mercado, lo cual termina siendo imposible e improductivo. Intercambiar es la esencia humana; como nos dijo Gorbachov tiempo después; el mercado no es un invento del capitalismo, es un invento de la civilización.

Una guerra de tres bandos es difícil. Lo más probable es que se alíen de forma tal que terminen siendo dos, por lo menos de momento. Eso fue lo que ocurrió en la Segunda Guerra Mundial. Tres bandos aparentemente muy diferentes entre sí, y con alguna coincidencia. ¿Quiénes podrían resultar aliados?

Fascismo y comunismo. Tienen diferentes ideas de lo económico, ya que los primeros pretenden defender la propiedad privada que quieren abolir los segundos, de ahí que aristocracia, burguesía y clero apostaran más por el fascismo..., eso y que no es buena idea apostar por el que abiertamente propone eliminarte. Pero los dos son dictadores. Era la visión dominante en Estados Unidos e Inglaterra. Los dictadores gustan de la dictadura. Punto. Aunque fueran enemigos ideológicos, terminarían aliándose para imponer la dictadura en el mundo.

Esa postura es absurda, ya que a ningún dictador le consuela que otra persona sea dictador en otro sitio. El dictádor lo quiere todo para él, por eso es dictador. Pero tenía sentido que fuera la postura de las democracias, señalando a su enemigo como intrínsecamente malvado. La visión de Stalin tenía más sentido, aunque no ocurrió. Más allá de democracia o dictadura, los sistemas capitalistas se defenderán; nazis y demócratas atacarán el comunismo.

Ocurrió lo que no tenía razón de ser: se unieron la dictadura comunista y la democracia capitalista. Fue simple coyuntura. Stalin hubiera preferido quedar al margen de la guerra que comenzó en 1939, pero en 1941 Hitler tuvo el napoleónico desatino de querer invadir Rusia, ahora Unión Soviética; lo cual necesariamente incluyó a Stalin en la guerra…, el único que, en realidad, en gran medida a causa del desprecio por la vida humana de sus propios camaradas, podía derrotar a los nazis. Justo como ocurrió. Comunistas y capitalistas vencieron a los nazis…, ahora tendrían que vencerse entre ellos.

Todo comenzó de manera confusa con la efímera alianza de dictadores que señalaba Churchill. El 23 de agosto de 1939 los seguidores ciegos de las ideologías se frustraron ante el pragmatismo de los ideólogos. Ese día se firmó el acuerdo Ribbentrop-Molotov, un pacto de amistad y no agresión entre la Alemania nazi y la Unión Soviética. Los fascistas anticomunistas, y los comunistas antifascistas se hacían aliados y amigos. Todo es ilusión, excepto el poder.

No había nada en común entre ellos, a menos que queramos pensar que los dictadores son amigos sólo por ser dictadores. Pero Stalin no quería esa guerra a la que temía y para la que no estaba preparado, ya que en sus neurosis paranoicas había matado a gran parte de su ejército y a todos sus oficiales; y Hitler quería evitar una guerra de dos frentes como dos décadas atrás.

Cada uno de los dos dictadores sabía que habría traición, pues los dictadores siempre son traicioneros. El punto era cuándo y de parte de quién, lo cual no dependería de la lealtad sino de las circunstancias y conveniencias. Se hicieron amigos en 1939, pero en 1941, con Europa bajo control, Hitler quiso invadir la URSS. Comenzó el principio del fin. Stalin declaró la guerra a Alemania, y a pesar de todas sus reticencias, Churchill y Roosevelt entendieron que no podían despreciar una alianza coyuntural con el hombre de acero.

Los tres bandos se convirtieron en dos y la guerra se convirtió en un ataque de todos contra el fascismo. Esa guerra terminó en 1945; y las dos alternativas triunfantes, democracia y comunismo, se enfrascaron en una guerra que duró cuarenta años más, hasta que comenzó la disolución de la URSS en 1989. Al final, la democracia necesitó ser tan impositiva como los demás sistemas y ser dominante a nivel mundial…, quizás porque, a pesar de todas sus adaptaciones, no deja de ser el sistema con el que el burgués, ahora capitalista, efectivamente somete al proletario. Lo somete con más comodidades, es todo.

El 2 de mayo de 1945 el Ejército Rojo tomó Berlín, y quiso la casualidad que un fotógrafo estuviese en los tejados derruidos del edificio del Reichstag, en el momento preciso en que un soldado anónimo, para que la individualidad no se imponga sobre el colectivo, tuvo el arrojo de exponer su vida en medio de las últimas balas para plantar la bandera del martillo y la hoz en la cúpula del símbolo del poder alemán. El comunismo había vencido al fascismo, la causa del proletariado se imponía.

Los discursos que legitiman el poder con el pueblo como discurso surgieron en la misma época en que comenzaban a existir medios de comunicación masiva; desde el libro y la rotativa hasta la radio y la televisión. Desde entonces la percepción es más importante que la realidad y los poderosos siempre han intentado tener el control de la percepción, fuente de todo poder en el siglo XXI. La escena del Reichstag no ocurrió, pero el símbolo era necesario, aunque fuese tan sólo para hacer contrapeso a la foto del 23 de febrero en que los marinos estadounidense levantaron su bandera tras la toma de Iwo Jima, como símbolo inequívoco de la superioridad moral de la democracia capitalista sobre el imperio japonés.

Con el pueblo como discurso y en la era de la comunicación, la narrativa histórica se convirtió en una batalla metafísica del bien contra el mal. No se lucha por petróleo ni recursos, por territorio o puntos geoestratégicos, no por control de las economías y el poder que eso conlleva. Se pelea por justicia contra los malvados que intentan conquistar el mundo. Se acabó la era de mito en que los poderosos engañaban a la multitud con guerras en nombre de Dios; ahora, guiados por la razón, se lucha por la democracia y la libertad.

El fascismo fue derrotado, y aunque todos los bandos en las guerras recurren a las mismas bajezas y luchan por los mismos intereses viles, se estableció la narrativa de eterno repudio al nacionalsocialismo, y su inminente derrota, ya que los buenos siempre ganan. Por añadidura, el triunfo de aquel segundo episodio de la Gran Guerra se convertía en una revelación moral; ganaban los buenos; o eran buenos los que ganaban, aunque para ello fuese necesario lanzar dos bombas atómicas sobre población inocente. El mal necesario en aras de un bien mayor.

La situación era que había dos victoriosos que eran ya desde entonces nuevos antagonistas en una guerra nunca declarada que se extendió poco más de cuarenta años. Estados Unidos y sus secuaces, los aliados para que suene victorioso y heroico, habían vencido a los malos..., pero los soviéticos también. Comenzaba la última gran batalla por la superioridad moral: la Guerra Fría.

12

Las revoluciones de la inconsciencia

Ahora me he convertido en la muerte, en el destructor de mundos, reflexionó Robert Oppenheimer el 16 de julio de 1945 en medio del desierto. Frente a él brillaba la luz de miles de soles encendidos como resultado de la desintegración de la materia. Había penetrado en el mundo de lo infinitamente pequeño hasta llegar a lo más profundo del átomo, bombardear su núcleo y generar una reacción en cadena controlada. Tres semanas después caían dos bombas atómicas sobre Japón y terminaba el último frente abierto de eso que se denominó Segunda Guerra Mundial.

Miles de años atrás, en las legendarias tierras del Indostán y en la frontera nunca bien definida entre el mito y la historia, el dios Krishna le pronunció esas palabras al príncipe Arjuna, quien se negaba a ir a la guerra y ser causa de muerte y devastación. *Libérate de la ansiedad por las cosas de este mundo*, lo alecciona el dios en el *Bhagavad-Gita*, *no te dejes gobernar por las ilusiones de este mundo perecedero.*

El mundo siempre ha sido perecedero, quizá sea la más atemorizante de sus características, ya que nos lleva inevitablemente al terreno de la muerte. Todo muere en el mundo; aunque, como nos dijo Epicuro, cuando nosotros somos, la muerte no es; y cuando la muerte es, nosotros no somos. Nada permanece, nada pareciera tener existencia real, nada tiene solidez. Todo lo que existe dejará de existir, y en algún momento del tiempo será olvidado. ¿Será entonces que algo tiene sentido?

Arjuna se negaba a la guerra porque el otro ejército era de sus primos. La familia real estaba en conflicto y el campo de batalla sería un enfrentamiento entre parientes donde necesariamente daría muerte a su propia sangre y a su propia gente. Robert Oppenheimer no dudó en crear la bomba atómica y se las ingenió para ampararse en la democracia: detonar la bomba no era responsabilidad de los científicos sino del pueblo norteamericano a través de sus dirigentes. *Vox populi vox Dei*, Dios ha hablado a través del pueblo.

Krishna, quien no es sino un avatar o manifestación de Visnú, que no es otro sino Dios, según la versión del hinduismo que así lo considera, insta al príncipe a lanzarse a la batalla, pues en ese momento su deber es precisamente la guerra. ¡Es que morirán personas si hay guerra! Sí, y también si no la hay. Morirán porque están vivos, no por ir a la batalla. Todo en el mundo es una ilusión, y no hay niveles dentro de las ilusiones. Nada es mejor o peor dentro del sueño del mundo, puesto que todo es igualmente falso.

El aspecto destructor de lo divino, Shiva, te lo arrebata todo. Cualquier cosa a la que te hayas apegado, incluyendo tu cuerpo y tu idea de ti mismo. Todo desaparecerá para permanecer para siempre en el olvido. Pero Shiva también es creación constante, la buena nueva de que todo está destinado a transformarse y a renacer, en una existencia donde la muerte no es final sino tránsito. Shiva, el destructor de mundos, es tu camino a la iluminación. Todo renace. La condición fundamental es que todo muera.

Todo renace de sus cenizas. Qué mundo podría renacer de los escombros nucleares. La promesa del siglo XVIII era que razón y ciencia habrían de conducirnos a un mundo mejor. Dos siglos después, el poder de la razón y el método de la ciencia produjeron la más grande devastación causada por la humanidad. Amor y miedo son las únicas emociones raíz que mueven todo el psiquismo humano, y las dos únicas perspectivas desde las que se puede contemplar el mundo. Desde el miedo todo se usará para destruir, incluyendo la razón, desde las bombas arrojadas sobre Japón hasta las reflexiones falaces y argumentos dañinos que eres capaz de sacar en una discusión con tal de ganar y tener la razón.

Identificados con este cuerpo perecedero, en un mundo que causa dolor y donde todo está destinado a la desaparición y el olvido, la idea de la muerte suele dar miedo. Identificados con un alma inmortal que vive bajo la tiranía de un juez omnipotente con facultades de enviarnos al infierno, la muerte tiene que dar terror e incertidumbre.

Identificados con la mente y sus pensamientos, siempre en contradicción y conflicto, convencidos de la realidad de la materia, con todos sus límites, buscando desesperadamente el sentido, o asumiendo que no lo hay, la muerte puede ser sólo un absurdo más. Para muchos eso es terrorífico.

Con qué identificarse en este confuso mundo. Las religiones están desgastadas y dejan ver de manera cada vez más contundente su arista controladora y contenedora de la sociedad. Los sistemas religiosos se han convertido en conjuntos vacíos de mitos, rituales y dogmas que terminan ofreciendo más anestesia que esperanza. Las ideologías sociales, desde la libertad hasta el comunismo, mostraron su fracaso y su talante sojuzgador.

El colectivismo soviético generó la migración colectiva más grande de Europa en tiempos de paz; y el consumismo desenfrenado que resultó ser el capitalismo liberal terminó por profundizar más el vacío. La filosofía perdió su esencia original de guiar el camino existencial para convertirse en arrogante ejercicio de mentes complejas que viven en un cubículo. La psicología parece no llegar nunca al meollo el asunto, las sectas pululan y al final sólo buscan dinero, las drogas espirituales no cumplen. Las personas cambian de una religión a otra sin lograr penetrar nunca en la esencia; los gurús están a la orden del día, y los charlatanes pseudorreligiosos y pseudopsicológicos están prestos a coachear tu vida.

Amor y miedo son las emociones raíz que mueven la psique humana; y desde el amor, nada de lo anterior es necesario. Pero el amor fue manipulado por la religión, manoseado por los charlatanes y ninguneado por la ciencia. Fue comprado y vendido en un mundo de mercaderes donde todos somos mercancía.

Desde el miedo surge la obsesión de trascender y se busca pasar a la inmortalidad, lo que sólo se logra creando o destruyendo. No entendemos aún que somos creadores, y la mayor parte de los temerosos que buscan un sentido trascendente pasan a las páginas de la historia destruyendo, como Hitler u Oppenheimer. Desde el amor, la trascendencia es en sí misma innecesaria, pues ya eres parte de la unicidad absoluta. No hay vacío ni búsqueda porque estás en casa.

La razón y la fe

Ciencia y religión no deberían estar peleadas. Nunca lo han estado en realidad, aunque esa idea sea uno de los mitos más extendidos en el mundo moderno. No tuvo conflicto en Copérnico ni Galileo, Kepler o Newton, ni Einstein ni Max Planck o Erwin Schröedinger. Los ilustrados, que son los políticos revolucionarios del siglo XVIII, crearon un discurso de conflicto entre la razón y la fe, porque era su método de conocimiento contra el método de aquellos a quien buscaban desplazar del poder. Es la nueva narrativa de razón y soberanía popular contra el desgastado discurso de fe y derecho divino. La guerra entre ciencia y religión fue establecida como discurso político de los ilustrados.

No tendrían razón de entrar en conflicto como no la tendrían la filosofía y la ciencia, la física y la química o la música con las matemáticas. Indagan por caminos completamente diferentes temas que son absolutamente distintos. La ciencia está destinada a encontrar todas las respuestas del mundo; el misterio divino está para darte la certeza de que un mundo donde existe el sufrimiento no puede ser real. La ciencia terminará por explicarlo todo con respecto al sueño, la fe señala caminos para despertar.

Vivir en el conflicto entre la razón y la fe es una de las tantas formas modernas de languidecer en el páramo desolado de la existencia. Es una de las trampas más burdas, pero tristemente efectivas, para mantener en el sueño profundo a muchas mentes con potencial de libertad. La ciencia, con sus conocimientos en eterna transformación, abre el espacio para un pensamiento crítico y libre; siempre con el límite de la razón. Los caminos de Dios, sin estar atados por el ritual y el dogma, sino basados en experiencia íntima, pueden llevar a maravillosos estados más allá de razón, a la fuente profunda de nuestra divinidad dormida.

Todo en el mundo es irrelevante salvo una cosa, lo que enseñó Jesús, el Buda, Pitágoras, Parménides, Platón, Lao-Tse, Zaratustra, Nezahualcóyotl y hasta el rey Salomón: trascender el mundo, precisamente porque es irrelevante, básicamente porque es ilusorio; lo que hace evidente que no es real. Es decir que no es creación de Dios, sino una construcción de ese aspecto de tu mente que cree que la separación es posible y la unicidad puede fragmentarse. El ego, en todas sus facetas y con todos sus nombres.

En la antigüedad, misticismo, filosofía y ciencia comenzaron con la misma pregunta: ¿de qué está hecho el universo? Nos lo preguntamos por lo menos desde tiempos de Demócrito, quien inventó precisamente el concepto de átomo para señalar que todo lo existente necesariamente estaba hecho de componentes más pequeños, hechos a su vez de componentes más pequeños, y así hasta llegar a un ladrillo fundamental de la existencia que sería indivisible, precisamente lo que significa átomo.

Fue hasta el siglo XIX cuando el átomo pasó del terreno de la filosofía al de la ciencia. John Dalton formuló un modelo atómico en 1806; en los siguientes cien años, hasta el modelo de Rutherford de 1911, se construyó la idea de átomo que predomina en la mente promedio del siglo XXI: un núcleo, formado por protones y neutrones, circundado por electrones en una especie de sistema solar en miniatura.

Es decir que lo que se definió como átomo en 1806, resultó no ser indivisible, ya que estaba conformado por al menos otras tres partículas elementales, de las cuales dos, protones y neutrones, resultaban estar a su vez formadas por otras partículas más elementales aún: los quarks, mientras que los electrones resultaron ser más bien cargas eléctricas que partículas, y al parecer no giran en torno al núcleo, sino que aparecen y desaparecen en torno a él.

Los electrones son cargas que brotan en un campo electromagnético; los quarks, ladrillos de protones y neutrones, brotan del mismo modo en campos cuánticos. Es decir que las partículas de materia son algo así como el resultado de la vibración de la energía, que oscila en un campo que al parecer no está hecho de nada más que de posibilidades. La materia está hecha de energía, la energía está hecha de vibraciones, lo que se mueve son diminutas cuerdas sin dimensiones en un campo cuántico que en realidad no está hecho de nada.

Nada sale de la nada, nos dijo Parménides, lo cual significa que todo lo que existe en cualquier momento proviene de un estado anterior; dicho estado anterior no podría surgir de la nada, siguiendo con Parménides, por lo que sólo podría provenir de un estado anterior que a su vez provendría de un estado anterior dentro de una cadena que no tiene principio. Nos enfrentamos entonces a la eternidad.

Si de la nada no puede salir nada, lo cual parece lógico, y el mundo existe, lo cual parecería lógico también a cualquiera que no sea budista o hindú, lo único evidente es que el mundo entonces existe desde siempre…, lo cual no parece muy lógico, porque la razón misma indica que nada existe desde siempre porque todo debe tener un principio…, aunque como nada sale de la nada, ese principio tendría que existir desde siempre. Podemos llenar cien páginas más de este razonamiento sin fin. La otra opción es el que el mundo no existe.

Para casi todas las culturas antiguas el mundo es un proceso eterno; algo que existe desde siempre y que está sujeto a la transformación incesante. Nada nace de la nada, por lo que el mundo existe desde siempre en un proceso eterno al que podemos llamar el Ser: lo inmutable donde las cosas mutan, lo eterno donde el tiempo transcurre, lo Inmanifiesto que se manifiesta.

Tras los griegos llegó la cultura cristiana a dejar claro que sí hay algo que puede surgir de la nada; y ese algo es precisamente el mundo, creado de la nada por el mismísimo Dios. No resolveremos de momento el misterio de lo divino, pero si había un Dios para crear de la nada, lo que queda muy cuestionado es la susodicha nada, puesto que a Dios habría más bien que comprenderlo como los antiguos sumerios: el océano primigenio de todas las posibilidades. Es decir, el Todo.

¿La posibilidad de Todo creó el mundo de la nada? ¿El Todo en potencia pero Nada en acto comenzó a manifestar todas sus potencias? Quizás, tú creas el mundo de tu propia nada, como un océano absoluto de posibilidades en el que tu consciencia y tu voluntad determinan lo que se transforma en acto. Esa postura te hace creador del mundo, y no su víctima; pero entonces descubrimos que el humano tiene mucho miedo de esa libertad que dice perseguir.

Nada puede existir desde siempre, argüían los primeros teólogos cristianos, por lo tanto el mundo tiene un principio, que es Dios. ¿Y Dios? Existe desde siempre. Ya que de no ser así, sólo podría provenir de algo anterior, que sólo podría ser eterno o proceder de algo anterior. Algo existe desde siempre y es un misterio. El nombre que le demos es irrelevante, puesto que no tiene nombre. El Dios de los filósofos cristianos termina siendo una trampa lingüística; ponerle nombre a lo inefable para pensar que sabemos de qué estamos hablando y terminar con un razonamiento que se pierde en el pasado *ad infinitum*.

Los científicos del siglo xx debatían lo mismo que los filósofos de antes de Cristo: la eternidad o punto de origen del universo; y contra un Fred Hoyle que postuló la teoría del estado estacionario del universo, es decir que existe estable y desde siempre, el sacerdote y astrólogo belga Georges Lemaître postuló su origen en un principio tanto del universo como del tiempo mismo, que hoy se calcula en unos 13 800 millones de años, días más, días menos.

Dado que todas las galaxias, y cuanta materia existe en el universo, están en constante expansión, alejándose de nosotros, postuló que en el pasado toda la materia-energía estuvo más junta, hasta llegar al punto en el que toda ella estaba compactada en una partícula tan pequeña que en realidad no tenía tamaño ni dimensiones, por lo que no ocupaba un lugar en el tiempo o el espacio. A este punto de origen se le llama singularidad y resulta ser el nombre científico de la nada.

Es decir que, como no podía aceptar la teoría religiosa de un universo que surge de la nada creado por Dios, la ciencia terminó aceptando la teoría científica en la que el universo surgió de la nada, sin Dios. Cuánto tiempo pasó Dios antes de crear, se preguntó retóricamente san Agustín. La respuesta es nada, dado que si hubiera transcurrido tiempo, ese tiempo, aunque fuese milisegundos, sería ya una creación de Dios. Cuánto tiempo estuvo la singularidad sin explotar. Nada, puesto que el tiempo nace precisamente con la explosión; es, como nos dijo Stephen Hawking, el origen del tiempo.

Es decir, que el mundo existe desde siempre, o desde que existe, que es lo mismo. Pero en un universo que, según nos dijo Newton, tiende al caos, la nada explotó, se transformó en temperatura que a su vez devino en vibración, de la que brota la energía que se condensa y se expresa en forma de materia; en la que surgió y evolucionó la vida hasta permitir la manifestación o desarrollo del más complejo de los fenómenos: la consciencia. El azar, en un mundo entrópico y caótico, de disipación de energía, generó consciencia. No parece tener sentido. La otra opción es que la consciencia sea la creadora del universo, que sea su causa suprema y no su último y azaroso efecto.

¿Cuánto dura el presente?, se preguntó alguna vez Carl Sagan. ¿Es posible que tenga duración? Durar es existir en el tiempo, de instante en instante. ¿Cuánto dura ese instante? Viene del futuro y no acaba de ser cuando ha dejado de ser para siempre. ¿Cuánto dura ese ser? ¿De dónde viene el futuro que no bien existir deja de hacerlo? ¿A dónde se va?

El futuro no tiene duración porque no existe, dado que sólo existe lo que Es, y el futuro por definición aún no ha sido. ¿Dónde está lo que aún no es? La imaginación es la facultad de la mente humana que nos permite proyectar y crear esa ilusión a la que llamamos futuro. El pasado no tiene duración porque no existe, dado que sólo existe lo que Es, y el pasado por definición ha dejado de ser. ¿Dónde está lo que ha dejado de ser? La memoria es la facultad de la mente humana que nos permite recordar y crear esa ilusión a la que llamamos pasado.

Sin pasado ni futuro nos enfrentamos a la omnipresencia, uno de los tantos atributos de Dios. El Ser siempre en eterno presente. Sin pasado no hay temores ni miedos, no hay depresión, ni rencor ni venganza, no hay reacción sino consciencia. Sin futuro no hay angustias ni ansiedades, no hay temores, no hay vacío existencial. El Big Bang, el relato científico de la creación, plantea que la nada se transformó en todo; pero dada la inexistencia del tiempo, ese paso no se dio en el pasado hace miles de millones de años; sino que se da aquí y ahora a cada efímero instante. Todo brota constantemente de la nada a la que vuelve.

¿Qué le da forma al universo? La materia que lo observa, según nos señaló Planck. ¿Por qué existe algo pudiendo no haber nada?, se preguntó alguna vez Leibniz. Esa respuesta es más difícil, aunque los *Upanishad* dejan claro que la pregunta está mal planteada, toda vez que parte de asumir, sin fundamentos, la existencia de algo. Nada existe salvo una cosa, la única de la que el Yo puede tener consciencia y certeza: el Yo. Yo Soy, dice Dios a Moisés en el desierto; Yo Soy Eso, plantea el hinduismo. Yo Soy y ésa es la única certeza.

Es decir que la nada vibra, la vibración es energía y la energía se manifiesta como materia. ¿Qué le da orden al universo?: la consciencia que lo observa. El Logos de los griegos, la Palabra que fue al principio. La consciencia como el origen de todo, señaló Max Planck; el mundo es resultado de los pensamientos, enunció el Buda; por eso lo que no está en tu mente no está en tu vida, nos dijo Lao-Tse. Como lo resumió Werner Heisenberg: la realidad objetiva acaba de evaporarse.

¿Qué pasa con el yo cuando la materia se disgrega? ¿Queda algo cuando la materia se desintegra? Una noche de frío puedes prender un leño para que el fuego generado te dé calor. ¿Qué es ese fuego? No es otra cosa que un proceso de transformación de la materia. La madera se transforma en cenizas y la energía liberada se manifiesta como fuego. ¿Queda algo del leño en el montón de cenizas? Su recuerdo, su esencia, está sólo en nuestra mente.

Al amanecer, el montón de cenizas nos recuerda que fue de noche, que tuvimos frío, que hubo un leño. Pero ese pedazo de madera no parece estar en ningún otro lugar que no sea en la memoria, que es donde en realidad se encuentra todo el pasado, según nos dijeron Agustín de Hipona y Carl Sagan con mil quinientos años de diferencia.

¿Existe en algún lugar la esencia del leño que ya no existe en el mundo? Platón diría que en el mundo de las ideas eternas y perfectas; Aristóteles respondió que tan sólo en la mente, y aunque eso causó el debate original de la historia de la filosofía, tal vez los dos tengan razón: todo lo sólido se desvanece en el aire y sólo queda su esencia en el mundo de las ideas..., que es nuestra mente.

En mi mente queda la idea del leño. Esa cosa hecha de materia orgánica, pero que no está viva. Si muere mi gato, su esencia quedará para siempre en mi memoria, en mi mente, pero ¿existe su esencia en algo más que no sean mis recuerdos? El cielo cristiano es consolador porque al parecer ofrece volver a encontrarte con lo que se ha ido y sólo queda como recuerdo en la mente; aunque parece que no hay un cielo de los gatitos. Pero ¿será que el mundo de las ideas, entendido como la mente, puede otorgar ese consuelo?

El leño está hecho de lo mismo que yo: átomos, electrones, protones, y neutrones, quarks, campos cuánticos, vacío..., nada. Pero yo estoy vivo y el leño no. Mi gato está hecho de lo mismo que yo y además está vivo, pero no tiene consciencia de sí mismo. Yo, que sí la tengo, recuerdo al gato tras su muerte. Yo estoy hecho de lo mismo que el leño, el gato, y hasta el espacio que nos separa, pero tengo vida y consciencia; y al parecer, voluntad.

Es mi consciencia la que permite que exista dentro de mí la idea de mí mismo; es decir, la idea del Yo, y al parecer es esa consciencia la que le da forma al universo que observo. Pero ¿queda algo de ese Yo cuando se disgrega la materia que conforma mi cuerpo, por añadidura mi cerebro, y por lo tanto, según los materialistas; mi mente? Si el Yo es un producto de la consciencia, ¿queda algo de la consciencia cuando mi cuerpo, donde parecía residir, se desintegra?

Todas las religiones parten del supuesto de la preexistencia del alma y su subsistencia tras la muerte del cuerpo; es decir, de su eternidad. La ciencia más dura diría que eso a lo que llamamos mente y consciencia es un epifenómeno del cerebro y que cesa con la muerte. La consciencia es la creadora del universo, parecen acordar ahora los físicos cuánticos, nada que no supieran los antiguos místicos egipcios que escribieron el libro de Thot: el dios de la sabiduría que busca reconocerse a sí mismo mirando un espejo, que al no poder contener lo divino, se fragmenta en una cantidad casi infinita de pedazos que es necesario volver a unir. El Big Bang.

El espejo en que se refleja el dios Thot se fragmenta; pero cada uno de esos pedazos es una totalidad en sí mismo, y podría nuevamente reflejar la divinidad o fragmentarse. Cada gota contiene la esencia del océano, cada pizca de este universo holográfico contiene su totalidad. El amor vuelve a unir el espejo de Thot, como el amor de Isis por su marido Osiris la lleva a encontrar los catorce fragmentos en que ha sido cortado y diseminado el cuerpo del dios, por el odio de Seth, el señor del caos.

Dios creó de la unicidad de la nada una existencia que fue dividiendo en pares y se fue fragmentando. En la Cábala, Dios quiere compartir su amor inconmensurable, por lo que crea una vasija que reciba toda la bendición divina, pero incapaz de contener toda la fuerza divina, la vasija original se fragmenta en una cantidad casi infinita de pedazos que la consciencia amorosa debe volver a unir. Gran Explosión en cada relato, unicidad original que se fragmenta, como en todas las mitologías, antiguas o modernas, donde el héroe debe reunir todas las partes de un todo.

Una consciencia unificada, eterna, infinita, inconmensurable, y por lo tanto imposible de contener en cualquier cosa limitada —como el individuo que se identifica con su limitado cuerpo—, es lo que parece ser el origen en todos los mitos antiguos. La consciencia como el espacio-tiempo donde ocurre el drama cósmico, como el lugar donde parecen existir la materia y la energía. La verdad completamente objetiva es que la respuesta a la eternidad de la consciencia no podrás tenerla hasta que mueras. Si después de morir tienes consciencia de lo que ocurre, los místicos habrán tenido la razón; si no eres consciente de nada, la razón la tendrán los científicos, pero tú no podrás saberlo.

Siempre existe la posibilidad, y tal vez de eso se trata toda la revolución humana; de que la consciencia sea eterna y por tanto lo único real, que sea la causa y no un efecto del universo, que sea nuestra esencia. De ser así, tras la muerte, la consciencia de existir seguirá ahí, pero lo que probablemente desaparezca sea la idea del Yo. Liberada de un cuerpo que la limita al tiempo, espacio y experiencias sensoriales específicas, quizás la consciencia descubra que el Yo Soy lo abarca todo, y es por lo tanto lo único que existe.

La era soviética

Descubrimos el poder creador del átomo y lo pusimos al servicio de la destrucción. Ése es el verdadero nivel de la consciencia humana. Destruir ante nuestra autoimpuesta incapacidad de crear. Absolutamente ignorantes de lo que somos, nos enfrentamos al mundo llenos de miedo y no podemos ofrecer sino destrucción. No existe la maldad humana, y no habrá mayor revolución que descubrir eso. Existe el miedo, las reacciones ante él y las consecuencias.

El 6 de agosto de 1945 cayó una bomba atómica sobre Hiroshima y comenzó oficialmente la era nuclear. Una más el 9 de agosto. Estados Unidos sólo tenía dos bombas, pero Japón no pensaba averiguarlo. Terminó la guerra y comenzó un periodo de tensa paz basada en el miedo; eso es lo que fue la llamada Guerra Fría.

Desde 1941, la URSS era aliada de Estados Unidos y de Inglaterra en la lucha contra los nazis. Juntos vencieron, aunque la gran victoria siempre será de los soviéticos. Pero incluso antes de que Hitler se suicidara en su búnker el 30 de abril de 1945 (asumiendo esa versión ante lo irrelevante de sus alternativas), los aliados ya comprendían que serían enemigos. Estados Unidos pensaba en emerger triunfante como gran potencia, porque para eso entró a la guerra; pero no había calculado que el dominio del planeta lo tendría que compartir, no sólo con otra gran potencia, sino con una cuyo poderío se sustentaba en la ideología absolutamente contraria de la norteamericana.

Seguimos sin ninguna verdadera revolución. Estados Unidos y la Unión Soviética se dedicaron a replicar el mismo comportamiento que sus progenitores europeos habían demostrado durante cinco siglos; estar dispuestos a matarse por el dominio del mundo. La Guerra Fría no es otra cosa más que dos camarillas de poderosos, cada una abundante en recursos gracias al discurso con el que someten a un pueblo, dispuestas a destruir todo antes que permitir que el otro se lo quede. Es como si Coca y Pepsi estuvieran prestas a matar a los consumidores por los que pelean. Todo lo que cambió entre 1492 y el siglo XX fue la capacidad de conquistar y destruir.

Comunismo y capitalismo son los dos antagonistas de la Guerra Fría, vendida en ambos bandos como esa batalla metafísica del bien contra el mal. La era de las masas contaba con una maravillosa innovación: la industria de la cultura, es decir, programas, series, noticiarios, películas, novelas, historietas, radio, cine, televisión, propaganda. Todo al servicio de los poderosos para que el pueblo, los amos y señores de la soberanía, piensen lo que los verdaderos poderosos necesitan que piensen. La política de las guerras mundiales en adelante no es otra cosa que una gran simulación y una estratégica construcción de la realidad.

La Unión Soviética tuvo su bomba en 1949 y equilibró el juego de potencias en el que Estados Unidos parecía ser la hegemonía absoluta. El *equilibrio del terror* fue el nombre que le dieron a la época. La única razón por la que un enemigo no termina con el otro es la mutua destrucción asegurada. Para 1950 fue Inglaterra quien tuvo su bomba atómica, China la consiguió con apoyo soviético en 1964, y Francia en 1969. A ese club nuclear se sumaron más adelante India, Pakistán y Corea, sin recursos para paliar sus propias hambrunas pero con suficiente presupuesto como para construir bombas que nunca serán lanzadas; y con el tiempo Israel, para defender el pedazo de tierra que Dios les promete en la Biblia.

La segunda mitad del siglo xx es la era soviética, ya que es el periodo del auge, empoderamiento y caída del gigante comunista; fue la era espacial, ya que la obsesión por defenderse y atacarse los llevó a buscar posibilidades más allá de nuestra atmósfera; y la era atómica, cuando en medio de la barbarie, la posesión de una bomba nuclear era vista como símbolo de poder y progreso; ante todo, como mensaje claro de que nadie se podía meter contigo. Los grandes poderosos del mundo comportándose como pubertos en el patio de recreo.

Prácticamente todos los conflictos del mundo en esa segunda mitad de la vigésima centuria se pueden comprender a la luz de la Guerra Fría. Todo es un comunismo que intenta exportar la revolución, como lo logra en China, Corea, Europa del Este y Cuba; y un capitalismo reaccionario que hace girar todo en torno a una política salvaje de contención del comunismo, que incluye destruir durante tres décadas un país como Vietnam con tal de que no se lo quede el enemigo. Al final se lo quedó.

Europa, que durante quinientos años se repartió el resto del mundo, vio cómo eran ellos el nuevo botín que se repartían los nuevos poderosos no europeos. El principal símbolo de esa realidad fue Alemania, invadida al final de la guerra, y Berlín, dividido en 1949 por la URSS y los Estados Unidos, lo cual devino en la construcción de un muro en 1961, que se convirtió en el gran símbolo de la Guerra Fría, y de la indolencia de un sistema comunista dispuesto a usar como rehenes a la población de media ciudad.

La división fue el signo. Alemania fue dividida en 1949, Corea en 1950, al igual que Vietnam en 1953 y Yemen en 1967. La guerra era fría porque, dado el poder de mutua destrucción de los enemigos principales, se enfrentaban siempre a través de enemigos secundarios: Corea, Vietnam, Alemania, Cuba y el conflicto del Medio Oriente fueron las batallas más sonadas de la Guerra Fría.

Es la era de la revolución de la inconsciencia. Cada mitad del mundo vivía ignorante de la otra mitad y depositando en ese falso enemigo el origen de toda la maldad. Los comunistas rusos eran ateos, querían conquistar el mundo y se comían crudos a los niños. Cada caricatura y película occidental lo dejaba claro. Y, ante la comodidad de no pensar, así lo asumía el grueso de la población. Del otro lado de lo que Churchill llamó la Cortina de Hierro, la historia era la misma; y los abnegados camaradas salvaban a su gente de los terribles fascistas insaciables que querían arrebatarlo y poseerlo todo.

Muchos límites fueron rotos, como el de la fuerza de escape de la Tierra, lo cual permitió comenzar la conquista del espacio y la llegada a la Luna; porque, en efecto, se llegó; y muchos misterios fueron descubiertos, como la inexistencia de la materia o el contenido del genoma humano. Pero todo se dio siempre en una competencia bélica. Cualquier beneficio que la tecnología haya traído a la humanidad, desde la brújula hasta el internet, fue un mero daño colateral de una interminable búsqueda de armas en la guerra sin fin que es nuestra historia.

La primera paranoia de la Guerra Fría fue la guerra de Corea en la década de los cincuenta. Para los sesenta el terror fue la Crisis de los Misiles. Rusos queriendo poner misiles en Cuba para tener en jaque a los gringos, que tienen en jaque a los rusos porque tienen misiles en Turquía. Eso, y las bravatas de los líderes, hicieron que Kennedy estuviera a punto de "girar la llave". En esa década se construyó el Muro de Berlín, y en Praga se experimentó el mayor acto de disensión de toda la historia del bloque comunista, con un intento de renovación del comunismo en 1968.

La década de los setenta comenzó con los poderosos desgastados de tanto destruir Vietnam desde 1945; y se presionó para buscar el fin de esa guerra, quizás porque iba a ser incosteable, dada la crisis petrolera que atravesó el mundo en aquella década que terminó con la máxima expansión del comunismo. Para 1979, casi la totalidad de Asia y gran parte de África eran regímenes abiertamente declarados comunistas y aliados de la Unión Soviética.

En 1979 pasaron muchas cosas. En medio de la mayor crisis petrolera del mundo moderno, Bush Junior abrió su primera empresa de hidrocarburos en asociación con grandes amigos de la familia: los Bin Laden. Ese año, uno de los hijos menores, un tal Osama, fue reclutado por el exdirector de la CIA, Bush padre, para liderar uno de los tantos monstruos que Estados Unidos creaba para mantener estados de guerra donde les resulta necesario: Al Qaeda. Lo bueno de generar inconsciencia es que tu aliado de hoy puede ser tu enemigo de mañana, que puedes atacar al monstruo que tú mismo creaste y salvar a la comunidad de un problema ficticio causado por ti mismo, y difícilmente se darán cuenta.

Fue un año intenso que resultó ser uno de esos momentos nodales donde coinciden muchos efectos del pasado y se generan muchas causas para el futuro. Un nudo de la historia moderna. En enero salió huyendo el sah de Irán, triunfó la revolución islámica que dejó en el poder al ayatola Jomeini, y eso dejó a Estados Unidos sin su aliado de Medio Oriente. Afortunadamente para ellos, y con su ayuda desde luego, en julio tomó el poder en Irak otro gran amigo de los Bush, Sadam Husein.

Entre esos dos eventos, Margaret Thatcher se convirtió en la primera mujer en ser la primera ministra del Reino Unido. Ese viril imperio fue construido y sostenido por mujeres; desde su creadora en el siglo XVI, la reina Elizabeth, pasando por la gran era de Victoria en el siglo XIX, hasta su último periodo de grandeza, precisamente bajo conducción de la Dama de Hierro, entre 1979 y 1990. El 24 de diciembre, la Unión Soviética comenzó su invasión a Afganistán, a petición del propio gobierno comunista afgano, que había sido puesto ahí por los soviéticos, probablemente para que luego les pidieran invadir.

Una de las encomiendas del amigo Sadam era derrocar al enemigo Jomeini, por lo que la década de los ochenta fue abarcada por una terrible guerra de Irán contra Irak, y atentados terroristas perpetrados por árabes pero que, según Estados Unidos, tenían siempre detrás a la URSS, el imperio del mal. En la década de los ochenta los petroleros y banqueros de Occidente organizaron la caída de la Unión Soviética, pues en medio de la crisis de escasez, resultaba que las mayores reservas mundiales estaban en el imperio comunista.

La noche del 9 al 10 de noviembre de 1989, en medio de una tormenta de noticias confusas y vientos de esperanza, la población de Berlín Oriental, encerrada en su mitad de la ciudad desde 1961, con un muro que la partía en dos y la rodeaba, decidió que esa noche terminaba todo. Un rumor de que el muro sería abierto bastó para que cientos de miles de personas se reunieran en la Puerta de Brandemburgo y otros puntos fronterizos para poner fin a veintiocho años de encierro.

La gente comenzó a escalar el muro; los soldados, proletarios cuya orden de siempre era disparar a matar a cualquier proletario que quisiera cruzar, dejaron hacer a la multitud. La gente de Berlín Occidental cantaba y bailaba del otro lado. Los desconocidos se ayudaban a cruzar y se abrazaban. La cerveza comenzó a correr y la música a sonar. El pueblo de la Alemania comunista derribó el Muro de Berlín y todos los regímenes comunistas de Europa Oriental comenzaron a caer: Polonia, Checoslovaquia, Hungría, Bulgaria, Rumania.

El bloque comunista, que se construyó tras la Segunda Guerra Mundial, llegó a su fin. Cada uno de los países buscó de inmediato cómo incorporarse al bloque democrático que se había construido del otro lado de la Cortina de Hierro. La propia URSS no soportó una serie de crisis económicas, problemas políticos y traiciones personales, y se desintegró el 31 de diciembre de 1991 a la media noche.

Simbólicos como somos, convertimos la caída el Muro de Berlín en un emblema, un hito histórico en cuyo recuerdo debieron poner más énfasis todos los europeos y no sólo los alemanes. Fue una victoria en Alemania, pero el enfrentamiento era entre los dos grandes combatientes de la Guerra Fría y la victoria fue de un bando completo. No Estados Unidos y la URSS, sino a través de ellos la OTAN y el Pacto de Varsovia como bloques militares con poder nuclear, en supuesta representación de ideales utópicos detrás del comunismo y la democracia.

La caída del Muro fue el inicio del fin del derrumbe de todo el edificio comunista; y fue vendido en Occidente como el símbolo del triunfo de la libertad. Contra el bloque comunista, donde no se respetaban las más humanas libertades, como culto, pensamiento, disensión y expresión, triunfaba el mundo libre, el que giraba en torno a ellas; el que sostuvo una lucha por la libertad y triunfó. La democracia en conjunto con el capitalismo liberal se consolidaban como pináculo de la evolución social de la humanidad. Habíamos llegado, nos dijo Francis Fukuyama, al fin de la historia.

Las libertades del mundo libre

Por encima del progreso, la democracia o el laicismo, la libertad es sin duda alguna el pilar fundamental de la mitología del mundo moderno. El *mundo libre* se le llamó durante la Guerra Fría. La historia de la humanidad ha sido la historia de la civilización; ésta, a su vez, ha estado sustentada desde sus orígenes en el poder vertical, el cual sólo existe si se ejerce el dominio, lo cual sólo es posible destruyendo la libertad. A partir de ahí todos son discursos, libertad es el nuevo discurso sojuzgador.

No hay libertad en la civilización porque la civilización está basada en el sometimiento. En algún momento nos dijo Simone de Beauvoir que la sociedad sólo cuida de uno mientras éste resulte rentable. Con la libertad pasa lo mismo; los poderosos nos dan ciertos sucedáneos de libertad porque esa ilusión resulta productiva. Democracia, fascismo y comunismo fueron simplemente tres propuestas diferentes sobre cómo administrar a la sociedad en la era de la industria. En el caso que sea, la sociedad debe estar absolutamente encaminada a no dejar de producir; en el mundo libre se agregó un grillete más a la cadena: no dejar de consumir.

Comunismo y fascismo son mucho más conservadores, ya que optan por lo de siempre, por lo conocido: el sometimiento directo. La democracia de los capitalistas liberales, finalmente mercaderes, apostó por el mercado de productos, de personas y de ideas como base de la economía. Que cada quien sea libre de pensar, producir y comprar lo que quiera, esa creatividad genera más riqueza. La Guerra Fría fue ganada por el mundo libre porque la libertad fue un mejor y más productivo discurso de dominio.

Pero la democracia es un sometimiento más amable, con un espacio mucho más grande y con mayor confort, para ejercer una serie de libertades fundamentales que otros sistemas no garantizan; por otro lado, es mucho más estresante, tanto para el ciudadano como para los políticos y para los diversos colectivos que forman la sociedad. Es un interminable espacio de negociación. Los sistemas con menos libertades han llegado a ser más equitativos y erradicar la pobreza, pero jamás han logrado que sea en un contexto de dignidad para toda la diversidad humana.

El infierno son los otros, nos dijo Sartre, y ésa era quizá la base de la estabilidad social bajo regímenes fascistas comunistas: los otros no existen. Dado que sólo hay una forma permitida de "pensar", la de la ideología, y que esta única línea de pensamiento aceptada se inculca en todo el colectivo con todo el poder del sistema, se termina logrando una sociedad con una gran homogeneidad de pensamiento que convierte a todo en una especie de réplicas. Nos llevamos bien porque pensamos igual. Tampoco hay la menor evolución en eso.

En la democracia, la verdad es que también se vive una homogeneidad de pensamiento, puesto que también hay una ideología que se impone con todo el poder del sistema. La paradoja es que esa línea de pensamiento es la diversidad, por lo que hay muchos espacios de disensión, aunque sean las divergencias permitidas por el sistema dentro de una diversidad planeada y encaminada, que siga fungiendo como sostén del discurso democrático.

Al final, incluso en la democracia, efectivamente mucho más libre que otros sistemas, se puede expresar todo menos lo políticamente incorrecto, que siempre depende de las conveniencias del régimen; se puede pensar lo que sea, aunque siempre hay una serie de ideas de moda que nadie practica en profundidad, pero te harán quedar mejor; se puede votar por cualquiera de las opciones preestablecidas que el régimen te da para ejercer tu libertad; y lo más importante, se puede consumir libremente lo que quieras, desde ideas, pasando por música y hasta ropa; cualquier cosa que, entre tu libertad y el complejo de medios de comunicación y redes sociales, decidan.

Los mercaderes iniciaron la era del poder del pueblo cuando el pueblo comenzaba a crecer desmedidamente; por lo que siempre fue fundamental, para dejar que el pueblo vote, controlar primero su mente. A la larga llegamos a lo que Jürgen Habermas denominó la dictadura de la opinión pública, que siempre es fundamento de las decisiones políticas, aunque se sepa que no hay nada más manipulable que la opinión pública; entre otras cosas, porque el público no existe.

Sin importar la ideología sojuzgadora con la que hoy te sientas libre, no lo eres. Vivimos nuestras decisiones conducidos por mentes temerosas y atormentadas, condicionadas y adoctrinadas, que arrastran rencores y patrones de conducta, que absorbieron una minúscula porción de la realidad a través de la interiorización social que se da en la familia, y que son encauzadas por el camino correcto a través de todo un sistema de cultura, entretenimiento y comunicación.

Asumimos una libertad que no comprendemos, y que conllevaría una responsabilidad existencial que no queremos. La tiranía, en cualquiera de sus formas, está siempre al acecho, porque en realidad no nos gusta la libertad. Aspiramos a la comodidad, y elegir y vigilar no es cómodo en absoluto. La verdadera democracia es un compromiso social de magnitudes que aún no se comprenden, y que sólo puede existir con comunidades ilustradas con un alto coeficiente de inteligencia emocional, algo que desde luego no buscan los poderosos.

Libertad económica, nos dijo Herbert Marcuse, sería estar libres de las imposiciones de producción y consumo que implanta el actual sistema; libertad intelectual sería estar libres del sistema educativo en todos sus niveles, y libertad política sería no depender de las opciones idénticas que un sistema te disfraza de alternativas. Podemos sublimar nuestra esclavitud, pero no acabar con ella, pues es parte inherente del sistema social.

Pero 1989 fue el año de la libertad; la humanidad contraía una extraña deuda con Bush, Reagan, Thatcher y Juan Pablo II, supuestos artífices del triunfo del bien contra el mal. El capitalismo tenía defectos que habría que corregir, pero era intrínsecamente superior en lo moral; ahí estaba el líder carismático de la Iglesia católica para certificar esa bondad inherente al régimen.

Los símbolos son poderosos, y como nos dijo Cassirer, fuimos cayendo ante los mitos sin oponer resistencia. Nos creímos el discurso metafísico del bien contra el mal, porque toda nuestra educación ha estado basada en dicha falacia, y de alguna manera pensamos que había algún tipo de triunfo. Había ganado la libertad, comenzaba una nueva era para la humanidad.

Todos los males del mundo venían de la Unión Soviética; eso "se sabía", por lo que sólo faltaba esperar a que la nueva era de paz comenzara a dar sus frutos. Y así, sin imperio del mal, vimos las guerras de Yugoslavia y de Kosovo, a los talibanes llegando al poder, la eterna guerra del golfo Pérsico, otra escalada de violencia en Medio Oriente, atentados terroristas por el mundo, el show del 11 de septiembre, la ficticia primavera árabe y las guerras reales que engendró: la crisis de Libia y Siria, el Estado islámico. Pero nos habíamos librado del comunismo.

El mundo fue muy confuso a partir de 1991, cuando no había Unión Soviética. Sabemos quiénes somos cuando sabemos quiénes no somos y contra quién estamos, nos dijo alguna vez Samuel Huntington; y de pronto atravesábamos la mayor crisis existencial de la civilización occidental. Nos habían formateado para ser los que estaban en contra de los soviéticos, el Gran Otro de Occidente. Cristiandad contra islam, católicos contra protestantes, anglosajones contra latinos, arios contra semitas, alemanes contra franceses, mexicanos contra españoles, comunistas contra nacionalistas…, todo discurso de identidad ha partido de la base de odiar a otro grupo de identidad.

El mundo resultado de la caída soviética apenas lo estamos comenzado a experimentar treinta años después; cuando gran parte de la población de los países occidentales y democráticos sabe ya poco o nada de la Unión Soviética, su proyecto, su ideología, y menos saben aún del fascismo. De momento todo parecía triunfalismo libertario, pero muy pronto se notaron en el planeta las consecuencias de un mundo sin equilibrio de poder. 1989 fue el año del gran triunfo norteamericano, con el que comenzó su periodo de dominio absoluto, que cayó desmoronado en 2001.

La juventud del siglo XXI señala con demasiada facilidad con etiquetas como dictadura y fascismo. No tienen idea de lo que hablan. Afortunadamente no saben lo que es un régimen radical de izquierda o de derecha. No lo conocen gracias a la generación de sus abuelos, los que sí lucharon contra las grandes tiranías para legar a la posteridad este mundo de comodidades donde hay injusticias que corregir y retos sociales que alcanzar, pero que no necesita revoluciones sociales, nacidas en mentes que no buscan nada revolucionario que no sea tomar el poder o sacar una tajada de él. Como nos dijo Aldous Huxley, la más grande lección de la historia es que nadie ha aprendido las lecciones de la historia.

Los políticos se reparten el mundo, como siempre ha sido, y lanzan a las masas a luchar sus batallas, también como siempre. Desde los mejores hombres en el campo de batalla representando a su Señor, pasando por los cruzados matando en nombre de Dios y hasta llegar a los seguidores de cada grupo de identidad o ideología del mundo moderno. Nunca estás luchando por ti, siempre que peleas eres soldado de alguien. Los políticos se lo quedan todo, lo reparten todo y organizan los discursos para que los individuos se teman y señalen entre sí con las etiquetas que los hacen parecer los verdaderos culpables de todos los problemas.

Vivimos en la era del enojo, pero los poderosos lo tienen bien encauzado. El mundo del siglo XXI está lleno de revoluciones insulsas, de las que no sirven para nada que no sea paliar la consciencia adormecida de sus seguidores. Revoluciones en redes sociales, golpes de Estado en ciento cuarenta caracteres, causas al por mayor en el mercado de las causas, con aplicación y hashtag en la foto, porque es importante alardear sobre la causa cada vez que cambias el mundo en una plataforma. Soy mejor persona que tú porque como menos cosas y pongo colores para cada ocasión en mi perfil.

La generación de nuestros abuelos luchó contra Franco, Hitler y Stalin. La generación actual lucha contra el abecedario, contra canciones y películas. Dan batalla contra el pasado con la insulsa idea de que negarlo y esconderlo lo transforma y genera consciencia, en vez de olvido; y con el perverso engaño de que cambiar letras a las palabras generará compasión en la cruenta batalla que la mitad de la humanidad pelea contra la otra mitad.

No hay nada más peligroso para los líderes que la consciencia de las masas, por eso no hay mejor sistema de control que tomar a una multitud de durmientes y hacerlos soñar con que están despiertos. No sólo eso, en sus delirios oníricos están incluso despertando a los demás. Se aferran a esa ilusión desde el sueño profundo, y sin embargo, el mundo sigue su fatídico curso a pesar de los grandes esfuerzos de Greta y Malala.

En el año orwelliano de 1984, la resistencia contra el sistema, la revolución de libertadores, resultó estar organizada por el propio sistema. El Gran Hermano era el líder de la oposición al Gran Hermano. Así funciona la vida real del tercer milenio. Desde luego que hay verdaderos héroes y revolucionarios, pero no sabemos nada de ellos; si sabemos de ellos a través de medios y redes, son todo menos revolucionarios y difícilmente serán héroes.

Todas y cada una de las joyas de la humanidad en este momento están siendo profundamente humanos en algún anónimo rincón del planeta, desde las selvas africanas hasta la sala de su casa. Ahí están los revolucionarios. Haciendo una revolución dentro de sí mismos, siendo el cambio que querrían ver en el mundo, como nos invitó Gandhi. Hay un humano tocando a otro en este preciso instante; que no te quepa duda de eso, porque la capacidad de amar del individuo humano es tan inconmensurable como el misterio divino donde se origina.

Los grandes movimientos revolucionarios son una trampa del sistema. Las revoluciones de consciencia, en cualquiera de sus niveles, pueden ser actos tan individuales, simples y silenciosos como permanecer sentado. Así comenzó una revolución Rosa Parks, la mujer negra que no se levantó para ceder su asiento de autobús a un hombre blanco. Su acto de consciencia individual transformó la historia de todo un colectivo; con el tiempo de dos, pues si bien su acción, o su inacción, se desarrolló en un contexto donde la rebelión fue del negro hacia el blanco, no dejó de ser también una mujer ante un hombre.

En diciembre de 1914, en la trinchera franco-germana, los soldados de ambos frentes enemigos detuvieron la guerra para celebrar Navidad. Por una noche y gracias a una canción, superaron sus programaciones nacionalistas y fueron simplemente humanos. Desobedecieron la orden de atacar. Algunos fueron fusilados por sus propios generales por no matar al inocente proletario de la trinchera de enfrente. Confraternizar con el enemigo es traición; ser humano cuando deberías ser máquina es peligroso para la patria.

Las guerras napoleónicas terminaron cuando los individuos que eran sus mariscales decidieron desobedecer. El zar Nicolás II les ordenó a sus soldados que disparan a la multitud inerme de las revueltas de febrero de 1917. Se negaron y cayó el imperio. El káiser ordenó a sus marineros que subieran a los barcos del puerto de Kiel en 1918 a terminar de matarse contra los británicos. Se negaron y terminaron a la par la guerra y el imperio. Los pequeños actos de consciencia individual son el único espacio donde en realidad se ejerce la libertad.

Ser en lugar de hacer. La inacción como el principal camino de la acción, según cualquier cantidad de espiritualismos orientales. El camino de Gandhi ante el abuso de los ingleses, el sendero universal de la no violencia. Desobedecer porque eres libre. Vivir en la frontera de la incomprensión porque buscas como Diógenes con su linterna en medio de la oscuridad. Pero sólo tú puedes ser la luz del mundo, porque no hay nadie más aquí.

Vivir es elegir, nos dijo Søren Kierkegaard, y elegir es causa de una terrible ansiedad. Siempre que hay una decisión por delante hay ese miedo abstracto al que podemos llamar ansiedad, y sólo desaparece cuando se toma una decisión irrevocable; ésa es la trampa original con el asunto aquel del árbol en el paraíso. Elegir genera angustia, y es la piedra angular de nuestra idea de humano: el ser que decide.

Pero cada decisión de nuestra vida está tomada por fuerzas mucho más poderosas que nosotros; desde la fuerza de la historia, pasando por los condicionamientos religiosos, culturales, sociales y familiares, hasta llegar a la inercia de los traumas infantiles. Somos un hato de patrones de conducta y condicionamientos psicológicos, de respuestas y reacciones, de programaciones neurolingüísticas e interpretaciones emocionales con los que construimos malamente la historia de nosotros mismos.

No somos libres. No por lo menos de tomar cada una de las decisiones de nuestra vida. Ni siquiera las importantes, las que forman la columna vertebral de nuestra narrativa. Somos libres de otorgar el significado a nuestra narrativa. Si pudiésemos mirar con profunda atención el proceso de formación de pensamientos y decisiones en nuestra mente lo tendríamos muy claro: la libertad es una ilusión.

Esa ilusión nos gusta, en el mundo occidental que gira en torno a ella, porque pensamos que con ella formamos y determinamos nuestro Yo; y el culto al YO es, en definitiva, otro de tantos pilares de esta civilización.

Elegir en cada momento de nuestra vida nos volvería locos. La vida te ocurre, o más bien transcurre como película frente a ti. Ahí está el sueño del mundo. Ahí hay una historia que tiene como único tema tu despertar. Toda tu historia individual es tu camino de vuelta a casa, así como lo es la historia total de la humanidad en cada una de sus etapas y con cada una de sus revoluciones. Todo es un mensaje para ti, todo es tu llamado a emprender el viaje del héroe, de llevar a cabo tu propia revolución.

Eres el creador de tu mundo y tu mundo está en tu mente. Obsérvalo todo, vívelo y experiméntalo todo desde la única libertad que tienes, la única que importa. Siempre puedes elegir la emoción desde la cual vas a experimentar el mundo: amor o miedo. La humanidad en general ha elegido el miedo; y hasta este momento, tú lo has escogido también. Esa decisión se toma aquí y ahora y se renueva a cada efímero instante. Siempre nos hemos contado una historia desde el miedo. El momento presente es el perfecto y único para llevar a cabo la única revolución humana: elegir el amor por encima del miedo, tomar la decisión de que sea el Ser, y no el ego, el que determine nuestra experiencia existencial. El mundo es resultado del miedo. Nuestro universo comenzó con una unicidad que se fragmentó en una cantidad casi infinita de pedazos, como el espejo del dios Toth. Tú, el pedazo que es al mismo tiempo la totalidad, eres quien hace el viaje de regreso a la unidad antes del tiempo. Usa tu libertad y elige ver el amor en el mundo.

¿Cuántas voces viven en tu mente? ¿Cuántos juicios, cuántos pensamientos contradictorios? ¿Cuántas diferentes ideas de ti mismo compiten en tu interior? ¿Cuántas expectativas ajenas y cuántas culpas por no cumplirlas? ¿Cuántos arrepentimientos se arremolinan? ¿Cuántos deseos insatisfechos? Una mente así de fragmentada, como el universo, como el espejo de Toth, como la vasija receptora de Dios, sólo puede estar en guerra y conflicto, y eso será lo único que podrá darle al mundo.

El amor sana del mal a la mente, como nos dijo Krishnamurti, y tú eres la fuente de todo el amor. Tienes una tarea titánica y heroica para darle sentido y significado a tu existencia: sanar tu mente, ser amor y consciencia. Puedes dejar de ser la inercia del pasado, y hacer de ti todo lo glorioso que quisieras ver en toda la humanidad. Ésa es la única revolución humana. Puedes refugiarte eternamente en el pasado, el tuyo y de la especie, y ser el eterno retorno de lo idéntico, o ser la flecha que llega a la otra orilla. Hay una revolución germinando en ti, una lucha que debe ser librada, una batalla heroica. Todo volverá a su origen. Todo depende de ti.

La revolución humana de Juan Miguel Zunzunegui
se terminó de imprimir en marzo de 2022
en los talleres de
Impresora Tauro, S.A. de C.V.
Av. Año de Juárez 343, col. Granjas San Antonio,
Ciudad de México